国家社会科学基金项目（15BFX028）资助研究成果

中国近代民法

继受视野中的固有法衍化研究

蔡晓荣 著

中国社会科学出版社

图书在版编目(CIP)数据

中国近代民法继受视野中的固有法衍化研究 / 蔡晓荣著.—北京：中国社会科学出版社，2023.8
ISBN 978-7-5227-2111-8

Ⅰ.①中⋯　Ⅱ.①蔡⋯　Ⅲ.①民法—法制史—研究—中国—近代　Ⅳ.①D923.02

中国国家版本馆 CIP 数据核字（2023）第 112740 号

出 版 人	赵剑英
责任编辑	郭如玥
责任校对	周　昊
责任印制	郝美娜

出　　版	中国社会科学出版社
社　　址	北京鼓楼西大街甲 158 号
邮　　编	100720
网　　址	http://www.csspw.cn
发 行 部	010-84083685
门 市 部	010-84029450
经　　销	新华书店及其他书店
印刷装订	北京市十月印刷有限公司
版　　次	2023 年 8 月第 1 版
印　　次	2023 年 8 月第 1 次印刷
开　　本	710×1000　1/16
印　　张	15.5
插　　页	2
字　　数	277 千字
定　　价	98.00 元

凡购买中国社会科学出版社图书，如有质量问题请与本社营销中心联系调换
电话：010-84083683
版权所有　侵权必究

目　录

绪论 ……………………………………………………………………（1）
  一　研究缘起 ………………………………………………………（1）
  二　相关学术史回顾 ………………………………………………（5）
  三　研究思路与研究架构 …………………………………………（9）

第一章　从负债应偿到破产免责：破产债务清偿责任衍进的法律史书写 …………………………………………………………（13）
  第一节　中国固有法中债务清偿法律调整之一般 ……………（14）
  第二节　华洋破产债务诉讼与晚清破产立法 …………………（20）
  第三节　民初大理院关于破产债务清偿之司法判解 …………（25）
  第四节　南京国民政府时期破产债务清偿之相关立法及其检讨 ……（29）
  小结 ………………………………………………………………（33）

第二章　法律规范与生活逻辑：失火民事赔偿责任衍进的本土叙事 …………………………………………………………（35）
  第一节　中国固有法中关于失火法律责任之规定及实践 ……（35）
  第二节　清末《大清民律草案》关于失火民事赔偿责任之立法安排及后续影响 ………………………………………（40）
  第三节　民国时期侵权行为立法与失火民事赔偿责任的扩大化 ……（44）
  第四节　当今中国乡土社会一起失火事件的田野调查手记 …（47）
  小结 ………………………………………………………………（49）

第三章　从习惯权利到法定物权：坟产所涉诸习惯权利及其在近代之处遇 …………………………………………………………（51）
  第一节　法律、习惯与裁判：中国传统社会坟产权利保护的表达与实践 ………………………………………………（53）
    一　传统社会坟产权利保护的国家立法 ……………………（53）

二　民间保护坟产权利之民事习惯 …………………………………… (57)
　　三　传统社会坟产纠纷司法裁判举隅 ………………………………… (62)
　第二节　传统社会坟产所涉诸习惯权利 …………………………………… (65)
　　一　坟产所有权 ………………………………………………………… (65)
　　二　上坟祭扫地役权 …………………………………………………… (67)
　　三　逝者及其后代人格权 ……………………………………………… (67)
　　四　风水权 ……………………………………………………………… (68)
　第三节　坟产所涉习惯权利在近代中国之处遇 …………………………… (69)
　　一　中国近代物权立法及部分坟产习惯权利的遗落 ………………… (69)
　　二　民初大理院对坟产习惯权利的折衷安置 ………………………… (71)
　　三　南京国民政府时期司法裁判对坟产习惯权利的限缩与妥协 …… (75)
　小结 …………………………………………………………………………… (78)

第四章　邻水耕居：中国固有法中的水相邻关系及其近代衍变 ……………… (79)
　第一节　中国固有法关于水相邻关系调整之一般 ………………………… (80)
　　一　历代水相邻关系立法撷拾 ………………………………………… (81)
　　二　民事习惯中的水相邻关系规范 …………………………………… (82)
　　三　司法判牍和档案所见水相邻关系纠纷及其裁处 ………………… (85)
　　四　固有法调整水相邻关系的核心理念 ……………………………… (90)
　第二节　近代中国民事立法中的水相邻关系 ……………………………… (91)
　　一　"民律草案"与民法典中的水相邻关系法律条文 ………………… (91)
　　二　中国近代民事立法中水相邻关系的主要内容 …………………… (95)
　第三节　近代中国民事司法实践中的水相邻关系 ………………………… (98)
　　一　防堵水源和拦阻下游用水纠纷 …………………………………… (98)
　　二　掘堰开挖河道纠纷 ………………………………………………… (100)
　　三　排水纠纷 …………………………………………………………… (101)
　　四　井水取用纠纷 ……………………………………………………… (102)
　小结 …………………………………………………………………………… (104)

第五章　从家长权到亲权：变动的亲伦秩序与法律秩序 ……………………… (105)
　第一节　中国传统社会家长权之内涵：兼与亲权作比较 ………………… (107)
　　一　中国传统社会家长权之内涵 ……………………………………… (107)
　　二　家长权与亲权辨异 ………………………………………………… (111)
　第二节　清末民初亲权制度的初萌及实践样态 …………………………… (112)

一　清末民初"民律草案"中的亲权条文及其欧日样本 ……… (112)
　　二　民初大理院糅合固有家长权与西方亲权法理之裁判实践 … (118)
　　三　亲权立法和司法实践与民初民事习惯的纠结 ……………… (123)
　第三节　南京国民政府时期亲权制度之立法构造及其规范解释 …… (124)
　　一　亲权制度之立法构造 …………………………………………… (124)
　　二　亲权制度之规范解释 …………………………………………… (126)
　小结 …………………………………………………………………………… (130)
第六章　"朝为路人，暮为骨肉"：传统中国的异姓收养及其在
　　　　近代的衍变 ……………………………………………………………… (132)
　第一节　"异姓不养"：中国传统社会调整收养关系的核心原则 … (135)
　第二节　悖礼法而行：传统中国异姓收养的历史实态及社会经济
　　　　　动因 …………………………………………………………………… (137)
　　一　传统中国异姓收养之历史实态 ……………………………… (137)
　　二　异姓收养在民间顽强存续之社会经济原因 ……………… (142)
　第三节　依违于新旧之间：清末民初异姓收养在立法与司法层面的
　　　　　承与变 ………………………………………………………………… (144)
　　一　纾缓异姓收养之禁的立法尝试 ……………………………… (144)
　　二　司法实践中异姓收养的弛禁及养子权利的变化 ………… (147)
　第四节　自由收养在《中华民国民法》中的最终确立 ……………… (151)
　第五节　南京国民政府最高司法机关调和新收养法与旧习俗的
　　　　　努力 …………………………………………………………………… (157)
　小结 …………………………………………………………………………… (165)
第七章　中国的已嫁女财产继承权：固有传统及近代变革之难局 … (167)
　第一节　固有法排斥已嫁女财产继承权之法制形态及其文化
　　　　　逻辑 …………………………………………………………………… (168)
　　一　固有法对已嫁女财产承受规定的一般与例外 …………… (168)
　　二　固有法排斥已嫁女财产继承权的文化逻辑 ……………… (172)
　第二节　清末民初已嫁女财产继承权之立法和司法端绪 …………… (174)
　第三节　南京国民政府时期已嫁女财产继承权之变革 ……………… (178)
　　一　南京国民政府时期已嫁女财产继承权确立之沿革 ……… (178)
　　二　促成已嫁女财产继承权确立之诸因素 ……………………… (180)
　第四节　中国近代已嫁女财产继承权变革之难局 …………………… (183)

小结 …………………………………………………………………（188）
**第八章　遗嘱处分财产限制：固有传统及其向近代特留分制度的
　　　　　转型** ………………………………………………………（191）
　第一节　传统中国的遗嘱与遗嘱处分财产限制 ……………………（193）
　　一　传统中国的遗嘱及其民间实践 …………………………………（193）
　　二　传统中国对遗嘱处分财产的限制 ………………………………（197）
　　三　传统中国限制遗嘱处分财产的因由 ……………………………（200）
　第二节　清末民初"特留财产"的立法引入及司法因应 ……………（202）
　　一　清末民初"特留财产"在"民律草案"中的引入 ……………（202）
　　二　民初大理院涉及"特留财产"之司法裁判 ……………………（207）
　第三节　南京国民政府时期特留分制度的生成 ……………………（209）
　　一　特留分制度的确立及其规则构造 ………………………………（209）
　　二　特留分制度的学理解释与裁判适用 ……………………………（212）
　小结 …………………………………………………………………（216）
结语　固有民事法在中国近代衍化之诸面相及其现代性反思 ………（217）
　　一　固有民事法在中国近代衍化之诸面相 …………………………（217）
　　二　固有民事法变迁的现代性反思 …………………………………（220）
参考文献 ………………………………………………………………（226）

绪　　论

一　研究缘起

围绕中国固有法中是否存在"民法"这一问题，自20世纪初迄今，学界一直聚讼不休。[①] 多数学者认为，中国传统社会虽无形式上之"民法"，但仍存在调整人身关系与财产关系的实质上之民事法。中国固有民事法是与近代继受自欧日、以民法典为主要载体之民事法律体系相对应的一个概念，其作为一种多层次、多样化的法律渊源，主要体现为"礼"[②]、乡规族约等民间习惯，以及历代王朝律令中的户役、田宅、婚姻、钱债等法律规定。近几十年来，中国固有民事法律制度的研究，得到了法律史学界更多的关注，并且推出了系列重要成果。[③] 但毋庸讳言，这些既有成果主要侧重于对前近代中国民法史的全貌进行轮廓性刻画，实际上仍是在固守史实考证这块传统阵地的基础上，以普适性的西方民法话语来涵摄、解释中国古代法律史实的实态。当然，这并非意味着笔者试图否认前贤对中国古代民事法律进行探求的重大价值。这些成果，在方法论上仍具有一定的张力，它对于我们理解和体认中国传统社会主流意识形态和主流话语下所建构的身份、人身、财产等民事法律关系之特质及内涵，无疑是一种富有成效的基础性工作。

[①] 各说要旨详见俞江《关于"古代中国有无民法"问题的再思考》，《现代法学》2001年第6期；潘维和《中国民事法史》，（台北）汉林出版社1982年版，第46—55页；苏亦工《明清律典与条例》，中国政法大学出版社2000年版，第48—50页；等等。

[②] 梅仲协曾言："礼为世界最古老最完备之民事法规。"梅仲协：《民法要义》，中国政法大学出版社2004年版，第14—15页。

[③] 较有代表者如潘维和：《中国民事法史》，（台北）汉林出版社1982年版；李志敏：《中国古代民法》，法律出版社1988年版；叶孝信主编：《中国民法史》，上海人民出版社1993年版；孔庆明等：《中国民法史》，吉林人民出版社1996年版；张晋藩：《清代民法综论》，中国政法大学出版社1998年版；张晋藩主编：《中国民法通史》，福建人民出版社2003年版；梁凤荣：《中国传统民法理念与规范》，郑州大学出版社2003年版；等等。

与中国固有法中的民事法源不同，中国近代民法系西法东渐背景下"法律继受"①之结果。中国自西方引进近代意义上的民法体系发轫于清末变法。光绪二十八年（1902）四月初六日，清廷谕曰："现在通商交涉，事益繁多，着派沈家本、伍廷芳将一切现行律例，按照交涉情形，参酌各国法律，细心考证妥为拟议，务期中外通行，有裨治理。"② 1907年6月，民政部大臣善耆上奏清廷："查东西各国法律，有公法私法之分。公法者，定国家与人民之关系，即刑法之类是也；私法者，定人民与人民之关系，即民法之类是也。二者相因，不可偏废。"③而当时的宪政编查馆也奏请简派大员修订法律，清廷遂派定沈家本、俞廉三等为法律大臣，着手新律之修订。光绪三十三年（1907）置修订法律馆，酌设二科，分任民律商律、民事刑事诉讼律之调查起草工作。后来法律修订馆又延聘日本法学博士松冈义正④负责民律之起草工作，彼即依据调查之资料，参照各国之法例，斟酌各省之报告，详慎草定、完成民律总则、债权、物权三编草案。复以全书浩繁，文义间有艰深，乃详加校定逐条诠释理由，以期明晰。亲属、继承两编，则由该馆商同礼学馆编订。至宣统三年（1911）八月，民律草案终于完全脱稿，草案总计1569条。⑤是为中国近代第一次民律草案，即《大清民律草案》。⑥这个抄袭色彩极浓的民法草案因清政府旋即倾覆而未及实施，但却

---

① "法律继受"乃指一个国家基于外来势力、内在社会结构的变异、外国法品质或内部意识的觉醒等因素，全盘或部分采用其他国家法律制度的一种法律现象。易言之，它是一种由于与异文化接触所产生的文化变容过程，也是文化交换的特别表征。这种法文化转换的现象，通常显现出两个特质：一种为强势法律文化往弱势法律文化区的输出；另一种为法律的继受，有时系一种本土法律文化对外来法律文化抵抗与转化的过程［参见黄源盛《法律继受与近代中国法》，（台北）元照出版有限公司2007年版，第46页］。另，中国台湾学者王文杰认为：所谓继受，乃指一个国家继受其他国家某特定法律规范的全部或是一部分而言。法律继受在现今法律发展的情形主要系指国家之间的法律移植过程。参见王文杰《嬗变中之中国大陆法律》，（台北）交通大学出版社2004年版，第25页。
② （清）朱寿朋编：《光绪朝东华录》第5册，中华书局1984年版，第4864页。
③ （清）朱寿朋编：《光绪朝东华录》第5册，中华书局1984年版，第5682页。
④ 松冈义正（1870—1939），日本人，1892年毕业于东京帝国大学法科。1906年受聘来华任清政府修订法律馆顾问，起草民律，并在京师法律学堂讲授民法、民事诉讼法和破产法。参见王健编《西法东渐：外国人与中国法的近代变革》，中国政法大学出版社2001年版，第546页。
⑤ 参见谢振民编著《中华民国立法史》下册，张知本校，中国政法大学出版社2000年版，第743—744页。
⑥ 关于草案为何称民律而不称民法，依据俞江的考证，中文文献中最早使用近代意义上的"民法"一词始见于1887年黄遵宪所著《日本国志》，及后康有为鼓吹变法，亦反复提到修订民法。其实"民法"一词系借鉴日文汉字，而"民律"实为中国的自创词，但19世纪90年代末，中国出现了"民律"与"民法"并用的现象，且一直持续至20世纪20年代末。所以这一时期的《大清民律草案》和民国《民律草案》，都曾以"民律"为名。参见俞江《近代中国民法学中的私权理论》，北京大学出版社2003年版，第25—27页。

开启了中国民法史上新的一页,亦成为研究中国近代民法制度的一个重要逻辑起点。

民国初建,法制不备。为完成清末未竟之立法事业,民国元年(1912)7月,民国政府附设法典编纂会于法制局,并置编纂调查各员,专事民法、商法、民刑诉讼法,并上列附属及其余各项法典之草订。① 至1914年2月,政府又裁撤法典编纂会,而代之以法律编查会,隶司法部。1918年7月,民国政府复设修订法律馆。1922年春,华盛顿会议召开,中国代表提出收回领事裁判权议案,大会议决由各国派员来华调查司法,政府即责成司法部对司法上应行改良各事,赶速进行,并饬修订法律馆积极编纂民刑各法典。该馆即参详前清民律草案,调查各省民商事习惯,并参照各国最新立法例,于1925—1926年间完成草案。草案亦设总则、债、物权、亲属、继承五编,总计1522条,是为中国近代第二次民律草案,即民国《民律草案》。草案拟就时适值政变,法统废弃后,国会迄未恢复,故此草案未能成为正式民法法典。②

1927年,南京国民政府成立之初,曾责成法制局起草民法典。1928年夏,法制局着手起草"亲属"和"继承"两编,耗时5月余,草案告成,计亲属法82条、继承法64条。然未及呈请公布施行,立法院宣布成立,民法起草工作遂移交于立法院。1929年1月29日立法院召开第10次会议,组织民法起草委员会,指定傅秉常、焦易堂、史尚宽、林彬、王用宾五人为委员,并聘请司法院院长王宠惠、考试院院长戴传贤及法国人宝道(Padoux)为顾问。该会组织成立后,对于民法之编订极为尽力,于1929—1930年间,先后完成民法总则、债、物权、亲属、继承五编的起草工作,并呈由国民政府公布实施。是为中国近代第一部民法典,即《中华民国民法》。

近代以来,中国一直在继受西方法的整体思路中进行立法设计和法律制度安排,在此法律近代化进程中,继受法与固有法之关系问题,始终是一个不能回避的艰难话题。当然,基于私法制度方面继受西方法的广度和深度,这一领域凸显出的固有法与继受法之冲突和整合问题似乎更为引人瞩目,而关于这一问题的探讨,虽然今人已推出了诸多研究成果,但丝毫看不到任何

---

① 中国台湾"国史馆"法律志编纂委员会编:《中华民国法律志(初稿)》,1994年印行,第4页。
② 参见谢振民编著《中华民国立法史》下册,张知本校,中国政法大学出版社2000年版,第747页。

穷尽的迹象。中国民法的近代化，其实质是一个欧陆版民法制度在中国的最终建构。在这个建构过程中，由于一系列与本土法律资源并无太多勾连，并且承载着西方法律价值理念的域外民法规则的植入，使中国固有之民事法规范面临着前所未有的冲击。在此背景下，固有民事法究竟沿着何种路径衍化？部分固有民事法在形式上被旁置之后，究竟以何种实态与中国近代的民事立法和民事司法发生关联？抑或进一步言之，固有民事法与近代继受自欧日之民法所产生的紧张关系或微妙的互动，又在何种程度上影响了普通民众的法律生活和法律观念？上述问题是我们理解近代中国西法东渐背景下民事法律变迁的一条重要线索。

当然，无论是中国固有民事法，还是近代民事法律制度，举凡人身和财产关系等，林林总总，复杂万端，本书无意、亦无力一一溯其源流，考其流变，仅选取民事法领域若干具有典型意义，且与一般民众之社会生活关联至为密切的部分，即债法领域的破产债务清偿责任和失火民事赔偿责任、物权法领域的坟产习惯权利和水相邻关系、亲属法领域的家长权/亲权和收养制度、继承法领域的已嫁女财产继承权和遗嘱处分财产限制为研究对象，据此归纳中国民法近代化过程中固有民事法衍化的具体进路。通过历史的语境式解读，揭橥其衍进的内在根据，并努力回应其所映射出来的关涉中国近代民法继受的其他一般性理论问题。

上述议题对于法史学界，乃至民法学界，均为富有挑战性的课题，对这些问题进行深入的探研，无疑是一件颇具学术意义的工作。本书之研究，其理论意义和学术价值主要体现如下：

首先，厘清固有民事法在近代中国民事法律生活中呈具的实态，归纳中国近代民法继受过程中固有民事法衍化之具体进路，并挖掘隐含其背后的逻辑及法理，可以增进我们对中国民法近代化，乃至中国近代法律变迁的认知。

其次，先贤对于中国民法近代化的研究，其理路多是以立法文本或司法活动为主线。本书在兼顾前者的基础上，将继受法与固有民事法的冲突和紧张关系，置于广阔的法律社会生活史这一场域中予以考察。因此从研究范式上来看，亦有着一定的尝试性意义。

再次，由于部分固有民事法直至今天仍在中国的基层社会保持着某种生命力，故本课题之研究，对今日私法制度之完善，乃至民事司法实践，或可提供些许启示。

最后，近年来，法律史学科的存在价值，总是有意无意被人们所忽视。

其被边缘化之窘境，固然有着多重原因，而其自身对部门法研究的理论贡献处于一种不确定状态，也是一个重要的因由。本书采取之法律史与民法学相结合的研究进路，亦有益于推进法史学界与民法学界在若干基础理论研究方面的相互亲近。

二 相关学术史回顾

学界对清末以来之民法继受、固有民事法及其关联问题的学术关注，可追溯至民国时期法学界的相关时评或论著。如江庸曾对《大清民律草案》作如是訾评："多继受外国法，于本国固有法源，未甚措意"，"亲属继承之规定，与社会情形悬隔天壤，适用极感困难"①。吴经熊在将《中华民国民法》与欧陆等国民法加以比较之后，得出以下结论："我们试就新《民法》从第一条到第一二二五条仔细研究一遍，再和《德意志民法》及《瑞士民法》和'债编'逐条对校一下，倒有百分之九十五是有来历的，不是照账誊录，便是改头换面！"② 此外，诸多民国民法学者之论著，也在一定程度上对近代财产法和身份法领域继受法与固有法之紧张关系有所涉及。唯惜受时代所限，其学术努力多止于立法层面的检讨或经验事实的胪举，理论上的概括力仍显不足。

今人对于中国近代的民法继受或继受法与固有法关系之研究，主要从以下几个方面进行展开：

其一，中国近代法律继受一般性研究。如王伯琦讨论了中国近代法律继受对民众意识的警示和启迪作用，并强调因法律继受而导致之"超前立法"的法教功能；③ 李贵连对清末大规模继受西方法的具体动因进行了较为全面的归纳；④ 黄源盛对中国近代民刑领域继受西方法的总体脉络以及继受法与固有法的冲突等问题有过详尽梳理和较深入的理论剖析；⑤ 何勤华、李秀清等就法的移植与法的本土化所涉之基本理论，以及近代以来中国移植外国法的主要历程，进行了深入的理论阐释和多维度的描述。⑥ 总体而言，此类成

---

① 谢振民编著：《中华民国立法史》下册，张知本校，中国政法大学出版社2000年版，第748页。
② 吴经熊：《法律哲学研究》，清华大学出版社2005年版，第172页。
③ 参见王伯琦《近代法律思潮与中国固有文化》，清华大学出版社2005年版，第72—78页。
④ 参见李贵连《近代中国法制与法学》，北京大学出版社2002年版。
⑤ 参见黄源盛《法律继受与近代中国法》，（台北）元照出版有限公司2007年版。
⑥ 参见何勤华主编《法的移植与法的本土化》，法律出版社2001年版；何勤华、李秀清《外国法与中国法——20世纪中国移植外国法反思》，中国政法大学出版社2003年版。

果大多偏重于宏观层面的理论解释，对固有民事法及其在近代运作的细节问题，着墨不多。

其二，中国近代民法继受史相关研究。该类成果或从宏观入笔，综论中国近代移植西方民事法的主要方面；或从微观切入，就某一具体民事法律制度在近代中国的生成或实践进行细致梳理。现综其要者如下：潘维和以立法文本为线索，对中国近代民事立法之背景、沿革及主要内容等展开过详尽考述；① 李显冬从民事立法的视角，梳理了从《大清律例》到《中华民国民法》的转型轨迹；② 俞江对近代中国民法学及其学说源流、近代中国的私权理论进行了详尽考释；③ 张生描述了中国近代民法法典化的多重史境和具体进程；④ 朱勇主编之《中国民法近代化研究》一书，围绕着私法原则、传统民法文化、民事判例、物权法、契约法等，对中国民法近代化所涉诸问题进行了颇具分量的述论。⑤ 另，李倩从国家契约法和民间契约实践两个维度考察了民国时期的契约制度；⑥ 王新宇对中国近代婚姻立法的一般概况进行了溯源性回顾和梳理；⑦ 许莉通过对《中华民国民法·亲属》的立法背景、具体制度、审判实务以及修改演变等方面的研究，入微地剖析了中国亲属法近代化的内在机理；⑧ 蔡晓荣从法律文本、司法判解、民法学说三个维度勾勒了中国近代侵权行为法的生成谱系；⑨ 周子良以民初大理院民事判例为中心，对中国近代所有权制度的生成、所有权权利体系的确立进行了充分论证。⑩ 由上可知，中国近代民法继受史之研究，已呈现出从整体到局部、从表达到实践渐次延伸的研究趋向。然囿于各自之研究主旨，此类成果多侧重于从制度史角度对中国近代之民法继受进行史实重构，对继受进程中固有法之境遇问题，在研究的广度、深度和细腻度上仍显不足。

---

① 参见潘维和《中国近代民法史》，（台北）汉林出版社1982年版；潘维和《中国历次民律草案校释》，（台北）汉林出版社1982年版。
② 参见李显冬《从〈大清律例〉到〈民国民法典〉的转型》，中国人民公安大学出版社2003年版。
③ 参见俞江《近代中国民法学中的私权理论》，北京大学出版社2003年版。
④ 参见张生《中国近代民法法典化研究》，中国政法大学出版社2004年版。
⑤ 参见朱勇主编《中国民法近代化研究》，中国政法大学出版社2006年版。
⑥ 参见李倩《民国时期契约制度研究》，北京大学出版社2005年版。
⑦ 参见王新宇《民国时期婚姻法近代化研究》，中国法制出版社2006年版。
⑧ 参见许莉《〈中华民国民法·亲属〉研究》，法律出版社2009年版。
⑨ 参见蔡晓荣《中国近代侵权行为法研究——文本、判解及学说》，社会科学文献出版社2013年版。
⑩ 参见周子良《近代中国所有权制度的形成：以民初大理院的民事判例为中心（1912—1927年）》，法律出版社2012年版。

其三，近代民商事习惯调查或民事习惯法研究。对于清末民初的民商事习惯调查文献，前人已经做了较为系统的整辑。① 当代学者对清末民初民商事习惯调查或略或详的考论与研究，代表性成果如下：胡旭晟所撰《20世纪前期中国之民商事习惯调查及其意义》一文，对清末民初民商事习惯调查的背景、过程和意义有过扼要述论；② 眭鸿明关注了清末民初两次民商事习惯调查的主要细节，并探讨了其与中国近代民事立法和民事司法之关系；③ 苗鸣宇考述了近代民事习惯调查、搜集和整理的具体内容，且兼及论述了近代民事立法和民事习惯的屡次磨合。④ 此外，李卫东对民初民事习惯（法）在法律生活中之实践表达有过详尽研究。⑤ 以上成果将研究视角聚焦于近代民商事习惯调查和社会规范层面的民事习惯（法），拓展了中国近代民法史研究的学术空间。但民事习惯（法）仅为固有法之一部分，故以上成果仅关注了固有民事法回应继受法的某些切面。

其四，民初大理院斡旋继受法与固有民事法的判决（例）研究。民初部分固有民事法，虽然在立法层面被排斥，但仍借助司法裁判而获致实际生命力。张生以大理院民事判决（例）为主体史料，探究了民初大理院借助司法裁判整合继受法与固有民事法的创造性活动；⑥ 徐静莉以民初大理院婚姻继承司法判解为中心，揭示了该时期女性权利变化的主要特点及其规律；⑦ 段晓彦通过对大理院民事判例的重要法源——"现行律民事有效部分"及其适用的考证，发掘"现行律民事有效部分"的特殊性及其在司法适用中的难题。⑧ 另，部分中国台湾学人，借助黄源盛所辑民初大理院判例材料，戮力探研该时期的民事裁判及若干民法制度、民法原则等。如黄源盛、卢静仪、周伯峰等，均对民初大理院斡旋固有民事法与继受法之典型判

---

① 具体详见南京国民政府司法行政部编《民事习惯调查报告录》，胡旭晟等点校，中国政法大学出版社2000年版；施沛生编《中国民事习惯大全》，上海书店出版社2002年影印版；等等。

② 参见胡旭晟《20世纪前期中国之民商事习惯调查及其意义》，《湘潭大学社会科学学报》1999年第2期。

③ 参见眭鸿明《清末民初民商事习惯调查之研究》，法律出版社2005年版。

④ 参见苗鸣宇《民事习惯与民法典的互动：近代民事习惯调查研究》，中国人民公安大学出版社2008年版。

⑤ 参见李卫东《民初民法中的民事习惯与习惯法》，中国社会科学出版社2005年版。

⑥ 参见张生《民国初期民法的近代化——以固有法与继受法的整合为中心》，中国政法大学出版社2002年版。

⑦ 参见徐静莉《民初女性权利变化研究——以大理院婚姻继承司法判解为中心》，法律出版社2010年版。

⑧ 参见段晓彦《民刑之间："现行律民事有效部分"研究》，中国法制出版社2019年版。

例，有一定撷及和剖析。① 以大理院判决（例）为素材探讨民初固有民事法在司法实践中的规范功能，克服了法律文本研究的固有缺陷。但既有相关成果囿于各自研究主旨，对其时之基层司法，以及南京国民政府时期的司法实践置喙甚少，加之对固有法之民间表达关注不够，亦限制了研究的广度和深度。

其五，其他关联问题的微观研究。比较具有典型意义的成果有：白凯（Kathryn Bernhardt）以档案和判词集为资料，从法律与社会习惯两个层面对宋至民国时期妇女的继承权和财产权及其变迁进行了细致考论；② 黄宗智从典、田面权、债、赡养、婚姻等几个方面，对清代与国民党时期的民事法律制度进行了比较，并力图回应以下问题：从清代到1949年，中国民事法律制度经历了怎样的变与不变？③ 陈惠馨对传统社会的婚姻家庭关系及其近代转型问题有着较为详尽的述论；④ 张小也从法律社会史视角，对清代的户绝财产继承、坟山争讼等问题进行了细致考察；⑤ 里赞借助四川省新繁县司法档案，对民国时期的典权、租佃、婚姻、继承等民事纠纷及其司法裁判进行了归纳和解读；⑥ 刘昕杰亦通过对四川新繁、荣县、南溪等地民国司法档案展开研究，发现不同的传统民事权利在民国民法典实施后的基层司法实践中有着不同的表现形式；⑦ 李启成通过对祭田法制和司法从传统到近代转型之完整历程的考察，就司法实践应如何妥善处理外来规则和固有习惯之关系，提出了自己的若干独到见解。⑧ 以上对民事法律的微观史考察，研究相对较为深入，而其从法律社会史或司法裁判角度对部分固有民事法在近代运作的经验研究，亦凸显了研究的动态感。但由于以上论著大多仅围绕一种或少数几种民事法律关系进行解释展开，导致固有民事法在近代的衍化和运作在其

---

① 参见黄源盛《民初大理院与裁判》，（台北）元照出版有限公司2011年版；卢静仪《民初立嗣问题的法律与裁判》，北京大学出版社2002年版；周伯峰《民国初年"契约自由"概念的诞生》，北京大学出版社2006年版；等等。
② 参见［美］白凯《中国的妇女与财产：960—1949》，刘昶译，上海书店出版社2003年版。
③ 参见黄宗智《法典、习俗与司法实践：清代与民国的比较》，上海书店出版社2007年版。
④ 参见陈惠馨《传统个人、家庭、婚姻与国家——中国法制史的研究与方法》，（台北）五南图书出版股份有限公司2006年版。
⑤ 参见张小也《官、民与法：明清国家与基层社会》，中华书局2007年版。
⑥ 参见里赞《民国基层社会纠纷及其裁断：以新繁档案为依据》，四川大学出版社2009年版。
⑦ 参见刘昕杰《民法典如何实现：民国新繁县法律实践中权利与习惯（1935—1949）》，中国政法大学出版社2011年版；刘昕杰《后民法典时代的司法实践——民国四川基层诉讼中的法律与习惯（1935—1949）》，社会科学文献出版社2022年版。
⑧ 参见李启成《外来规则与固有习惯：祭田法制的近代转型》，北京大学出版社2014年版。

作品中难以形成整体的呈现。

前揭论著，在不同方向对本书所涉论域均有一定触及，其学术贡献值得充分肯定，亦为本书研究之开展提供了重要的学术参考。此外，除上述论著外，围绕着固有民事法以及中国近代民法若干细节问题的讨论，学界的其他相关论著亦复不少，因后文中有详细引述，兹不赘列。

三 研究思路与研究架构

（一）研究思路

本书主要采用文献梳理、语境分析、田野调查、个案研究等方法进行研究，在具体的研究中，也将综合运用民法解释学、比较法学、法律文化学、法律社会学等多学科的理论资源。展开而言，本书主要研究思路如下：(1) 描述性和解释性相结合。一方面，围绕相关主题，通过文献梳理描述固有民事法、近代民法的具体表现形式和运作实态，以及固有民事法在近代回应继受法过程中所发生的诸种变化；另一方面，又充分调动多学科理论资源，在学理层面求取多元解释。(2) 微观和宏观相结合。既对固有民事法和近代民法之若干典型切面进行微观解析，又从宏观层面抽象出其所映射出来的关涉中国近代民法继受的一般性理论问题。(3) 历史考察与比较研究相结合。将研究对象安置于传统、近代与当代的长时段历史脉络中构建叙事主线，同时从比较法律史的视角，将固有民事法、近代民法、域外法放置于特定语境中做相关性考察，借此探寻近代中国民事法律变迁的内在机理。

（二）研究架构

本书除绪论外，其主体部分主要内容如下：

第一章 从负债应偿到破产免责：破产债务清偿责任衍进的法律史书写。

中国固有法强调债务的不可免除性，其对于债务清偿不能之法律调整，主要是明确了负债不偿者的刑事责任或其成年亲属的连带清偿责任。清末受华洋破产债务诉讼之促动，《大清破产律》首次确立了破产免责原则，但旋即被废止。民初大理院涉及破产之判决例和解释例，虽部分继受《大清破产律》之精神，但仍主要秉承固有之债务清偿习惯。迨至南京国民政府时期，1935年之《中华民国破产法》最终在法律文本层面再次确立了破产免责原则。然自清末起，固有法"负债应偿"之债务清偿理念，与域外继受而来的破产免责制度，一直处于一种胶着和对峙状态。

第二章 法律规范与生活逻辑：失火民事赔偿责任衍进的本土叙事。

在中国传统社会，对于失火人之法律责任，国家法律通常只明确了刑事制裁而无民事赔偿的规定；在民间的习惯法层面，失火人亦往往不任赔偿之责。不过在中国近代大规模继受西方民法的进程中，这一固有法的常态性规范，渐被外来的侵权行为规则所排斥。中国近代的侵权行为立法，最终确立了失火行为的民事赔偿责任，且不对过失程度做出任何限定。不过社会实证经验又同样证明，失火无须赔偿之固有法规范虽被旁置，但内蕴其中的社会文化性内容则在一定程度上被积淀下来，并以一种生活逻辑的形式潜移默化地影响着人们的思维，支配着人们的行为方式。

第三章　从习惯权利到法定物权：坟产所涉诸习惯权利及其在近代之处遇。

坟产作为一种特殊的不动产，既涉乎族众，又关乎风水。中国传统社会坟产所涉诸习惯权利，主要包括坟产所有权、上坟祭扫地役权、逝者及其后代人格权、风水权等，其涵摄了财产性权益和精神性权益两方面的内容。中国近代民法法典化进程中，以欧陆民法典为样本所构建起来的物权法律体系，将坟产视为一般意义上的不动产，仅其所涉部分习惯权利上升为法定物权，其余大部分，尤其是精神性权益，在新的物权法中基本处于一种"失语"状态。于此法制转型时期，民初大理院曾参酌固有习惯，并糅以大陆法系物权法理，借助判决例和解释例的形式，将坟产所涉习惯权利加以折衷安置。南京国民政府时期，为实现坟产法律关系的有效调整，审判机关有时亦只能委诸固有习惯对此类纠纷进行裁处，从而使得部分坟产习惯权利虽被民法典所旁置，但仍具有某种生命力。

第四章　邻水耕居：中国固有法中的水相邻关系及其近代衍变。

在传统中国，围绕着农业灌溉中的用水、排水，以及井水取用、屋檐滴水等问题，形成了系列水相邻关系规范。其规范性内容和核心理念内蕴于国家立法、民事习惯，以及相关司法裁判之中。清末以迄民国，伴随着中国近代民法法典化的初步完成，一个以摹写大陆法系民法典为基础的水相邻关系法律规范得以最终底定。然认真分析相关文本表达，可以发现其立法旨趣与固有法关于水相邻关系调整的核心理念，实则互为暗合。此外，近代以来的司法实践和社会实证经验，亦在相当程度上表明，固有法中的水相邻关系作为一种"内生秩序"，实际上受到这种新式立法的影响甚微。

第五章　从家长权到亲权：变动的亲伦秩序与法律秩序。

中国传统社会的家长权以训诫教令权、家庭财产支配权、主婚权为其主要内容，凸显了家长对子女在人身和财产上的绝对控制。清末民初，立法者在"民律草案"中引入了大陆法系的亲权制度,民初大理院亦通过判决例和解释例极力将固有法与西方亲权法理加以糅合。迨至南京国民政府时期,《中华民国民法》最终在立法层面构建了一个以保护教养子女为核心内容的现代意义上的亲权制度。回溯从中国传统家长权到近代亲权之衍进脉络,可以发现,这种父母与子女间亲伦秩序和法律秩序的变动,主要表现为以下特点:其一,性质上由一种权力嬗蜕为权利和义务的结合体;其二,内容上由以训诫教令为核心易为以保护教养为核心;其三,主体上由尊男卑女渐进至男女平等;其四,行使之对象由一家之所有子女限缩为未成年子女。

第六章 "朝为路人,暮为骨肉":传统中国的异姓收养及其在近代的衍变。

立嗣是传统中国收养关系的最典型样态,"异姓不养"则为固有法调整收养关系的一项核心原则。然基于各种复杂的社会经济因素,乞养异姓,甚或异姓承嗣的现象在民间收养实践中仍不鲜见。清末民初,在因袭立嗣旧制的前提下,立法和司法层面均表现出某种弛缓异姓收养之禁和扩张异姓养子权利的迹象。南京国民政府时期,《中华民国民法》摒弃宗祧继承,将异姓收养纳入合法收养的范畴。但为弥合新法律与旧的收养秩序之紧张关系,斯时最高司法机关亦借助系列判例和解释令,对立嗣旧制予以适度包容,同时参酌民间异姓乞养习惯,对养子之权利施加一定限制。申言之,南京国民政府时期的收养法制,实际上是将欧陆各国收养法例,与传统中国的立嗣制度和乞养异姓习俗冶为一炉,从而成为中国近代亲属法转型过程中的一个成功范例。

第七章 中国的已嫁女财产继承权:固有传统及近代变革之难局。

中国固有法在一般意义上排斥已嫁女的财产继承权,支持这种制度安排的文化逻辑可以从宗祧继承、家文化和家产制、传统小农生产方式、权利义务的均衡配置等方面予以发掘。清末民初,为补救男女双方在财产继承权上严重失衡之势态,该时期在立法和司法层面已渐启已嫁女遗产继承之端绪。及至南京国民政府成立前后,已嫁女的财产继承权在立法层面最终得以确立。然而社会实践经验同样又表明,中国近代已嫁女财产继承权之变革,受制于其时之社会经济结构、社会文化心理和固有法衍化而成之习惯力量的阻隔,并未朝着精英阶层刻意建构起来的制度目标直线发展,而是陷入一种难局。

第八章 遗嘱处分财产限制:固有传统及其向特留分制度的转型。

在中国传统社会,无论是在国家法律还是在司法实践层面,对被继承人通过遗嘱处分财产的行为，均采取一种限制性立场，其内蕴着维系家族存续和血缘亲情、维护生存伦理和社会公益等价值考量。近代中国受欧陆各国继承立法之牵引，一方面克服固有传统中遗产强制分割主义之弊端，确立了遗嘱处分自由原则；另一方面亦借助精致的、完全符合形式理性的立法条文，通过特留分制度对遗嘱处分财产加以必要的限制。其既凸显了立法者摒除宗法遗习、保障女性特留分权利的特别用心，又在一定程度上关照了传统，体现了维系人伦亲情和家庭和睦这一立法旨趣。

结语：民事固有法在中国近代衍化之诸面相及其现代性反思。

清末以降，随着外来民法规范在中国作用空间的拓展，本土固有民事法律规范呈现出以下多元衍化路径：其一，部分固有法的规范要素被新的法律文本所涵纳；其二，部分固有法通过司法机关之斡旋，作为一种自治或非自治的规范性要素，成为民事纠纷解决的重要准据；其三，相当部分固有法虽然因继受法的侵蚀而被旁置，但仍以一种"活法"的形式继续规范着人们的民事生活。这个衍化的法理逻辑则可归结为：法律制度可以划分出技术规范性内容和社会文化性内容两个层次，固有法的技术规范性内容虽极易从国家法的规范体系中被剥离，但其内嵌的社会文化性内容则极有可能被积淀下来，并以一种"民间共识"的形式潜移默化地支配着人们的思维模式和行为方式。抚今追昔，今日重温这些历史叙事，仍可为我们当下的民事立法和民事司法提供良多启示。

第一章

从负债应偿到破产免责：破产债务清偿责任衍进的法律史书写

谚曰："杀人偿命，欠债还钱。"将欠债与杀人并列，债务清偿作为一种法律范畴内的社会关系，其与中国百姓日常生活之关联程度，由此可窥一斑。在我国固有法上，对于债务清偿，乃至破产无力偿债之法律关系的调整，在国家法和民间习惯法层面均有相对完善的规则体系。自清末海禁大开，欧西之破产免责观念开始东渐。而中国近代关于个人破产债务清偿之法律设计，则被纳入破产立法之宏观框架进行制度安排。[①] 总体而言，中国近代破产法律制度的生成，其实质是一个西方版破产免责法律制度在中国的最终建构。在这个建构过程中，一系列与本土债务清偿理念互生扞格，并且承载着西方法律价值理念的域外破产规则的植入，使得中国固有之债务清偿理念及制度面临着前所未有的冲击。

本章赓续前贤之议，在对中国固有法之债务清偿责任及其理念进行一个脉络性梳理的基础上，拟再进一步追问以下问题：中国近代破产立法之直接动因为何？破产免责之制度设计在近代中国破产立法中如何表达？若辅之以司法实践和法律社会史的经验考察，域外破产免责之制度和观念，其在中国的生成和衍化，又以何种实态与普通人民之法律生活和法律观念发生关联？本章之作，旨在从历史法学视角对时下部门法学者炒得颇有热度之破产法完善及个人破产立法等诸问题，提供一个历史视角的理解思路。

[①] 关于中国近代破产立法之沿革及相关内容或略或详的梳理和研究，可参见李秀清《民国时期移植外国商事立法论略》，《法学论坛》2002年第2期；姚秀兰《近代中国破产立法探析》，《现代法学》2003年第5期；王雪梅《从商人对〈破产律〉的批评看清末的社会法律环境》，《四川大学学报》（哲学社会科学版）2006年第2期；陈夏红《近代中国的破产法制及其命运》，《政法论坛》2010年第2期；段宝玫《近代中国破产法制流变研究》，复旦大学出版社2015年版；张世慧《清末破产法的创设、顿挫与遗产》，《清史研究》2021年第6期；等等。

第一节　中国固有法中债务清偿法律调整之一般

所谓破产（bankrupt），指债务人不能清偿到期债务的一种客观状态。破产主要涉及债权债务的公平清偿、破产财产的估价变卖，以及破产财产的分配等诸事项。由于我国传统社会长期处于以自然经济为主的农业型社会，"重士农而轻工商，故工商业未能发达，人民经济环境并无甚大变化，自无破产制度之需要""且我国社会习惯，崇尚和平，对于债务人不能清偿其债务而并非出自恶意者，类能宽恕矜怜，双方亦多相让步，加以父债子还被视为理所当然，故更无破产制度之必要"①。因此，在中国固有法中，并无今天部门法意义上的破产乃至个人破产的相关法律规定。然而一个不争的事实是，经漫长的历史流变，固有法对于债务清偿之法律调整，却也发展出一套缜密的规则体系。

中国法制史上关于债务清偿及其法律责任的成文法明文，至少可以远溯至西周时期。西周文献《周礼·秋官·朝士》载："凡属责者，以其地傅而听其辞。"此处之"属责"，郑玄释之曰："转债使人归之，而本主死亡，归受之数相抵冒也。以其地之人相比近，能为证者来，乃受其辞，为治之。"即债务人死亡，把所欠债务转给他的债务人。在此过程中发生纠纷和争执，官府受理时要召集知情的地邻为证。②

秦律为防止把债务人变成奴隶，则有如下规定："百姓有责（债），勿敢擅强质，擅强质及和受质者，皆赀二甲。"此外，《秦简》之《司空律》亦有以劳役抵偿债务之规定："有责（债）于公，以其令日问之，其弗能入及赏（偿），以令日居之。"又曰："欲代者，耆弱相当，许之。"③ 即负欠官府债务无力清偿，须以强制劳役予以抵偿。若要求以他人代替，只要年龄、身体强弱相当，皆可允许。

汉代时，法律则规定了债务人家属对债务的连带清偿责任。如居延汉

---

① 陈计男：《破产法论》，（台北）三民书局1988年版，第25页。民国学者梅汝璈谈及此点也认为：在我国旧时的法律或习惯里，破产制度是不会有的。这大概是由于我们一向以农立国，工商业发展迟的缘故。在简单的农业社会里，贫困现象虽不能免，但信用债务既不发达，像现代所谓"破产"的现象，尚不常有。况我国的宗法组织，至为严密。纵使债务人陷于无力偿债的状态，其亲族戚友亦必代其清理。参见梅汝璈《破产法草案各问题之检讨》，《国立武汉大学社会科学季刊》1935年第5卷第4期。

② 参见叶孝信主编《中国民法史》，上海人民出版社1993年版，第69—70页。

③ 张政烺、日知编：《秦律十八种》，吉林文史出版社1990年版，第60—61页。

简载：

> □石十石约至九月籴必以即有物故知责家中见在者。①

即如有债务人死亡或下落不明，债务人的同居人须代其偿还债务。《唐律·杂律》"负债违契不偿"条对于不能如期清偿债务者，亦作出如下规定：

> 诸负债违契不偿，一疋以上，违二十日笞二十，二十日加一等，罪止杖六十；三十疋，加二等；百疋，又加三等。各令备偿。

紧接其后的该条"疏议"文释曰：

> 负债者，谓非出举之物，依令合理者，或欠负公私财物，乃违约乖期不偿者，一疋以上，违二十日笞二十，二十日加一等，罪止杖六十。"三十疋加二等"，谓负三十疋物，违二十日，笞四十；百日不偿，合杖八十。"百疋又加三等"，谓负百疋之物，违契满二十日，杖七十；百日不偿，合徒一年。各令备偿。若更延日，及经恩不偿者，皆依判断及恩后之日，科罪如初。②

唐代法律除规定以刑逼债之外，对于破产债务之清偿，亦有"役身折酬"之明文。如唐《杂令》载：

> 公私以财物出举者，任依私契，官不为理。……家资尽者，役身折酬，役通举户内男口。③

由上引律文和疏议可知，唐律规定负欠公私债务违约不还，当科以刑事责任强制其履行，其责任之轻重，一以负欠之债务额和违约之期为断。若家

---

① 谢桂华、李均明、朱国超：《居延汉简释文合校》，文物出版社1987年版，第460页。
② （唐）长孙无忌等：《唐律疏议》，刘俊文点校，中华书局1983年版，第485页。
③ ［日］仁井田陞：《唐令拾遗》，栗劲等编译，长春出版社1989年版，第789页。

产净绝无力偿债,则可役身折酬,由债务人及其户内男丁以劳役抵债。① 宋之《宋刑统》对于债务清偿法律责任的规定,大抵与唐律相类,兹不赘述。②《明律·户律》"违禁取利"条对负欠他人私债不还之刑事责任,亦作如下详尽规定:

> ……其负欠私债,违约不还者,五贯以上,违三月笞一十,每一月加一等,罪止笞四十;五十贯以上,违三月笞二十,每一月加一等,罪止笞五十。一百五十贯以上,违三月笞二十,每一月加一等,罪止杖六十。并追本利给主。③

清律对于欠私债不能偿还者之法律责任,主要继承了明律的相关律文。如《大清律例》"违禁取利"条规定:

> 其负欠私债,违约不还者,五两以上,违三月,笞一十,每一月加一等,罪止笞四十;五十两以上,违三月,笞二十,每一月加一等,罪止笞五十;百两以上,违三月,笞三十,每一月加一等,罪止杖六十,并追本利给主。④

由上引律条可知,明清律对于负欠私债不还者,仍沿唐律,采取"以刑逼偿"的强制性措施。

此外,大清刑部曾于光绪二十五年(1899)十月间议定"奸商倒骗定例治罪专条",该专条规定:"如有侵蚀倒闭商民各款,立即拘拿监禁,分别查封寓所资财及原籍家产,仍押令家属勒限两个月完竣。"⑤ 此专条除沿袭既往之"以刑逼债"的调整思路外,亦明确了负欠者家属的连带清偿责任。

前文所揭,主要为清末破产立法以前若干朝代关于债务清偿责任的法规或法典条文。从各朝之相关律条可以推知,固有法在国家法层面,皆以法律明文规定负债不还者的刑事责任,且强调了债务的不可免除。民国学者刘陆

---

① 惟唐末以后,则禁止债权人拘禁债务人,而明清律禁止更严。参见戴炎辉《中国法制史》,(台北)三民书局1979年第3版,第326页。
② 参见(宋)窦仪等《宋刑统》,吴翊如点校,中华书局1984年版,第412页。
③ 怀效锋点校:《大明律》卷九,法律出版社1999年版,第81页。
④ 田涛、郑秦点校:《大清律例》,法律出版社1999年版,第263页。
⑤ (清)沈桐生辑:《光绪政要》,(台北)文海出版社1969年版,第1484页。

民对此曾有精辟的概括：

> 我国自秦汉以来，虽人民所负公法上的债务——即租税，间获减免；而人民相互间的债务，或则如汉之逾期不偿有罚；或则如唐之违契不偿有罪；或则如宋之于违契不偿，责以笞杖外，更使家资尽者，役身折酬役；或则如明清负欠私债违约不还者，于分别笞杖外，并追本利给主。一言以蔽之，负债应偿，不容减免或延期而已。①

不过，需另加说明的是，以上法律规定，在传统社会的司法实践中，亦不乏变通适用之例外，如《名公书判清明集》载有一相关案例：

> 李五三兄弟欠负主家财本，官司固当与之追理……今本府押其兄弟下县监纳，已数阅月，更无一钱以偿之，啼饥号寒，死已无日，纵使有欠负，亦已无可责偿……在法：债负违契不偿，官为追理，罪止杖二百，并不留禁。今观其形容憔悴如此，不惟不当留禁，杖责亦岂可复施？合免监理，仍各于济贫米内支米一斗发遣。②

就此案来看，在审理该起欠债不还案件时，鉴于负欠人李五三兄弟"啼饥号寒，死已无日"，审官不惟不予留禁，杖责亦免，且施以济贫米发遣。

当然，由于中国传统社会是一个典型的礼法社会，承担社会控制功能的规范，除国家成文法外，尚有习惯法。习惯法是目前学界从法社会学和法人类学视角，对"法律"重新审视所得出的一个概念体系。这种学术理路主要是从法律多元的分析框架出发，把承担社会控制功能的"法律"，广义地理解为正式的国家法和非正式的习惯法（或民间法）两类分支。③ 考之中国

---

① 刘陆民：《债务轻减制度与一般社会经济》，《法学丛刊》1935年第3卷第5、6期合刊。
② 中国社科院历史所宋辽金元史研究室点校：《名公书判清明集》，中华书局1987年版，第339页。
③ 笔者以为，此种解构理路，和国家与社会二元论法律设问相吻合。国家与社会二元论是大陆法系国家法律体系所依恃的意识基础。在此二元论下，国家被理解为具有目的理性，有权制定规范，拥有法定组织之人为统治团体；社会则为自发形成之秩序，先于国家而存在，受私法自治原理支配，个人或团体向其自我目标自由发展之领域，有免受国家支配之自由供其挥洒，两者各有其天地，互不干预。参见葛克昌《国家学与国家法：社会国、租税国与法治国之理念》，（台北）月旦出版有限公司1996年版，第10—11页。

固有之民事习惯（法），我们也可发现其中不乏债务清偿之规定。如民初湖北五峰、汉阳、郧县等地习惯："凡父子已经分居，其父所欠之债，不问其是否在分居前后，亦不问其父有无偿还能力，均得迳向其子索偿。"[①] 在民初山西等地，依其民事习惯，"债务人死亡，债权人可向其子求偿""或者债权人于债务人故后，俟债务人家境稍裕，始行讨债者，谓之'子孙债'"[②]。此即中国民间社会所公认的"欠债必还，父债子还"之习惯规约。该类准则，在中国传统社会源远流长，在司法实践中，亦常被当作审断负欠者无力偿债案件的一个重要依据。如《樊山判牍》卷二"批雷昌五禀词"载曰："俗语云：欠债还钱。又云：父债子还。乃是一定之天理"……（案情略）"有钱还钱，无钱以衣物公评价值，抵还欠项。庶殁者不欠来生之债，存者无伤现在之颜"[③]。

在清末之重庆府审判厅，亦受理过如下一起案件："梁晏氏幼嫁梁绍先为继室。绍先在日，自光绪二十七年起至三十二年止，先后约借王晏氏之夫王醴泉银四百余两、晏鹤青七百余两""迨三十一年五月，绍先物故，王晏氏等辙（辄）向伊父恩锡索讨"，并在巴县县衙呈控，后断令"债由伊子俊卿偿还，王晏氏等不甘，控府批县复断""旋值本厅开庭，据王晏氏等呈诉前来，查案集证讯明前情，自应据理判决。查父债子还，天下公理""乃王晏氏因绍先故后，欲将此项债款逼令伊父锡恩偿还，于理不顺，于情尤属不周，况伊子俊卿现年三十余岁，兼能独立经营商业，且有财产可以相续，并非无力偿债者比，自应查照县断，饬梁俊卿迅速措还，以清纠葛而完父债"[④]。

以上两案中，"欠债还钱""父债子还"，均被理案官员视为"天理"或"理"，并将其作为判案之主要依据。

另，对于债务人清偿不能，习惯中亦有以下替代性措施，即债务人向债权人签订一项债务保证契约，该契约除承认债权人之债权外，并承诺在经济好转时清偿债权人的债务。如我国江苏、湖北、江西等地，清末民初曾广泛存在一种"兴隆票"，其大致做法是"遇有债务者家产尽绝，不能如数偿

[①] 施沛生编：《中国民事习惯大全》，上海书店出版社2002年影印版，第一编"债权"第六类"关于清偿之习惯"，第2—3页。

[②] 前南京国民政府司法行政部编：《民事习惯调查报告录》下册，胡旭晟等点校，中国政法大学出版社2000年版，第473、482页。

[③] （清）樊增祥：《樊山批判》卷二，载杨一凡、徐立志主编《历代判例判牍》第11册，中国社会科学出版社2005年版，第145页。

[④] 汪庆祺编：《各级审判厅判牍》，李启成校，北京大学出版社2007年版，第108页。

还，债权者又不愿表示让免，不得已筹一调停之法，即令债务者立一兴隆票，内中注明将来如有寸进或兴隆之日，所该债务完全偿还字样"①。

此外，在民初湖北省等地，对于债务清偿不能，也有所谓"摊账"之做法。所谓"摊账"，即"债务人负债过巨，以所有财产摊还债务"。"摊账"时，一般"由债务人邀请各债权人到场"。一些地方于摊还时，"许债务人酌留财产，以资养赡"，有些地方则要求债务人"尽产摊还"②。而在商业社会，亦有与此大抵相类之所谓"报股归账"或"倒号"商业习惯。如民初河北保定所属各县，"商人之破产，谓之报股；即非商人之破产，亦谓之报股。总之，债务人之资力不足清偿总债权额，由多数人评议其财产，变卖得价，平均分配各债权人，即谓为报股归账"③。再如民国时上海商事惯例也有如下规定："凡经停业或倒闭之商店，所有存货、存银，均应抵归各债权按数均分。"④ 此之"摊账"或"倒号"习惯，主要解决的是债权人为多人，债务人资不抵债情况下的债权分配问题。其与今天破产法中的债权分配规定颇有暗合之处，唯其多为例外情形。

综上可知，在我国固有法中，无论在国家法还是民间习惯法层面，均不存在一般意义上的调整债权债务关系之破产免责规定。对于债务清偿，除债权人主动免除债务外，负债应偿，不容减免。对于偿还不能者，其典型法律责任不外乎以下二端：其一，以刑逼债，或对债务人科以刑事责任；其二，由债务人之血缘关系较近者承担连带偿还责任。此种债务清偿规则及其理念内核，如果持功能主义立场，我们可发现在当时的历史语境中有其独特的意义。

首先，用刑事责任替代债务履行的民事责任，是中国传统社会法律调整社会关系的一般表现形式。在中国固有法中，并无刑民分立之概念，所谓法律主要是刑法，乃因为按照古代法典创设的内在逻辑，其处理的主要是犯罪行为和严重民事违法行为。此外，中国古代法律因"受到道德的熏染，除现代所谓犯罪行为外，侵权行为及债务不履行，亦被认为是犯罪行为，不过

---

① 前南京国民政府司法行政部编：《民事习惯调查报告录》下册，胡旭晟等点校，中国政法大学出版社2000年版，第506页。
② 法政学社编：《中国民事习惯大全》，（台北）文星书店1962年影印版，第43页。
③ 前南京国民政府司法行政部编：《民事习惯调查报告录》下册，胡旭晟等点校，中国政法大学出版社2000年版，第431页。
④ 严谔声编：《上海商事惯例》，载张家镇等编《中国商事习惯与商事立法理由书》，王志华校，中国政法大学出版社2003年版，第576页。

其违背道德较浅，其刑亦轻而已"①。加之固有法以维护以"礼治"格局为特征的社会秩序为归依，法律设计的目的主要着眼于社会公益和安全秩序的维护，并平衡已破坏的社会关系。此种考量之下，债务清偿不能，因其存在破坏社会关系平衡的危险性，社会一般观念通常将其视为犯罪，故对其规制亦适用刑事制裁。②

其次，作为债务清偿不能的补充，债权人通常得向债务人之子孙或其他成年家属要求偿还。③ 这种情形的存在主要缘于在以宗法组织作为社会结构形式的中国传统社会，家庭具有较强的凝聚力。经济上，法律确认家庭是一个整体，并要求其内部成员承担一定的连带责任。④ 英国早期来华传教士麦高温（John Macgowan）亦认为，这种把家庭作为起点的"相互责任契约"，"体现着东方的一整套观念，这种观念认为，个体必须乐于将个性与意志和家庭或家族结合起来，并作为范例推而广之运用到社会的其他方面。家庭每个成员都对其他人负有责任"⑤。

第二节　华洋破产债务诉讼与晚清破产立法

在前近代的公行制度时期，广东十三行之行商因破产负欠外商债务无法清偿之事即已屡见不鲜。"行商拖欠外商的债务，是在两种情况下发生的：通过买卖货物的普通贸易过程以及由于外商贪图高利而作的放款。"⑥ 积重难返的"行欠"问题，是导致当时行商集团衰败的重要原因之一。梁嘉彬在其所著《广东十三行考》中写道："道光建元以来，行商屡有倒歇；至是因赔累过重，货物滞销，旧欠甫完，新欠复积，每有一行赔累，又须连累通

---

① 戴炎辉：《中国法制史》，（台北）三民书局1979年第3版，第137页。
② 当然，这也与中国古代债法本身的不发达有关。债法之成立，以社会文化达于一定程度为前提，社会文化幼稚，人民交易简单，债法一项，用途狭隘，故债法在民法沿革史上，发展自较他法为迟。参见李祖荫《比较民法——债编通则》，中国方正出版社2006年版，第3页。
③ 日本学者滋贺秀三的研究表明：在中国，"父欠债子当还"的原则被人们承认没有问题，而例外则几乎看不到。此外，在商业方面，家属以自己的资金经营商业造成损害的场合，其户主或父亲也有必须偿还债务的义务。参见［日］滋贺秀三《中国家族法原理》，张建国、李力译，法律出版社2003年版，第133、138页。
④ 参见朱勇《中国法律的艰辛历程》，黑龙江人民出版社2002年版，第29页。
⑤ ［英］麦高温：《中国人生活的明与暗》，朱涛、倪静译，时事出版社1998年版，第22页。
⑥ ［美］马士：《中华帝国对外关系史》第1卷，张汇文等译，上海书店出版社2000年版，第183页。

行。"① 据大概的估计，在实行公行制度的八十二年间，行商无力偿付的债款总数在 1650 万元以上。② 而清政府对"行欠"的处理策略，则如粤海关监督德庆在嘉庆十八年（1813）的奏折中所提到：

> 惟查旧卷，见从前办理洋商（按：指行商）欠饷之案，俱移督抚，将乏商家产查封变抵，其不敷银两，著落接办行业之新商，代为补足。如行闭无人接开，众商摊赔完结。倘再有亏欠夷人银两，即会同督抚专摺奏明，从重治罪，历来办理无异。③

要言之，清政府清理"行欠"的通常做法是将亏欠倒闭之行商查抄变卖家产，余款由接办行业之新商代赔，或由众行商承担连带赔偿责任。负欠过巨而倒闭之行商，除其家产被抄没抵债外，本人亦往往被发配至伊犁永远安插。由是可见，当时清政府对于行商欠债清偿不能者之处置，仍不出固有法之"以刑逼债"，或者以刑事责任充抵民事责任之一般思路。

五口通商以后，随着西商大肆东渐，华洋商事纠纷因之迭起，华洋商人因破产而滋债务讼端者亦频频有之。当时"沿海的中国和西方商人不仅为政治和经济不稳定性所困扰，而且还经常遭受重大的商业亏损。在许多情况下，这些亏损惨重，以致不少商人破产，其中还有些是著名的商人"④。无论华洋商人，其一旦破产，破产者本人势必与各债权人之间产生各种债务纠纷。晚清华洋商人之破产债务涉讼，又可分为以下两种情形：

其一，华商破产无力偿债，洋商向中方司法机构控追。

华商因破产倒歇而与洋商发生债务纠纷时，中国官厅，包括上海租界会审公廨和清末新式审判厅，其处理之策略，通常是按商业习惯将倒闭华商的财产货物变卖按数摊还于债权人。华商如负欠过巨不能清偿，有时亦可能累及子辈亲朋，甚至被罚作苦工或关押于囚所。1904 年 8 月，有上海德国志大各洋行等在上海公共租界会审公廨控华商乾大、信大二衣庄亏倒一案。案经中西官会讯，得知该二庄尚欠华商各款，于是谕令庄主李坤荣等将存货交衣业董事李鸿元拍卖，将所拍之洋银，照摊于华洋商各欠户。⑤ 宣统元年

---

① 梁嘉彬：《广东十三行考》，国立编译馆 1937 年版，第 192 页。
② 参见[英]格林堡《鸦片战争前中英通商史》，康ези译，商务印书馆 1961 年版，第 57 页。
③ 姚贤镐编：《中国近代对外贸易史资料》上册，中华书局 1962 年版，第 185 页。
④ [美]郝延平：《中国近代商业革命》，陈潮等译，上海人民出版社 1991 年版，第 343 页。
⑤ 《英美等国租界公廨会讯琐案》，《申报》1904 年 8 月 20 日。

(1909) 九月，上海美商茂生洋行控业经倒闭之华商懋昌结欠货银，要求懋昌及时照赔，并"开来细帐，送请会审公堂查阅，要求准予一律照摊"①。1880 年 6 月，上海公共租界会审公廨受理英商太平洋行控华商丁丙斋寄售湖丝亏银一案。"此案拖延四年之久，至今未缴分文，实由丁姓赤贫所致。"中西官会审该案时，听从英籍律师担文之建议，"令伊兄出银二千两了案"②。

光绪三十三年（1907）十二月，天津地方审判厅鉴于该埠"华洋互市，租界林立，各国侨商控告华民负债等案日益繁多""争讼到官，一经传讯，证据未确，互相狡执者有之，或因讯实而被告赤贫乏产，无力偿还者有之"。为早日讯结这些华洋债务讼案，该厅特拟定清理案件办法十二条。其第三条规定："凡各国洋商控告华民短欠债务，查被告赤贫如洗，家产净绝，实系无法归偿者，应视其欠款多寡，酌定惩役期之长短，以期速结而免悬讼。"第五条规定："凡罚办欠债之人，应视欠数多寡为断，如负欠债款至一万元上下者，拟罚苦工三年；八千元以下五千元以上者，拟罚苦工二年半；三千元以上者拟罚苦工二年；……三百元以上拟罚苦工三个月；一百元以上者拟罚苦工一个月。"③该办法的一个重要特点，就是对于无力偿还洋债的华民，采用刑事处罚手段，以其欠数之多寡，定其罚做苦工时间之长短。

其二，洋商破产无力偿债，华商向列强驻华司法机构诉追。

列强驻华领事法庭或法院处理西商破产案件的做法与中方稍异，其大抵依据西方破产法原则行事，并不将破产之被告关押，偿付责任也仅限于破产者本人。1875 年 4 月，有华商庞怡泰丝栈将湖丝 19 包卖与琼记洋行，计价银 6700 余两，言明数日后付银。后又将湖丝 16 包托琼记寄售，且言明由旗昌洋行先代汇付八成银，计 4771 余两。不料琼记猝然倒闭，应付之银庞怡泰分毫未得。后该洋行一美国股东亚轧司察莅沪，庞怡泰向美领事署呈控。美领事审理此案，断以琼记既在美国衙门呈明亏空，除欠各外国商人外，统欠华商银 75000 两，应照所欠份额分摊，不应另行追控。"查被告于分摊时并无偏袒情弊，此次所控之项亦无别样财产可以抵偿，故原告所请着无庸

---

① 《致公廨函（宣统元年年九月初九日）》，载《上海华洋诉讼案》钞本（1909—1913），上海图书馆藏。

② 《状师理案》，《申报》1880 年 2 月 6 日；《丝案了结》，《申报》1880 年 6 月 22 日。

③ 《津海关道详天津审判厅审理交涉案件拟办法十二条请核示文并批》，载甘厚慈辑《北洋公牍类纂续编》（二），卷 13 "交涉二"，（台北）文海出版社 1966 年版，第 981—982 页。

议,所有堂费等亦归庞怡泰承认。"①

华洋破产债务诉讼案件中,中西方司法机构各依不同的债务清偿规则进行审理,导致彼此间判决结果迥然有别。当华商负欠洋商债务出现偿付不能时,依据中国惯例法,"他的家人将承担支付责任""如果他有一个或者多个儿子,任何一个儿子有义务用其财产去清偿债务,如果其子辈清偿不能,那么与他分家的兄弟将被迫支付这笔债务"②。但当洋商发生倒欠而出现偿付不能时,列强驻华司法机构则依据西方的破产制度,仅判其负有限清偿责任,将财产按比例公摊给债权人而已。西人马士(H.B. Morse)曾对此相映成趣之现象有过如下描述:当一个外国人对一个中国人提出债权要求,"除掉从债务人的家族、朋友,或证券方面竭力榨取全数债金以外是永不会满足的";但当中国人对一个外国人提出债权要求时,"就被迫去接受一种宣布债务人破产的判决,因而使债权人一无所获,或者仅仅得到债金的百分之几"③。另一位在华西人在其论著中对华洋商人遭遇破产时的不同境遇亦有如下评述:

> 欠外国人钱的中国人破产时,他们的家产被没收,犯人本身被处徒刑,刑期长达数年之久。他们的妻子、儿女甚至兄弟也受到牵累。……另一方面,根据外国的破产法,外国被告人只偿付很小的成数,最多不过十分之一二,同时也不没收他们的财产,虽然也许尽人皆知他们在另外的外国商人手中存有现款。在他们破产的时候,不仅心里完全感觉轻松愉快,而且立即又重操旧业,就象从未发生过任何事情一样。④

职是之故,在华洋破产纠纷案件审理过程中,中西商人之间就缺少了一种对等性的公平,这也促使清政府和中国商人认识到了放弃传统的债务清偿惯例的必要。加之五口通商之后中外贸易频繁,都市商业日趋发达,商人经营失败不能清偿债务时有所闻。"此类事件彼时多由商人团体协议清理,或由地方官吏强制执行,然因无破产法规可资依据,其处理终感困难。"⑤ 于

---

① 《控欠丝银》,《申报》1876年2月3日。
② Thomas R. Jernigan, *China' Business Methods and Policy*, London: T. F. Unwin, 1904, p. 67.
③ [美] 马士:《中华帝国对外关系史》第1卷,张汇文等译,上海书店出版社2000年版,第516页。
④ 姚贤镐编:《中国近代对外贸易史资料》第2册,中华书局1962年版,第757页。
⑤ 谢振民编著:《中华民国立法史》下册,张知本校,中国政法大学出版社2000年版,第838页。

是清政府在1903年商部成立后不久，遂着手"调查东西各国破产律，及各埠商会条陈、商人习惯，参酌考订"①，于光绪三十二年（1906）四月颁布了中国历史上第一部破产法——《大清破产律》。该律主要采商人破产主义，但非商人亦可"比照办理"，故其也为中国历史上第一部涉及个人破产的法律文件。该律条文虽少，但对商人呈报破产、清理资产、债主会议、清算账目、处理资产、清偿展限等破产法的主要内容，均有具体规定。该律第1条规定："商人因贸易亏折或遇意外之事不得已自愿破产者，应赴地方官及商会呈报，俟查明属实，然后将该商破产宣告于众。"第42条规定："董事及各债主查明破产者实系情出无奈，并无寄顿藏匿等弊，应将现存财产货物公估变卖得价，并追清人欠之款，通盘核算，定出平均减数摊还各债主收回。即各具领状二纸分送地方官及商会存案。"第45条规定："破产之商不得涉及其兄弟伯叔侄暨妻并代人经理之财产，凡有财产照商会章程赴商会注册，将契券呈验加盖图记或邀亲族见证签字方为有据。"②该律最大之特色，乃在于引进了英国的破产免责主义，实行多数债权人平等分配债权的原则，并且摒弃了传统社会中由破产清偿不能者之家族成员连带承担清偿责任之做法。当然，由于受西法影响，其时民事责任与刑事责任已别为二途，故固有法中适用于负债清偿不能者的刑事惩戒主义，亦被弃置。

《大清破产律》出台后，由于社会各界对其个别条款存在重大分歧，尤其是第40条"归偿成数，各债主一律办理"之规定，"狃于洋款与官款应优先于商款之恶例"③，故在光绪三十二年（1906），即颁行该律当年的七月，被商部奏准其第40条暂缓实行。后又于光绪三十三年（1907）十月二十七日明令宣布废止该律。④

---

① 《商部修律大臣会奏议定商律拟破产律摺》，《东方杂志》1906年第3卷第6号。
② 《商部奏定破产律》，载《大清法规大全·实业部》正编，第1册，北京政学社1909年石印本，卷9，第8、10页。
③ 宁柏清：《破产法论》，上海商务印书馆1935年版，"弁言"，第1页。
④ 参见朱鸿达主编《大理院判决例全集——破产法》，上海世界书局1933年版，第1页。《大清破产律》被宣布废止，一定程度上源于该律所浸透之破产理念与中国传统的债务清偿习惯扞格不入。诚如北洋政府外籍顾问宝道（Padoux）所言：东西洋各国对于破产事件之观察不同。德法英三国商人视破产制度为一种法律赋予之便利，俾其债务人于无法清偿之时有自然解决之方。故彼欢迎法院之干预。但中国商人无论其为债务人或债权人，均不愿法院干预其营业事务，彼等委托人从中依习惯为之调解也。参见［法］宝道《对于破产法草案之意见》，骆允协译，《中华法学杂志》1934年第5卷第10—12期合刊，第46页。

第三节　民初大理院关于破产债务清偿之司法判解

《大清破产律》废止以后，修订法律馆调查员日本法学家松冈义正博士又拟有《破产法草案》三编，共360条，但未经该馆审定。1915年北洋政府法律编查会对此草案稍加损益，重新编成《破产法草案》337条。草案曾于1926年11月18日经司法部通令各级法院参酌援用。① 该《破产法草案》主要参照日本立法例，坚守破产不免责原则，且采取一般破产主义，不论商人抑非商人、法人或自然人，均得适用。草案分实体法、程序法、罚则三编。兹列其关于个人破产债务清偿之相关法条于下：草案第5条规定："因破产宣告以前所生原因对于破产者所有财产上请求权为破产债权，但别除权不在此限。"第32条规定："破产宣告时属于破产者一切财产及破产程序进行中应属于破产者之财产，凡得为扣押者皆为破产财团。"第37条规定："专属于破产者个人一身之财产""破产者自破产宣告后因勤劳所得之财产""禁止扣押之财产、财产以外之权利被人侵害所有请求损害赔偿之权利"，"不属于破产财团"②。该《破产法草案》弥补了1906年《大清破产律》的诸多不足和缺陷，移植了国外若干先进的破产制度设计，已初具近代破产法的梗概。然总体言之，其"系东抄西袭，粗制滥造，既违背中国历来之商业习惯，复不顾先进各国之最新法例"③，故"大理院采用其法理著为判例者，仅寥寥数点而已"④。因此该草案对民初司法实践所施加之实际影响非常有限，仅在文本上有一定参照意义而已。

民国学者谢振民曾云：民初大理院"于兼顾商业习惯之中"，间或援用《大清破产律》之法理，"以裁判破产案件"，"而由其判决例，遂创立一种

---

① 谢振民编著：《中华民国立法史》下册，张知本校，中国政法大学出版社2000年版，第840页。
② 《破产法案》，《法律评论（北京）》1927年第5卷第10期。
③ 梅汝璈：《破产法草案各问题之检讨》，《国立武汉大学社会科学季刊》1935年第5卷第4期。
④ 谢振民编著：《中华民国立法史》下册，张知本校，中国政法大学出版社2000年版，第840页。

不完全之破产制度"①。该不完全之破产制度关于调整破产债务清偿之规则体系究竟如何,我们必得由大理院之相关判决例与解释例中予以探寻。

民初因法制未备,司法官员审理案件时,每苦无所依据,"将援用旧律欤?已为时代与潮流之所不许;将欲准据新法律欤?然而草案则有之,未足与言法典也。在此过渡时期,大理院之判决例,遂为全国法界所信崇;判例一经刊布,天下传观,各级法官以之为裁判案件之准据,律师以之为分争辩讼之法源,教授以之为编纂讲义之资料"②。除判决例外,民初法源中倘应注意者,还有大理院解释例。北京政府时期,"各级法院对于民刑事件之疑义滋多,而大理院之解释亦不厌长篇累牍,论述学理,引证事件,备极详细"。整个北京政府期间(1913—1927年),大理院所作解释文件,"计自统字一号起至第二千零十二号止",共2000余件。③依据民初法院编制法第35条之规定,大理院院长有统一解释法令及必应处置之权,故大理院所为之法律解释,勿需著为解释例,或提炼为解释例要旨,自始即对各级法院具有法律拘束力。由上可知,民初大理院之判决例及解释例,具有某种意义上的法源效力。

民初大理院共著有破产判决例43例,解释例3例。其涉及破产实体和程序等诸多层面。就其规范内容和规范意义而言,主要涵盖以下要点:

第一,强调习惯在破产案件适用中的优位性。大理院三年(1914)上字第718号判例要旨谓:"关于商人破产,如地方有特别倒号习惯者,自应先一切破产条理适用。"④ 三年(1914)上字第1028号判例要旨亦强调:"审判衙门遇债权人人数过多,财产不足以尽偿各债务时,自可依据'法律无明文规定适用习惯、无习惯适用条理'之原则以为裁判。"⑤ 大理院统字第1532号解释例亦称:"商人破产,除先依地方特别倒号习惯办理外,亦可

---

① 谢振民编著:《中华民国立法史》下册,张知本校,中国政法大学出版社2000年版,第840页。大理院统字第147号解释例称:"如遇商号因亏倒闭,自亦应受破产法规(前清破产律,已于前清光绪三十三年十月二十七日废止,故现遇破产事件,均依破产条理及习惯法则以为判断。所谓破产法规者,即指破产条理及习惯法则而言)之限制。"郭卫编著:《民国大理院解释例全文》,吴宏耀等点校,中国政法大学出版社2014年版,第348页。

② 张远谋:《论判决例之效力》,《法律评论(北京)》1934年第11卷第11期。

③ 郭卫编著:《民国大理院解释例全文》,吴宏耀等点校,中国政法大学出版社2014年版,"编辑缘起",第1页。

④ 郭卫编:《大理院判决例全书》,吴宏耀等点校,中国政法大学出版社2013年版,第919页。

⑤ 郭卫编:《大理院判决例全书》,吴宏耀等点校,中国政法大学出版社2013年版,第919页。

适用破产条理。"① 以上判决例和解释例要旨，均明确肯定习惯作为破产案件审断依据的优位性。

第二，将《大清破产律》据为破产条理加以适用。如大理院三年（1914）上字第 16 号判例要旨虽称："前清光绪三十二年商部奏准施行之《破产律》，已于光绪三十三年十月二十七日以明文废止，现在该律并未复活，自难再行援用。"② 但大理院统字第 1781 号解释例却强调："前清已废止之《破产律》""有时得作为条理"③。另，大理院三年（1914）上字第 474 号判例要旨谓："凡债务人负有多数债务，而其现有财产不足清偿时，审判衙门自应依职权或利害关系人之请求调查扣押其现有财产，按其所负债务总额平均分配各债权人，除就某项财产上有特别担保者外，亦应使之受平等清偿而不容轩轾。"④ 大理院六年（1917）抗字第 37 号判例要旨亦谓："债务人若因债务之牵累不得已而陷于破产状况时，原得按照破产条理呈请审判衙门查核办理。"⑤ 以上判决例和解释例，除明确《大清破产律》居于破产条理之地位，且将该律中的债权分配之规定，作了进一步的引申。

第三，固守破产不免责主义，强调破产不可作为债权消灭之原因。如大理院五年（1916）上字第 58 判例要旨称："破产并不能为债权消灭之原因，故债务人因家产告罄不能清偿债务者，亦只能于执行判决时由执行衙门酌量情形办理，不得即藉口破产为债务不履行之抗辩。"⑥ 大理院七年（1918）上字第 1301 号判例要旨亦称："债务人财产不足偿债，经减成偿还之后，其余额除当事人间有特别免除之意思表示外，并非当然消灭，俟债务人资力回复之时得以更求清偿。"⑦ 下面试引大理院破产案件判词一则，对此再作进一步分析：

---

① 郭卫编著：《民国大理院解释例全文》，吴宏耀等点校，中国政法大学出版社 2014 年版，第 1133 页。
② 郭卫编：《大理院判决例全书》，吴宏耀等点校，中国政法大学出版社 2013 年版，第 919 页。
③ 郭卫编著：《民国大理院解释例全文》，吴宏耀等点校，中国政法大学出版社 2014 年版，第 1264 页。
④ 郭卫编：《大理院判决例全书》，吴宏耀等点校，中国政法大学出版社 2013 年版，第 919 页。
⑤ 郭卫编：《大理院判决例全书》，吴宏耀等点校，中国政法大学出版社 2013 年版，第 921 页。
⑥ 郭卫编：《大理院判决例全书》，吴宏耀等点校，中国政法大学出版社 2013 年版，第 921 页。
⑦ 郭卫编：《大理院判决例全书》，吴宏耀等点校，中国政法大学出版社 2013 年版，第 922 页。

大理院判决东来发号与成顺合染房债务涉讼上告一案（三年上字第五二五号）

上告人　东来发号　黑龙江巴彦县属兴隆镇

右代表人　高子复　山东省人，住巴彦县属兴隆镇，年五十三岁，东来发号执事

被上告人　成顺合染房　奉天营口县老爷阁前

右代表人　王香亭　奉天盖平县人，住营口成顺合染坊，年二十九岁，该号执事

右上告人对于中华民国三年一月二十日奉天高等审判厅就该上告人与成顺合因债务涉讼一案，所为第二审判决声明上告，经本院审理判决如左：

主文

本案上告驳回。

理由

在院按前清破产律，于光绪三十二年由商部奏准施行，至光绪三十三年十月二十七日，业已明文废止，现在该律并未复活，自难即予援用。又按现行法例，凡债务人负有数宗债务，而其财产不足以清偿债务总额时，执行衙门虽应将债务人现有财产平均摊还各债权人，而各债权人未经清偿部分之债权，依然存在，并不因摊还给领之后即行免除。是故受诉审判衙门，就债权人所提起给付之诉，如果债权额为债务人所不争，即应判令清偿全部，而债务人亦不得以无力全偿为抗辩。……（以下案情略）

据上述论结，应即将上告驳回，至本案上告谕旨，系关于实体法之见解，故本判决，即依本院现行事例，用书面审理行之，特为判决如右。①

从以上判决理由中，可见民初大理院一方面称《大清破产律》已被废止，不得援用，另一方面又称判断破产案件，可依据破产法例，将债务人之财产平均摊给各债权人。这实际上仍是部分地将《大清破产律》中之分配破产债权的规定，以条理形式变通加以适用。但从该案判决理由中，我们亦可发现，大理院在审理破产案件时，仍严格遵守破产不免责主义，认为债权

---

① 天虚我生编：《大理院民事判决例》子编，上海中华图书馆1920年版，第134—136页。

人未经清偿之债权,并不因摊还之后即行免除,这种充分考量固有法之实践取向,与《大清破产律》中所规定的破产免责主义大异其趣。

第四节 南京国民政府时期破产债务清偿之相关立法及其检讨

南京国民政府成立之初,司法机构对于破产纠纷案件之处理,仍沿袭民初大理院的裁判思路,将习惯或破产条理作为审断之依据。如1930年最高法院第2284号判例要旨指出:"破产法未颁行前,遇有破产情形,自应适用习惯或条理以为裁判。"① 另,最高法院1929年上字第2033号判例要旨亦谓:"商号于倒闭后经债权人依倒号程序公议以若干成数受配受偿者,其议偿成数外之余欠,如经众债权人明示减除,或依地方习惯一经众债权人承认减成受偿,别无留保之意思表示,即作为免除余欠时,则债务人于履行所议成数后即可免其义务。"② 据上述要旨可知,其关于破产债务清偿之规定,与民初大理院几乎如出一辙。

下面结合该时期地方法院关于破产案件的一则裁决再作分析。

> 江苏吴县地方法院民事裁决十九年破字第一号裁决。
> 声请人 叶景亭 住苏州葑门吴衙场十八号
> 上声请人申请宣告破产,本院核其所提出之债务数额表及财产目录,与债权人朱增庭之陈述,认定声请人确有停止支付之状况,兹特裁决如下:
> 宣告叶景亭为破产人。
> 叶景亭之停止支付系民国十九年九月九日。
> 选定本庭书记官沈宗维为破产管财人。
> 破产人财产均予查封。
> 所有破产人之债务人不得对于破产人为债务之清偿。又占有属于破产财团物件之人,亦不得对于破产为物件之交付。债权人须于本年十一月五日以前,携带证据帐簿来院呈报,债权人集会定于本年十一月五日

---

① 民国最高法院判例编辑委员会编:《最高法院判例要旨(1927—1940)》,上海大东书局1946年版,第201页。
② 民国最高法院判例编辑委员会编:《最高法院判例要旨(1927—1940)》,上海大东书局1946年版,第201—202页。

下午一时在本院开会。

江苏吴县地方法院民事推事
中华民国十九年九月十八日①

就该破产裁决来看,虽然当时破产法并未颁布,但基层法院就债务人申请宣告破产,以及破产债权申报与分配等事项的裁定,均在相当程度上贯彻了破产法之精神。

当然,有感于法院裁判上之困难及破产法典之重要,南京国民政府司法行政部于1934年在参酌1915年《破产法草案》和德、日破产法基础上,起草了另一《破产法草案》。该草案虽然较之于1915年草案"有若干之进步",然"殊足令人失望"。其"条文虽多至三百三十余条,然其内容之芜杂,几与民国四年之草案相等。对于最近世界各国流行之'和解制度',中国传统之商业习惯及这二十余年来我国最高法院判例中所阐明之法理,亦未能酌量容纳"②。因该草案缺失过多,故未提交立法院审议。同期,为处理商人倒闭破产问题,国民政府行政院又于同年8月修正通过了实业部、司法行政部共同草具的《商人债务清理暂行条例》,并宣布于该年10月22日公布施行。但该条例仅为商人债务的清理办法,而非破产程序。加之其未经立法程序,适用范围又囿于商人,故其实施效果不甚显著。

1935年春,国民政府开始重新起草《破产法》。其立法目的,则如《破产法草案说明书》所言:

> 按破产法为现代国家重要法典之一,我国旧时法律,向无破产名词,虽逊清末叶曾有破产律之施行,而不久即行废止。民国成立后,曾有破产法草案之编订而始终未见施行。以是之故,每遇破产事实发生时,苦无正式法律可资适用。近岁以来,社会状况日臻繁复,且因外受世界经济潮流之震荡,内感农村经济衰落之危机,工商业倒闭之事件数见不鲜。即个人方面因金融上之周转不灵而无法偿还其负欠者,亦比比皆是。凡此债权债务之纠纷,宜有一定清理之程序,是以破产法规之制定,实有不容复缓之势。③

---

① 谢森等编:《民刑事裁判大全》,卢静仪点校,北京大学出版社2007年版,第250页。
② 梅汝璈:《破产法草案各问题之检讨》,《国立武汉大学社会科学季刊》1935年第5卷第4期。
③ 《中华民国破产法草案初稿说明书》,《法学丛刊》1935年第3卷第5、6期合刊。

经过广泛讨论，几易其稿，该破产法形成草案之后，曾向社会各界广泛征求意见。虽然各界对其评价甚高，但亦不乏批评之声音。如学者刘陆民曾撰文对草案所采纳之破产免责主义予以批评："不问为善意的债务人，抑不问为恶意的债务人，凡经调协或破产程序已为清偿者，其未能清偿的部分，应即免责。影响所致，势必使债务人乐就破产之途，以为免责之具，而经济社会，将无人敢为信用交易，其贻害将何所底止！"① 草案征求意见结束后，于1935年7月17日正式颁布，并于同年10月1日施行。但较之于原草案，"除字句间略有修正外，大体无甚增删"②。

《中华民国破产法》在一定程度上参考了我国以往的破产法条文，并借鉴了西方破产法通行的规则。在适用范围上，其采一般破产主义原则，于适用对象不加限制。关于破产债务清偿，该法第149条规定："破产债权人依协调或破产程序已受清偿者，其债权未能受清偿之部分，请求权视为消灭。"③ 据此法条可知，该法所规定的破产免责条件非常宽泛。学者王仲桓认为对破产免责应加以一定限制，其云：

> 我国破产法采免责主义，固未可厚非，然免责主义于债权人之损失较为巨大。对于免责条件自不得不有严密之规定，我国破产法对于免责之制，并无严密之限制，依其条文之规定，又无统一之效力，对于债权人既鲜保障，宜乎破产债权人多以拒不申报或经申报后拒不参加破产程序以为对抗。④

《中华民国破产法》颁布以后，其实施效果一直不甚理想，如其时学者所訾言："破产法施行以来，债权人拒绝申报者，数见不鲜，破产程序之进行时生困难，甚至破产债权人纠集全数组织团体拒不申报，以致破产程序更难进行。"⑤ 出现此种情形，其个中缘由，笔者以为主要是域外之破产免责

---

① 刘陆民：《评破产法草案初稿》，《法学丛刊》1935年第3卷第5、6期合刊。
② 王家驹：《对于现行破产法应否改进之商榷》，《法学专刊》1937年第7期。
③ 上海法学编译社：《破产法》，上海会文堂新记书局1935年版，第33页。
④ 王仲桓：《论我国破产法上之免责规定》，《法学杂志》1939年第11卷第1期。事实上，1935年之破产法经国民党政府1937年和我国台湾当局1980年、1993年局部修改之后，目前仍为我国台湾地区现行的破产法。但该法在我国台湾地区实施以来，对于其所规定的"破产免责"之訾议，仍持续不断。如我国台湾学者耿云卿直到20世纪80年代仍在其著作中对破产法第149条规定的免责制度提出批评，主张采附条件的免责主义。参见耿云卿《破产法释义》，（台北）五南图书出版股份有限公司1980年版，第500页。
⑤ 王仲桓：《论我国破产法上之免责规定》，《法学杂志》1939年第11卷第1期。

理念与我国传统之债务清偿理念产生冲突。这种冲突,在其时之商业社会与广大乡村均相当程度存在。如时论所云:"吾国商界,最不喜官厅之干与(预),使必事事登记,事事报告,则徒然耗费时日,妨碍一切之进行。"① 亦有学者揭曰:"吾国社会旧习,向以破产为耻(乡村尤然),故往往于破产以后,债务人至经济力恢复时,仍将债务还清者,事所恒有,此亦吾国旧有良好习惯。"② 西人宝道对于此点之见解,更是一语中的,其曰:"中国已有之商业习惯各处并非一律,其特点亦有时与现今外国商业习惯大相迳(径)庭",故破产法之施行,"必至与许多地方上久经遵从而在商业社会占有重要地位之习惯相冲"。又云:"一般中国人对于破产制度尚未十分明了,欲使破产程序自最初即适用于任何国民,究属可能乎!"③

总之,《中华民国破产法》虽有考量中国固有法之立法取向,但就破产免责一层而言,则纯属摹写域外法之产物。破产或破产免责,当以工商社会发展至一定程度为前提。我国20世纪三四十年代,85%以上的人口居住在农村。④ 就其时之乡村经济而言,农户负债和破产现象,已极为严重。据学者统计,1934年初,长江中下游江苏、浙江、安徽、江西、湖南、湖北六省农户平均负债率为49.7%。⑤ 20世纪30年代以来,由于农村经济衰败,无力还债者增加。如1932年江苏铜山县八里屯,"全村农民已经破产的在半数以上"⑥。江苏56个县,1936年总计有半数以上到期不能还债。⑦ 因此,其时乡土社会因破产所肇之债务纠纷,当不在少数。虽然此类债务纠纷多存在债权人仅为一人的情形,然依《破产法》原意,此种情形下,债务人亦可适用该法规定的破产

---

① 一心:《商店自动宣告清理之非法及其与清算破产之关系》,《法律评论(北京)》1930年第7卷第49期。
② 刘再兴:《对于破产法草案初稿之我见》,《法学丛刊》1935年第3卷第5、6期合刊,第82页。
③ [法]宝道:《对于破产法草案之意见》,骆允协译,《中华法学杂志》1934年第5卷第10、12期合刊。
④ 据学者统计,农村人口占全国城乡人口的比重,1840年为95%,1894年为92%,1920年为90%,1936年为88%。参见丁长清《关于中国近代农村商品经济发展的几个问题》,《南开经济研究》1985年第3期。
⑤ 参见李金铮《民国乡村借贷关系研究——以长江中下游地区为中心》,人民出版社2003年版,第26页。
⑥ 江苏省立民众教育馆:《八里屯农村经济调查报告》,《教育新路》1932年第12期。
⑦ 参见李金铮《民国乡村借贷关系研究——以长江中下游地区为中心》,人民出版社2003年版,第148页。

程序。① 然在该时期,《破产法》对于基层乡土社会破产债务清偿之法律关系的调整,所起作用却十分有限。② 费孝通曾在其著作中描述了这样一个实例:"借债人死的时候,债权人便抢走死者的女儿,带到城里做他的奴婢。借债人通常无知,不懂得寻求法律保护,社区也不支援他。"③ 当时中国社会结构中,传统性元素仍占据着主导地位。而在一个传统型的社会,"行为受习俗而非法律所支配"④。因此《破产法》的颁行和施行对其时普通民众法律生活和法律思维的引导作用,以及社会文化心理对这种法律嬗替产生的实际回应,还应该在占有更多经验材料的基础上,才能作出令人信服的论断。

小 结

近现代意义上的破产制度肇端于罗马法中的财产执行制度。⑤ 到中世纪时期,意大利继承罗马法之精神,于1244—1425年间,先后制定《威尼斯条例》《米兰条例》《佛罗伦萨条例》三个法规,首创破产制度之先例。⑥ 1542年,英王亨利八世(Henry VIII)以成文法的形式颁布了英国历史上第一部破产法。英美法的破产免责制度则是在1705年安妮(Anne)女王法的创意下制度化的政策。美国则充分地继承了这一制度,并且在自

---

① 民国学者宋家怀通过研读破产法之条文,认为"债务人不能清偿债务者,即可以适用破产程序,债权人为一人或数人,在所不问"。宋家怀:《债权人为一人时债务人能否宣告破产》,《震旦法律经济杂志》1946年第2卷第5期。

② 笔者在从事一项中国近代民间借贷利率规制的课题研究时,曾于2012年暑假期间,和所指导的部分硕士研究生,通过田野调查方式走访江西、福建、安徽、山东、广东、河南等省之高龄老人20余位,向他们询及中华民国时期其生活经验范围内破产债务清偿方面的情况。在受访老人中,未有一人知晓民国时期有破产法,亦无一人提及其亲邻中有依恃破产法规定在破产不能清偿债务时申请破产之事。此次田野调查之结果,尚不能说明整体层面的情况,但民国时期破产法在其时乡土社会运作之实态,亦由此可窥一斑。

③ 费孝通:《江村经济——中国农民的生活》,商务印书馆2001年版,第233页。

④ Everett E. Hagan, *On the Theory of Social Change: How Economic Growth Begins*, Homewood, Illinois: The Dorsey Press, 1962, p. 56.

⑤ 罗马帝国时期最具代表性的财产执行制度是财产委付制度(missio in bona)。依据该制度,债务人无力清偿债务时,经债权人申请,或者经债务人本人作出委付全部财产供债权人分配的意思表示,大法官可以谕令扣押或接管债务人的全部财产,并选举管财人管理财产。大法官的谕令要进行公告,公告期过后再谕令召集债权人会议,并将债务人财产全部公开拍卖,拍卖后得到的财产再按约定比例公平地向各债权人进行清偿。参见王欣新主编《破产法》,中国人民大学出版社2002年版,第16页。

⑥ 参见文秀峰《个人破产法律制度研究》,中国人民大学出版社2006年版,第2—4页。

1800年颁布首部破产法之后的100多年中，比英国更快更彻底地发展成具有美国特色的慷慨免责制度。[①] 而大陆法系诸国，虽然也曾仿效意大利中世纪的商事破产制度，但对破产免责制度的采纳，则相对审慎。其中日本是在1949年修改破产法时，才在美国的指导之下，在其破产法中兼采英国和美国的破产免责规定。而德国则直至1999年1月1日通过的新破产法中，才最终承认了破产免责制度。

回溯中国法律史上破产债务清偿责任衍进之历程，我们可知，在中国近代法律变革以前，"负债应偿"乃固有法调整破产债务清偿法律关系之核心要旨。迨至清末，受各种内外因素的促动，遂有《大清破产律》之制定，该律第一次从法律文本层面引进英美法中的破产免责制度。及至民初，大理院涉及破产之判决例和解释例，虽部分继承《大清破产律》之精神，但仍秉承"负债应偿"之传统理念，固守破产不免责主义。南京国民政府时期，1935年之《中华民国破产法》最终再次确立破产免责制度，固有法关于"负债应偿"之规定，遂被搁置。然在此法律嬗替过程中，固有法中之债务清偿理念，与域外移植而来的破产免责制度，一直处于一种胶着和对峙状态。

我国的现行破产制度是在计划经济向市场经济转变过程中，随着企业法人制度的逐步确立和完善而建立起来的，其适用范围仅限定为企业法人，对自然人的破产并无破产免责之规定。2008年"5·12"汶川大地震之后，与地震等大的自然灾害相关若干法律问题开始浮出水面，并引发了法学界和各类媒体的广泛讨论。时至今日，这种讨论依旧热烈。在所争论的各焦点问题中，关于完善我国破产法律制度，尤其是建构我国个人破产免责法律制度的立法倡议，再次引起了大家的充分重视。现实与历史并非绝缘，现实是历史发展过程中的延续，也是历史发展的必然结果。法律为纵向历史脉络中发展着的一种社会现象，因此，现实中的法律有时难以和历史上的法律截然割裂。故而，对中国法律史上破产债务清偿责任衍进之历程进行回顾和总结，或可增进我们对上述问题的认知和理解。

---

① 关于《安妮女王法令》对个人破产免责的具体规定，以及美国个人破产立法的扼要概述，可参见许德风《论个人破产免责制度》，《中外法学》2011年第4期。

第二章

法律规范与生活逻辑：失火民事赔偿责任衍进的本土叙事

失火行为，就其法律性质而言，属于一种侵权行为。按诸近代以来的侵权法原理，失火人应对自己造成的损害承担赔偿责任。然而，将此种法律责任安置于中国法律史的脉络中加以考察，却折射出诸多值得深思的理论问题。本章旨在对中国法律史上失火民事赔偿责任之衍进进行一个纵向梳理的基础上，深入思考以下问题：中国近代继受西方民法之进程中，随着外来侵权法规则在近代中国的确立，在立法层面被排斥之本土固有的失火法律责任承担方式，究竟沿着何种路径演化，并且以何种实态与民间的实际生活发生关联？申言之，固有法关于失火人法律责任安排的技术规范性内容被旁置以后，其内嵌的社会文化性内容，如何以一种生活逻辑的形式支配着人们的行为方式？当然，中国民法近代化本身即为一个复杂的叙事系统，其在解释上所具有的多维性和丰富性，使得本章之探讨，抑或仅具部分意义。

第一节　中国固有法中关于失火法律责任之规定及实践

中国法制史上关于"失火"法律责任的成文法明文，至少可以远溯至商殷时期。据《韩非子·内储说上·七述篇》载述，当时的"殷王法"即有"弃灰于公道者断其手"之法文。西周时，君王也曾下诏云：

> 人火曰火，天火曰灾，统言之皆谓之火灾。国中民失火有罚，若今民失火有杖罚。仲春田猎火弊，二月后擅放火有罚。秋官司氏，仲春以木铎修火禁于国中。失火有刑，火禁必修。[①]

[①]（清）杨景仁辑：《筹济编》卷三十二"救火"，光绪四年（1878）刻本。

秦代商鞅变法时，亦设"弃灰于道者，黥"的刑罚。西晋臣瓒释之曰："弃灰或有火，火则燔庐舍，故刑之也。"①

以上所述为早期史上关于失火刑事责任之扼要规定。尤其是商秦两代之"弃灰法"，对将灰烬弃于道路，后灰烬复燃酿成火灾之失火行为，施以断手或黥面之刑以示惩戒。②

唐律作为最具代表性的中国古代法典，其关于失火之法律责任的规定极为详备，且成为后世立法之楷模。如《唐律·杂律》规定：

诸于山陵兆域内失火者，徒二年；延烧林木者，流二千里；杀伤人者，减斗杀伤一等。其在外失火而延烧者，各减一等。

诸失火及非时烧田野者，笞五十。非时，谓二月一日以后，十月三十日以前。若乡土异宜者，依乡法。延烧人舍宅及财物者，杖八十，赃重者，坐赃论减三等；杀伤人者，减斗杀伤二等。其行道燃火不灭，而致延烧者，各减一等。

诸水火有所损改，故犯者，征偿；误失者，不偿（但仍坐罪）。③

由上引律文可知，唐律将故意纵火与失火之法律责任明确加以区分。即故意纵火不仅负刑事责任，还须承担民事赔偿责任，但失火行为一般只引起刑事责任而不承担民事赔偿责任。且其刑事责任因延烧之对象、场所、时间及损害后果的不同而有极大差异。宋代之《宋刑统》对于失火之法律责任，大抵与唐律相类，兹不赘述。④ 此外，《大明律·杂律》中的"失火"条亦对失火之刑事责任做了如下详尽规定：

凡失火烧自己房屋者，笞四十。延烧官民房屋者，笞五十，因而致伤人命者，杖一百，罪坐失火之人。若延烧宗庙及宫阙者，绞；社，减一等。若于山陵兆域内失火者，杖八十，徒二年；延烧林木者，杖一百，流三千里。若于官府公廨及仓库内失火者，亦杖八十，徒二年。主守之人因而侵欺财物者，计赃，以监守自盗论。其在外失火而延烧者，

---

① （汉）班固：《汉书》第5册，中华书局1962年版，第1439页。
② 当然，这仅是将中国法律史上的"弃灰法"定位为"灰火燔庐说"的一种解释。其实"弃灰法"的定位，本身即存在较强的可解读性，且自古迄今，亦存有多种不同的解释。关于对"弃灰法"定位之各说要旨，可参见方潇《"弃灰法"定位的再思考》，《法商研究》2008年第5期。
③ （唐）长孙无忌等：《唐律疏议》，刘俊文点校，中华书局1983年版，第509—512页。
④ 参见（宋）窦仪等《宋刑统》，吴翊如点校，中华书局1984年版，第435—437页。

各减三等。①

清律关于失火法律责任之规定，一方面继承了明律的部分律文，另一方面又根据当时的社会境况做了自己的若干创建。如《大清律例·杂律》"失火律文条"规定：

> 凡失火烧自己房屋者，笞四十。延烧官民房屋者，笞五十，因而致伤人命者，杖一百。罪坐失火之人。若延烧宗庙及官阙者，绞（监候）。

其失火第一条、第二条例文规定：

> 凡出征行猎处失火者，杖一百。
> 凡典商收当货物自行失火烧毁者，以值十当五，照原典价值作为准数。邻火延烧者，酌减十分之二，按月扣除利息，照数赔偿。其米麦豆石棉花等粗重之物，典当一年为满者，统以贯三计算，照原典价值给还十分之三。邻火延烧者，减去原典价值二分，以减剩八分之数给还十分之三，均不扣除利息。②

综上所述，明清律对于失火人之法律责任，仍多以刑事制裁为主。唯清律对典商失火烧毁典当物之情形，设有要求民事赔偿之明文，但对于赔偿标准，则根据失火情形做了远低于典当物实际价值的规定。③

前文所揭，主要为清末法律变革以前若干朝代关于失火法律责任的法规

---

① 怀效锋点校：《大明律》"卷二十六"，法律出版社1999年版，第203页。
② 马建石、杨育棠主编：《大清律例通考校注》，中国政法大学出版社1992年版，第980页。
③ 当然，即使是清律的这一项规定，在各省的实际实施过程中，也出现过变通适用的成例。如清代《治浙成规》所载乾隆十一年（1746）七月议定的《典铺失火》例则将典铺失火分为四种情形分别议赔：（1）如邻火沿烧当房、住屋，一切对象俱未搬移、尽成灰烬，验明取结，免其议赔。（2）如典户本家不慎失火，烧去住房、当屋，经地方官查勘如无放火偷运情弊，取结，一体免赔。（3）如仅烧当房而住屋未焚，力尚可赔者，应将典质衣服、珠玉、米谷、丝、棉及木器、书画各项对象，概以贯八扣利找赔；金银器饰，虽被焚烧，尚可淘取，以值十当七计重扣利赔；铜铅锡铁，火镕渣汁，亦可淘取，应以贯六扣利找赔。（4）若住屋被焚而当房尚存者，毋论沿烧、自起，应听取赎。倘有遗失，照议分别赔偿。关于该问题更深入的研究，可参见邱澎生《18世纪中国商业法律中的债负与过失论述》，载复旦大学历史系编《古代中国：传统与变革》，复旦大学出版社2005年版，第211—248页。

或律例条文。不过在中国传统社会，承担社会控制功能的规范，除国家成文法外，尚有习惯（法）。考之中国固有之民事习惯，我们也可发现其中不乏失火人无民事赔偿义务的规定。民国学者陶履曾谓："我国从来习惯，失火延烧，非显有故意者，亦鲜或负责。"①再如在民初直隶天津县习惯："租用地基及典当房屋居住者""如遇火毁或被火延烧""当时订定办法，例不赔偿损失"②。

当然，倘若我们突破所谓的法律文本或习惯规定，从对失火人处理的司法裁判和社会实践来看，亦可在传统法律生活中找到诸多仅对失火人处以刑事制裁，而不要求其承担民事赔偿的事例。下面试列清代"巴县档案"中所载之若干失火延烧案如下，并据此略做分析：

杨长更家失火延烧案：渝城一火头杨长更家，夜晚失火延烧多家，最初庭审杨长更，其言火灾系由其母缝补衣服，后睡未将灯火吹熄，三更时致灯内油皮燃炮，将房内蓑摺燃烧起火。该次火灾焚房十余间，烧死数人，为此杨长更被责惩枷往火场示众。③

吕长兴、杨元失火延烧案：吕长兴女儿将烛花弹落，伐入灯草内面以致失火，事发告官后吕长兴主动提出掌责具结。杨元因酒缸破漏，执火查看，灯花落地，把酒烧燃，虽未造成延烧，也主动要求掌责具结。④

王兴顺点火吃烟把楼板烧毁案：王兴顺在楼上点火吸烟，误把楼板烧毁，当被街坊查街看见，用水泼熄。次日，街坊不依，将其交公差带案。王兴顺只是自家房屋遭到损坏，街坊邻居并未被灾，但街坊仍然将他送交官府法办。⑤

李子昌不慎失火成灾案：租户李子昌妻子不慎疏忽失火，延烧九户，酿成火灾。火灾后巴县正堂宣告："所有被灾拆毁各户，兹已查明，自应分别拯卹。被灾九户，每户给钱千文。拆毁五户，每户给钱千文。"火头李子昌虽然受到笞责枷示，但官府亦给恤钱千文。⑥

---

① 陶履曾：《失火人之责任如何》，《法学会杂志》1922 年第 6 期。
② 施沛生编：《中国民事习惯大全》，上海书店出版社 2002 年影印版，第一编"债权"第一类"赁贷借之习惯"，第 13 页。
③ 参见《千厮厢坊长杨锦堂等察明杨长更家失火延烧一案及巴县预防火灾告示》，"巴县档案"道光朝，缩微号 3 号，第 305 卷。
④ 参见《吕长兴杨元失火延烧被差拿获送案讯究卷》，"巴县档案"咸丰朝，缩微号 3 号，第 358 卷。
⑤ 参见《木匠王兴顺点火吃烟把楼板烧毁案》，"巴县档案"咸丰朝，缩微号 3 号，第 359 卷。
⑥ 参见《巴县提讯宣化坊李子昌不慎失火成灾卷》，"巴县档案"光绪朝，缩微号 17 号，第 1806 卷。

细察上列清代巴县之数例失火延烧案，可发现官府在处理失火事件时，一般只对失火责任人施以刑事惩戒，而无要求失火人对损害承担民事赔偿之载述。其以刑事制裁兼赅民事赔偿之做法，大抵与当时的国家法律与民间惯行相契合。不过以上数案中也有耐人寻味之处：如杨长更案和吕长兴案中，两人皆非直接失火人，但作为家长，仍代家庭成员承担失火之刑事责任。杨元案与王兴顺案中，失火人即便没有造成实际损失，也被施以刑事制裁，或被街坊送交官府法办。此又表明，按照当时一般社会观念，失火行为即便未造成严重后果，但由于其危险性远甚于其他危害公共安全的行为，故仍认为有对其加以惩戒的必要。而李子昌失火案中，李子昌所酿之火灾虽然造成重大财产损失，可其在承担刑事责任之后，并无民事赔偿之义务，且可从官府领取和其他灾户同样数额的恤金。

其实，按之今天的民法理论，失火给他人造成损害之行为，是一种应该承担民事赔偿责任的侵权行为。然中国固有法对该侵权行为的规制一般仅采取刑事制裁的公法模式，这显然与今天的侵权法法理相悖，但如果持功能主义和法律进化论的立场，这种以刑事责任涵摄民事责任之泛刑事化的做法，在当时的历史语境之中却有其自身的独特意义。

固有法在立法上作如是设计，有其独特的价值取向内蕴其中。一方面，在传统社会治理模式的理念中，法律只是"牧民"的一种手段，而不是民众维持自己权利的工具。固有法以维护以"礼治"格局为特征的社会秩序为归依，其法律设计的目的主要着眼于社会公益和安全秩序的维护，并平衡被破坏的社会关系。此种考量之下，对于私人权益的救济，往往为法律设计者所不关心。另一方面，如第一章所述，传统中国并无刑事民事之概念，所谓法律主要是刑法，侵权行为亦被视为犯罪行为纳入其调整范围。失火行为因其可能存在的社会危险性，社会一般观念通常将其视为犯罪，故对其规制适用刑事制裁。

当然，除以上两点外，中国固有法一般不要求失火人承担民事赔偿责任，此种立法设计亦主要基于一种对朴素的生活逻辑的关照，抑或说是传统的超稳定社会结构下之生活逻辑使然：其一，在中国古代乡土社会乃至城镇，居所多以竹木结构为主，且房屋彼此衔接，互相依倚。而救火消防事业，尚属幼稚，用火时偶有不慎，即可能酿成巨灾。倘要求失火人对损害进行民事赔偿，对于失火人似乎有些过苛；其二，古代社会，人民财力不阜，一旦发生火灾，动辄数十家、数百家遭灾，若皆向失火人索赔，亦一般赔偿不能；其三，在失火事件中，失火人往往自身也因罹灾而一贫如洗，甚或有家人在火灾中遭致伤亡，故被灾的邻居街坊，出于情感因素多能对其加以宽矜。

第二节 清末《大清民律草案》关于失火民事赔偿责任之立法安排及后续影响

《大清民律草案》继受潘德克顿法学，仿德日民法典亦设总则、债权、物权、亲属和继承五编，共13章。从编排体例来看，该草案将侵权行为一章安置于第二编"债权"之中，其33个条文仿德国立法例比较全面地规定了侵权行为的基本原则和主要内容。草案第945条为侵权行为的一般条款，该条前项规定："因故意或过失侵他人之权利而不法者，于因加侵害而生之损害，负赔偿之义务。"但后项又设但书规定："于失火事件不适用之。但失火人有重大过失者，不在此限。"该项立法理由云："惟失火如无重大过失，必责令赔偿因失火而生之重大损害，未免过酷。"① 《大清民律草案》认为失火与其他过失不能相提并论，将其民事赔偿责任限定于"重大过失"，而一般过失和轻微过失则不必赔偿。此项规定，为德国民法典所无，其时之立法者缘何作如是安排，笔者认为主要有以下两个原因：

第一，关照固有法之考量。前已述及，中国前朝法律或法典，对于失火之侵权行为，一般仅明确刑事责任而无民事赔偿之规定。而征之民间习惯或处理此类案件的一般做法，失火人也往往不负赔偿之责。若规定所有失火行为均应承担民事赔偿责任，则有过度疏离固有法之嫌疑。此外，虽然草案认为重大过失应该承担赔偿责任，但重大过失与一般过失之界限并非泾渭分明，而且在证明和判定上也存在诸多障碍，这就使得绝大多数的失火案件得以排除在"重大过失"之外。

第二，一定程度上受到日本侵权行为特别立法的影响。日本对于失火责任，曾于明治三十二年（1900）颁布第40号特别法律，其明确规定："凡失火者，非因重大过失，而贻害他家者，不任赔偿之责。"作此限定，"皆因日本习惯，居屋多以纸木为之，最易失火，又近海多风，微火即有延烧。若规定过严，则因小过失而失火者，不胜其重大之责任，实际必多窒碍。故

---

① 商务印书馆编译所编：《中华六法（三）民律上》，上海商务印书馆1922年版，第二编"债权"，第284页。

法律上不得不减轻其负担"①。《大清民律草案》制订时，法律修订馆曾延聘日本法学家志田钾太郎、松冈义正等担任起草工作，②考虑到中日两国国情上的相似性，当时立法者便借鉴了日本此条特别法的规定。

《大清民律草案》制定以后，因为没有颁行而未获法律上之效力，但民初大理院却在司法实践中，将其引为"条理"加以适用，从而使其在民初的司法审判中获致实际生命力。民国初年，法制不备，而其时之主要民事法源"现行律民事有效部分"对于该时期各种民事关系之调整，又不敷所需。于此过渡时期，大理院推事们在审理民事案件无法律和习惯法可依的情况下，往往求助于一般的法律原则（条理）。而此之所谓条理，又多为《大清民律草案》中所体现的从大陆法系移植而来的民法原理、原则及立法精神等。因此《大清民律草案》的部分条文往往被据为条理而成为大理院审理各类案件时所适用的法源。

关于失火之民事责任，因《大清民律草案》规定得过于简赅，民初大理院遂通过判决例和解释例，将其规范意义加以推展。下面各列大理院关于"失火"之判决例要旨和解释例一则如下：

大理院六年（1917）上字第438号判例要旨谓："租房由租户失火者，系出于故意或重大过失者，失火之租户，对于被害人应负赔偿之责，而由于通常过失者则否，但各地方如有特别习惯者仍应从其习惯。"③

大理院九年（1910）统字第1258号解释例。④该解释例所涉案件梗概如下：甲某有房四间，自居一间，余则当与乙某居住。嗣甲因吸烟失慎，将床上铺草烧燃，延及楼窗板壁，致甲乙两人居住之房间及两人所有之衣物家具，均被烧毁净尽。乙某旋以损失之衣物家具值一千余元，呈诉到县，请求判甲赔偿。关于该案之民事赔偿责任，则有两说：（一）绝对说，谓现行律

---

① 熊元楷、熊元襄编辑：《民法债权》（京师法律学堂笔记），北京华盛印书局1914年版，第163—164页。日本之所以用特别法的形式对失火侵权责任作出例外规定，主要是考虑到本土习惯。其实就日本近代继受西方法的情形来看，虽然它可能是非西方国家尝试的对西方法规模最大、最成功的继受之一。但这并不是对西方法的完全照抄。在一些方面也吸收了本土的或保守的因素。参见[日]千叶正士《法律多元——从日本法律文化迈向一般理论》，强世功等译，中国政法大学出版社1997年版，第109页。

② 参见谢振民编著《中华民国立法史》下册，张知本校，中国政法大学出版社2000年版，第744页。

③ 郭卫编：《大理院判决例全书》，吴宏耀等点校，中国政法大学出版社2013年版，第326页。

④ 参见郭卫编著《民国大理院解释例全文》，吴宏耀等点校，中国政法大学出版社2014年版，第966—967页。

杂犯门载：凡失火延烧官民房屋者，处五等刑，并无赔偿之规定。（二）相对说，谓失火延烧，应否赔偿，应以过失之等次为断，依大理院三年（1914）第353号判例，失火可以分为重大过失、普通过失、轻微过失三种，普通或轻微过失，不任赔偿之责，若重大过失，则不得不量予赔偿。此外，民律草案第945条亦作如是规定。虽现行律内无赔偿明文，然依法律无规定者，适用习惯，无习惯者适用条理之原则，上项条理，尤属不能不予采用。

湖北高等审判厅受理此案后，于此二说间游移不决，遂函询大理院。大理院在复函中称，查来呈情形，似以第二说为正当，并据此形成解释例要旨：因重大过失延烧他人房屋财产者，应负赔偿之责。

由上述之判例要旨和解释例可知，民初大理院对失火民事责任之确定，并未依据当时的"现行律民事有效部分"①，而是采纳了《大清民律草案》第945条后项之法律条文。另，大理院六年（1917）上字第438号判例要旨还特别强调，"各地方如有特别习惯者仍应从其习惯"。可见大理院在对待失火民事赔偿问题上，仍将作为地方性生活经验之载体的习惯置于司法适用的优先地位。

另外，民初地方法院关于失火民事案件之裁判，亦有适用《大清民律草案》第945条后项之法律规定者。如江西高等法院十七年（1928）民事控字第86号判决。该案案情大意为：被控告人宋文成因借控告人陈邦祥的房屋做喜事以致失火烧毁，曾经控告人向原审提起刑事诉讼，并判处被控告人罚金50元。而提起附带民事诉讼时，峡江县政府所为第一审判决则令被控告人宋文成赔偿原告陈邦祥一百元。但原告认为其烧毁房屋依照时价应值一千余元，因此不服第一审判决并提起上诉，请求江西高等法院废弃原判决，酌量增加赔偿金额。被控告人则辩称：通常情形下，失火延烧房屋多至数十家或数百家不等，若必由失火人赔偿不但失火人无此资力，且地方亦无此习惯，原判判令控告人赔偿一百元已惟甘服，乃控告人复请求增加赔偿额，尤为无理云云。江西高等法院经审理后认为：被控告人借控告人房屋做喜事因失慎烧毁，但被控告人借房数日为子娶妻召客，治筵繁忙之余容有注意难周

---

① "现行律民事有效部分"关于"失火"的律文规定："凡失火烧自己房屋者处四等罚，延烧官民房屋者处五等罚，因而致伤人命者（不分亲属凡人）处十等罚，罪坐失火之人。"就此律文之文义来看，对于失火之人，仅有处罚之明文而无赔偿之规定，则凡因失火而延烧他人财产者，似可不任赔偿之责。参见郑爱诹编《现行律民事有效部分集解》，上海世界书局1928年版，第九章，第7—8页。

之处，则其失火延烧控告人之房屋亦非有重大过失可言，原判判令赔偿一百元虽嫌稍轻，然必责令照价赔偿，亦未免过酷，应由本院斟酌过失程度量予增加。① 细读该案判决理由，可见该案判决虽没有列明所引法律准据，但据为判决之条理，与《大清民律草案》关于失火赔偿责任仅限于重大过失之规定，却几乎如出一辙。

对于《大清民律草案》关于失火民事责任之立法安排，民初已有学者认为此举甚为妥当。如学者陶履曾认为："火灾所及，损害非常，如不问有无重大过失，一律使对烧毁之房屋动产之全部负担赔偿，虽豪富多莫不能胜，不免失之过酷。"对于部分学者所认为的将失火赔偿责任限定于重大过失实际是减轻失火人之责任，并易导致对过失人的过分保护，从而有使之轻忽预防之虞的观点，陶履曾亦加以反驳。其理由有三：第一，"吾人寻常日用上，对于火灾之注意，未必以法律无此例外而有加，亦未必因法律有此例外而故减，何致有轻忽预防之结果"；第二，"若谓其保护过失人过厚，则法律上保护弱者之规定，皆有讥嫌"；第三，"法律维持习惯，非必合于特定观念者而后可"。因此，"失火人责任，限于重过失，是为至当"②。

许藻镕则结合民初正在进行的民律草案修订工作，对失火人民事责任提出以下看法：

> 失火人之责任如何？各国立法，凡关于民事上之责任，渐由过失主义而倾于结果主义者，实由于社会之情状，已有变迁故也。惟本问题，可否适用该原则，是一疑问。夫失火之为用颇广，其危险之程度尤大，偶一不慎，不但失火人自己之性命财产，烧失殆尽，即他人之生命财产，为其侵害者，亦常事也。故自一方观之，似应适用上述原则，加重一般人之责任，以促其注意；但自他方观之，苟不问失火人有无过失，或过失之重轻，使其任赔偿之责，不但事实上有所不能，即人情上亦不愿也（例如失火人虽有巨万之家产，然损害过大时，亦不能尽其赔偿之责，况无产者乎？）。③

对于失火者法律责任之承担问题，学者王凤瀛亦曾专门撰文，其主张如下：

---

① 参见《陈邦祥与宋文成因请求赔偿涉讼控告案》，《江西高等法院公报》1928年第5期。
② 陶履曾：《失火人之责任如何》，《法学会杂志》1922年第6期。
③ 许藻镕：《关于侵权行为之立法》，《法学会杂志》1922年第6期。

日本制定单行条例，学进谓日本房屋，多以竹木造成，且四面滨海，微风煽动，易致蔓延，故限于重大过失，始令失火人负赔偿责任。吾国情形，与日本略同，是宜采用其例，应与习俗不相扞格，失火人亦不至负担太重。①

综观以上学者所述，可见其对于失火民事责任的确定，在认识上基本是肯定《大清民律草案》第945条后项将失火之侵权赔偿责任限定于"重大过失"之规定。而其所持理由中，又有两点尤其值得注意：其一，若不问过失程度使所有失火行为均承担赔偿之责，必将使赔偿人范围扩大，而普通人对于此等损害大多赔偿不能，因而可能导致法律之规定徒成具文；其二，法律不应与习惯及社会一般观念相悖，更不应该明显背离普通人之生活经验。

第三节　民国时期侵权行为立法与失火民事赔偿责任的扩大化

民初修订法律馆于1925—1926年完成的民国《民律草案》，大抵由《大清民律草案》改订而成，体例上也与其基本相同，唯将"债权编"改为"债编"，并间采《瑞士债务法》。此草案曾经司法部通令各级法院作为条理援用。②

民国《民律草案》债编中的侵权行为条文，亦是在《大清民律草案》相关条文的基础上损益而成，然编排结构与条文用语均有所变化。如不再将"侵权行为"作为一章单独编制，而是将其安置于债编第一章通则第一节"债之发生"的第二款内。设第246条为侵权行为一般条款，其规定如下："因故意或过失不法侵害他人之权利者，负损害赔偿责任。故意以有伤风化方法侵害他人之权利者，亦同。"该条再次确认《大清民律草案》中的过错归责原则，并规定以悖于善良风俗故意加损害于他人者，应负损害赔偿责任。作为对前条之补充，其第247条又移用《大清民律草案》第946条之表述，即规定："因故意或过失违背保护他人之法律者，视为前条之侵权行

---

① 王凤瀛：《失火之责任如何》，《法学会杂志》1922年第6期。
② 参见谢振民编著《中华民国立法史》下册，张知本校，中国政法大学出版社2000年版，第748页。

为人。"① 明确了因故意或过失违背保护他人之法律者的侵权责任。

不过由于急于和欧陆等国民法"接轨"，民国《民律草案》删去《大清民律草案》第945条后项关于"失火事件"之例外规定，主要因为德瑞等国民法典对于"失火"事件并无特别规定，而与其他侵权行为一样，承担的是普通过失责任而非重大过失责任。

1929—1930年完成之《中华民国民法》，债法一编计分两章，凡604条。其关于侵权行为之规定，则仿大陆法系各国最新立法例，将其与契约、代理权之授予、无因管理、不当得利并列，同为债权发生之原因而置于债编第一章总则的第一则"债之发生"部分。但在具体编制上，将其于民国《民律草案》债编第一章第一节第二款的位置易为第五款。在条文数目上将民国《民律草案》的27个条文缩减为15条，即从第184条至第198条。

其第184条为侵权行为一般条款，该条规定如下："因故意或过失不法侵害他人之权利者，负损害赔偿责任。故意以悖于善良风俗之方法加损害于他人者亦同。违反保护他人之法律者，推定其有过失。"② 可见该条沿袭民国《民律草案》之立法例，亦不设失火赔偿责任仅限于重大过失之例外规定。此条从立法者本意而言，显有改造固有法，而向欧陆侵权行为法趋近之意味。

此外，南京国民政府最高法院，也通过判例要旨的形式，特别强调失火之民事赔偿责任，不再限于重大过失，兹列举其时之判例要旨一则如下：

民国二十六年（1937）鄂上第3号判例要旨谓：

> 因失火烧毁他人之房屋者，除民法第四百三十四条所定情形外，纵为轻过失而非重大之过失，依民法第一百八十四条第一项之规定，亦应负损害赔偿责任，失火人有重大过失时始负侵权行为责任之立法例为我国民法所不采，自不得以此为口实。③

由上可见，南京国民政府时期，已经从立法和司法实践两个层面，最终完全搁置了固有法关于失火人不承担民事赔偿之规定。

---

① 潘维和：《中国近代民法史》，（台北）汉林出版社1982年版，第395页。
② 吴经熊主编：《中华民国六法理由判解汇编》第2册，上海会文堂新记书局1948年版，第171页。
③ 民国最高法院判例编辑委员会编：《最高法院判例要旨（1927—1940）》上册，上海大东书局1946年版，第21—22页。

其实，就欧洲各国关于"失火"民事责任之规定来看，早在古罗马时期，《十二铜表法》第八表第十条，关于失火者之法律责任就曾作出如下规定："如有人放火烧毁建筑物或堆放在房屋附近的谷物堆，而该（犯罪者）系故意为此者，（十二铜表法）则令其戴上镣铐，在鞭打之后处以死刑。（如果是）意外的，即因不慎（酿成火灾）者，那么，法律即令（犯罪者）赔偿损失，如其无力支付，则予以从轻处罚。"①可见，在罗马古代，对于失火之人，不分过失轻重，一律负赔偿责任。大陆法系由于是直接或间接继受罗马法，故如法、德等国，关于失火人之法律责任，适用侵权行为通则，不设特别条文，其用意与古罗马同。英、美等国虽与大陆法系分道扬镳，不受罗马影响，然于此点，不谋而合，失火人不论轻微疏忽，或重大过失，皆负赔偿之责。②而民国《民律草案》和《中华民国民法》删除失火仅在"重大过失"情况下负赔偿责任之条文，其实是在摹写德国民法条文之时特意做如此处理。不过这种立法安排在其时现实生活中如何"实践"，还有待于做进一步的法律社会史考察。③

中华民国时期，尤其是20世纪三四十年代，中国乡土社会正经历着缓慢但深刻的变化，新国家的权力，连同新式的法律，已经开始伸展到中国社会的基层。但即便如此，并不能企望各个在社会里生活的人都能熟悉这种新式的法律。加之对司法程序的隔膜以及凭借新法律参与诉讼或可招致道德上的不良评价④，使得这种法律改变对其时普通民众法律生活和法律思维的引导作用，以及社会文化心理对这种法律嬗替产生的实际回应，还应该在占有更多经验材料的基础上，才能作出令人信服的论断。亦如其时学者所言："吾人欲述不守法律之事实，系当事人虽明知有新法存在，而且新法律实较良好，然因所争之得失太微，受屈者认为与旧习惯相衡，值不得依而抗旧俗，宁甘放弃由新法即生之权利，不欲引用新法。……上述情形，都市中或不多见，而内地则甚普遍。"⑤此种情形之根源，乃因为在传统的熟人社会，

---

① 世界著名法典汉译丛书编委会编：《十二铜表法》，法律出版社2000年版，第38页。
② 参见许藻镕《关于侵权行为之立法》，《法学会杂志》1922年第6期。
③ 笔者曾于2009—2010年期间，委托所任教之法律硕士班同学，通过田野调查方式走访江西、安徽、四川、山东、黑龙江、广东、河南7省之80岁以上之老人30余位，向他们询及中华民国时期其生活经验范围内失火民事赔偿及诉讼方面的情况。在接受访查的老人中，除3人表示对情况不甚了解外，其余均称其在新中国成立前所经历或闻睹之失火事件中，未见有失火人对失火之损害进行赔偿者，亦鲜有因失火索偿而肇讼者。此次田野调查之情况，尚不能说明整体层面的情况，但民国时期失火民事赔偿及诉讼在民间生活之实际情形，亦可由此窥见一斑。
④ 参见费孝通《乡土中国 生育制度》，北京大学出版社1998年版，第57—58页。
⑤ 王自新：《从新法之施行难说到旧习之革除不易》，《中华法学杂志》1945年第4卷第8期。

在一般人心目中，使个人与个人之间的关系保持和谐，比遵守客观的法律规则更为重要。

第四节 当今中国乡土社会一起失火事件的田野调查手记

新中国成立后，对于失火民事赔偿责任之规定，主要见于 1986 年制定的《民法通则》，其第 106 条第 2 款规定："公民、法人由于过错侵害国家的、集体的财产，侵害他人财产、人身的、应当承担民事责任。没有过错，但法律规定应当承担民事责任的，应当承担民事责任。"第 117 条第 2 款也规定："损坏国家的、集体的财产或者他人财产的，应当恢复原状或者折价赔偿。受害人因此遭受其他重大损失的，侵害人并应当赔偿损失。"[①] 从此两款内容来看，同样未对失火的民事赔偿作出特殊限定。

在当下中国的农村或基层社会，普通百姓在现实生活中对于失火民事责任之认识，是否考量以上法条之规定。易言之，在今天的乡土社会[②]或准乡土社会，普通百姓如在失火事件中遭受损害，是否会依据以上法律规定提起索赔，则是一个考察法律实际运作效果的法社会学问题。

对于此问题，笔者曾于 2008 年 1 月、2009 年 2 月先后两次对江西省东北部的 C 县 F 镇 X 村的一起失火事件进行调研。X 村是一个不大的自然村，其基本情况如下：距县城 30 余公里，离镇上 5 公里，人口约 600 人，人均耕地为 2.2 亩，该村虽已有大量年轻人外出务工，但属于典型的农业村。

X 村的该起失火事件发生于 2007 年 2 月 12 日，即农历腊月二十五，按本地风俗为小年。该天中午一邱姓村民家由于灶门没有封好，家中无人，灶中柴火燃尽后引燃灶边柴堆，后火势变大，瞬间即将整栋木房点燃。是日天公不作美，疾风劲吹，风助火势，短时间内竟引燃多家房屋。当时虽然有诸

[①] 此二款规定具有相当的概括性，2009 年 12 月 26 日第十一届全国人民代表大会常务委员会第十二次会议通过的《中华人民共和国侵权责任法》，对此又有更加细化的规定。具体可参见该法第一章第二章相关条文。上述规定，又被纳入 2020 年 5 月 28 日第十三届全国人民代表大会第三次会议通过之《中华人民共和国民法典》第七编"侵权责任"第二章。

[②] 近十余年来，中国由于城镇化进程的加快以及城镇人口的剧增，许多农村已经脱离了传统意义上的乡土社会形态，因此有学者开始质疑当下中国的"乡土性"（具体可参见董磊明等《结构混乱与迎法下乡——河南宋村法律实践的解读》，《中国社会科学》2008 年第 5 期）。笔者私见以为，中国整体层面的复杂情况非任何具体个案可以涵摄。由于各种结构性和区域性差别的存在，目前仍有不少农村仍然保留，或部分保留着乡土社会的特征。

多村民奋力救火，也有村民呼叫火警，但当消防车赶到将火扑灭时（据悉当时消防车走岔路口，延误十余分钟），共焚房七间半，虽然无人员伤亡，但总共造成物质损失20余万元。

2008年2月，笔者前去调研时，火灾已历时将近一年。被灾村民中，焚房半间者已将房屋修好，有三户村民在原宅基地盖好简易平房，有两栋房因较破旧，而适好主人儿子已在新批的宅基地上盖好洋房，故未在原址上再建房。还有一家因为家境较困难，暂未建房，而是租借本村村民闲置旧屋居住。失火之邱姓人家，也暂时寄住其亲戚家，据说正在筹备款项，准备再过半年左右建房。

笔者曾走访了该起失火事件的主要当事人，以及部分村民。向失火人邱某所问问题主要有：对有失火事件有何感想？是否打算赔偿被其连累之其他村民？当受灾村民向法院提起诉讼向其索赔如何应付？邱某受访时露出一副极无奈的情状，表示天灾人祸，那也是没有办法的事情，他为此事已向几户邻居道歉过；至于赔偿，好像还未听说失火延烧要进行赔偿的，退一步讲，自己家也被火烧得一干二净，家中又无存款，即使想赔偿，也无此财力。至于如果受灾村民提起诉讼向他索赔如何办，他表示不知道是不是有相关的法律规定，但即使有，他也坚信这些多年相处的邻居一定不会去法院告他。

当笔者问及其他几户受灾村民对此次火灾的感想时，有几位村民在调查时用恶毒的语言咒骂过邱某，其中王姓村民和杜姓村民表示，他们怀疑邱某有故意放火的嫌疑。因为失火时据传邱某因赌博欠了很多债务，当时到他家追债的人很多，邱某躲在家里不敢露面，好像这年是没法过了，于是放把火把自家旧房烧掉以挺过年关。不过他们均称拿不出有力证据。王姓村民还说他打工回来的两个儿子在房屋被烧后，曾将邱某狠狠揍过一顿，但在村委会主任的调解下，赔了500元医药费。其他几位村民则自认倒霉，表示不愿再提及此事。当问及是否有去法院告邱某向他索赔的意愿时，几位受访者均表示从未考虑此事。李姓村民受访时说，他们镇几十年来好像发生过几起失火延烧事件，但没有听过有告失火人向其要求赔偿的先例。一位张姓村民还愤愤地补充一句，即使法律有规定，但延烧之后，邱某穷得只剩几个光人，又如何能赔得起。

之后，笔者还走访了其他几位村民以及村主任，他们一方面对该起失火事件表示遗憾，另一方面又表示，镇政府给每户失火村民发放了慰问金，村里绝大部分村民都给受灾村民捐过钱物，此外则不愿对此事多加置评。笔者曾问村主任，如果几位受灾村民到法院告邱某，向他要求赔偿，村委会是否会支持。村主任淡淡一笑地说，绝没有可能，村委会也不会支持。

　　2009年1月，当笔者再赴该村做后续调查时，情况已有变化。邱姓村民已经在原宅基地上盖起一幢小洋房，价值7万左右。据村民言，邱某虽然平时游手好闲，但借自家失火之事讨钱倒有一些本事，又在镇政府干过几年临时工，认得的人多，厚着脸皮居然讨得一大笔钱。原来盖简易房的三户，有一户在新批的宅基地盖了洋房，另一户则搬至儿子的新居，还有一户仍住简易房中。家境较困难没有建房的那户村民也在原宅基地上建好了简易房。笔者第二次走访当事人时，邱某表现出明显的不悦，似乎有些不愿搭理。当笔者问其他几户被灾村民，现在邱某已经盖了洋房，好像经济上也宽裕了，按法律的规定这件事还没超过诉讼时效，是否会起诉邱某要求赔偿。几位受访者意见大体一致，表示事情都已经过去很长时间了，绝不可能再去告邱某了，再说按本地的习俗，失火后一般是亲戚朋友接济，政府和村委会给予一定的抚恤，从未有过告失火人向其要求赔偿的先例，他们也不可能去做这样的事情。

　　笔者在调查该起失火事件的过程中，还抽空调查了C县T镇W村于1995年发生的一起失火事件，以及C县G镇F村1999年发生的失火事件。据笔者调查所知，在这两次失火事件中，因失火而受损害之村民，皆无通过诉讼之公力或民间之私力向失火者索求赔偿者。

小　结

　　纵观失火民事赔偿责任在中国法律史上的衍进路径，我们可知，在中国近代法律变革以前，固有法一般未规定失火之民事赔偿责任，至清末制定《大清民律草案》时，则将失火之民事赔偿责任限定于"重大过失"，其立法虽然违依于固有法与继受法之间，但毕竟在一定程序上关照了固有法的规定，以及本土的一般惯行。然至民国《民律草案》和《中华民国民法》制定时，其侵权行为条文则将失火民事赔偿责任予以扩大，无论过失程度如何，均承担同其他一般侵权行为同样的民事赔偿责任。固有法关于失火不承担民事赔偿之规定，遂被彻底搁置。到中华人民共和国成立后，仍然沿袭此一思路。

　　然而，社会实证经验同样表明，法律并非一个超越社会，孤立自存的本体。法律制度亦可以划出技术规范性内容和社会文化性内容两个层次。其中，法的技术性内容是中立和价值无涉的，能够相当容易地被立法者剥离于国家的法律体系之外；但法的社会文化性内容则深深地内嵌于特定社会秩序中，承载着特定人群的意志、价值取向和偏好等内容，其本身即为一个民族之生活逻辑的体现。这种生活逻辑，又体现为特定共同体中的一种"共识"。① 因此，当固有法的技术性内容被从社会生活中抽取出以后，其社会文化性内容则极有可能被积淀下来，并仍以生活逻辑的形式潜移默化地影响着人们的思维模式，并继续支配着人们的行为方式。② 此亦为中国民法近代化进程中，固有法衍化之一种可能路径。

---

① 马克斯·韦伯（Max Weber）认为，在人类的大多数时代里，绝大部分基于"共识"的秩序，都未曾考虑国家的法强制的可能性，甚至连一般的强制可能性都未加以考虑。参见［德］马克斯·韦伯《法律社会学》，康乐、简美惠译，广西师范大学出版社2005年版，第148页。

② 中国台湾学者陈惠馨曾说："人类行为不会仅受到法规范影响，还受到传统习俗或道德的影响。而一个社会中传统习惯与道德往往受制历史影响。也因此当一个国家传统的法律被改变时，传统规范将转变成习俗，继续影响人民的思维。"陈惠馨：《德国法制史——从日耳曼到近代》，（台北）元照出版有限公司2007年版，第96页。笔者认为，陈氏所谓传统规范转变为习俗，其实即为传统规范中的生活逻辑对人们生活方式的支配。

第三章

从习惯权利到法定物权：坟产所涉诸习惯权利及其在近代之处遇

中国传统社会素重祖先崇拜，关于祖先之丧葬及祭祀事宜，无论在礼教还是实际生活中，上至王侯将相，下至升斗小民，均视之甚重。故而，祖先之坟墓，一直被世人视为神圣之所，亦得到国家法律和民间习俗的强力保护。因坟墓附着于土地之上，故又产生坟地这一特殊的不动产形态。坟墓及其周围一定范围内之土地，一般称为墓田。若坟墓修建于丘陵或山地，又谓之为坟山。此外，为便于祭祀，坟墓之上或其周边也可能设置相应的构筑物，加之坟山往往关乎风水，坟墓抑或坟山，又多以风水林荫蔽之。凡墓田、坟山、坟墓相关构筑物、风水林，可概括地称之为坟产。关于坟产，传统社会除国家法律对其有特别规定外，民间亦存有诸多禁忌和习惯。因此，坟产这一特殊的不动产，其所涉及的诸种权利，事实上是传统社会一种重要的习惯权利，难以用现代民法的相关概念加以准确界定。

进入近代以后，从清末以迄民国，《大清民律草案》、民国《民律草案》以及《中华民国民法》，其物权法律制度的构建，皆以欧日各国物权法为典范。《中华民国民法》最终确定的物权法律体系，仅将坟产作为一般意义上的法定不动产加以调整，并无任何特别之规定，故其无法完全涵摄坟产在传统社会所衍生出的诸种权利。在司法实践中，民间围绕坟产所肇之各类纠纷，有时仍不得不依据固有习惯并衡诸情理进行裁处或解决，而坟产纠纷所折射出的习惯权利与法定物权之紧张关系，则一直伴其始终。

关于坟山坟产问题的研究，前人学者对传统社会，尤其是明清时期的坟山争讼问题已有诸多论述。如高楠、宋燕鹏对南宋时期民间墓田争讼的缘由和特点进行了初步归纳；[①] 张小也以清代名吏徐士林所撰《守皖谳词》为研

---

① 参见高楠、宋燕鹏《墓田上诉——一项南宋民间诉讼类型的考察》，《安徽师范大学学报》（人文社会科学版）2009年第1期。

究素材,对清代徽州的坟山纠纷及诉讼进行了深入剖析,① 并且她还以清代《刑案汇览》中"控争坟山情急赴京刻颈呈告"一案的审理为例,揭示了清代"民法"与"民事诉讼"问题的复杂性;② 韩秀桃亦以徽州文书所载明清时期该地区的坟山纠纷案件为基本材料,对民间坟山纠纷的类型及其解决方式进行了概括和分析;③ 任志强专门针对明清时期的坟茔纷争及其解决进行过一定阐述;④ 郭建就中国传统社会对墓田坟山这一特殊财产的保护,从国家法律和民间习俗两个层面进行了描述。⑤ 此外,坟山抑或坟产,亦涉及风水信仰,一些坟山争讼,实为风水纠葛。关于坟产涉及的风水兴讼问题,刘冰雪从风水争讼的视角,就清代国家法律和地方社会对坟葬纠纷的治理问题进行了深入探讨;⑥ 魏顺光以清代巴县档案所载坟山风水争讼案件为研究对象,对清代的坟山风水诉讼问题有过详尽述论;⑦ 李哲、陈瑛对清代官府与民间预防和化解因风水引发之坟山纠纷的实践活动进行了考察。⑧ 不过较之于传统社会,尤其是清代坟山争讼问题的研究,学界对于近代中国坟山或坟产所涉法律问题,则明显关注不够。就管见所及,相关成果主要如下:徐德莉通过对民国时期伪造坟茔文书案卷进行系统梳理,详细解读了该类案件审断过程中的若干细节;⑨ 王志龙利用安庆地区的方志、家谱、法律文书等地方文献,对该地区近代坟地纠纷的总体概况、发生原因以及预防和解决机制等展开了论述;⑩ 刘昕杰、毛春雨梳理了清代至民国法律规范对坟山权益"去精神化"的转变,并以民国荣县诉讼档案中的坟产案件为例,揭示了这

---

① 参见张小也《清代的坟山争讼——以徐士林〈守皖谳词〉为中心》,《清华大学学报》(哲学社会科学版) 2006 年第 4 期。
② 参见张小也《从"自理"到"宪律":对清代"民法"与"民事诉讼"的考察——以〈刑案汇览〉中的坟山争讼为中心》,《学术月刊》2006 年第 8 期。
③ 参见韩秀桃《明清徽州民间坟山纠纷的初步分析》,载曾宪义主编《法律文化研究》,中国人民大学出版社 2008 年版,第 144—166 页。
④ 参见任志强《明清时期坟茔的纷争》,《安徽大学法律评论》2009 年第 1 辑。
⑤ 参见郭建《中国财产法史》,复旦大学出版社 2018 年版,第 21—26 页。
⑥ 参见刘冰雪《清代风水争讼研究》,《政法论坛》2012 年第 4 期。
⑦ 参见魏顺光《从清代坟山风水争讼透视中国法律文化之殊相》,《江西社会科学》2013 年第 3 期。
⑧ 参见李哲、陈瑛《风水观念、坟山纠纷与清代法律实践》,《山东理工大学学报》(社会科学版) 2019 年第 4 期。
⑨ 参见刘德莉《民国时期坟茔争讼及其侧影——以伪造文书讼案为中心》,《江西师范大学学报》(哲学社会科学版) 2013 年第 6 期。
⑩ 参见王志龙《近代安庆地区的坟地纠纷研究》,《中国农史》2014 年第 2 期。

种转变在司法实践中所产生的一系列价值冲突。①

总体言之，学界对前近代中国的坟产纠纷及其解决方式等已有充分探讨，对清末民国时期的坟山争诉问题，亦有若干摭及，但对传统社会坟产所涉之习惯权利的具体内涵及其表现形式，理论上的概括和剖析涉及甚少，而坟产习惯权利在中国近代民法法典化进程中之处遇，亦为一个尚未得到充分讨论的学术论题。本章拟从国家法律、民间习惯和司法裁判三个维度勾勒传统社会坟产权利保护的整体概貌，并据此揭示坟产所涉诸习惯权利的丰富内涵，然后再结合中国近代的物权立法和坟产纠纷司法裁判，剖析坟产这一特殊形态的不动产，其相关习惯权利被限缩为一种法定物权后，在司法实践和民间法律生活中所呈现出的复杂面相。

第一节　法律、习惯与裁判：中国传统社会坟产权利保护的表达与实践

一　传统社会坟产权利保护的国家立法

远古时期，人类处于蒙昧时代，丧葬之事，不为所重。《孟子·滕文公上》云："盖上世尝有不葬其亲者，其亲死，则举而委之于壑。他日过之，狐狸食之，蝇蚋姑嘬之。其颡有泚，睨而不视。"② 周代之前，时人虽逐渐实行土葬，但仍崇尚"墓而不坟"和"不封不树"。《礼记·檀弓上》载："古也，墓而不坟。"郑玄注曰："墓，兆域，今之封茔者也""土之高者曰坟""筑土曰封"③。《易·系辞下》亦曰："古之葬者，厚衣之以薪，葬之中野，不封不树。"④ 可见依照古礼，将死去之人入土后，并不修筑降起的坟头，也不在上面植树作为标记。到春秋时期，有隆起状之坟丘开始出现。当时帝王之墓称为"丘"，"丘"之寓意为"高"。战国时期，王侯贵族争相兴建有大坟丘的坟墓，并在坟墓附近兴建祭祀性的构筑物。至秦始皇时期，则集坟之大成，耗费巨大人力物力修建了骊宫。因此大致推断，由墓变为坟，大成于春秋和秦代。⑤

---

① 参见刘昕杰、毛春雨《传统权利的去精神化境遇：民国坟产纠纷的法律规范与司法实践》，《法治现代化研究》2019年第5期。
② 宛华主编：《四库全书精华》，汕头大学出版社2016年版，第21页。
③ （清）孙希旦：《礼记集解》上册，沈啸寰、王星贤点校，中华书局1989年版，第169页。
④ （商）姬昌著、靳极苍撰：《周易》，山西古籍出版社2003年版，第83页。
⑤ 参见王缵绪《中国坟地问题之史的发展及其解决》，《文化建设》1936年第3卷第1期。

秦代之前,关于坟墓权利保护之法律规定,尚难觅见。秦汉以后,由于实行严格的等级制度,对墓葬之规模,国家在法律层面应设置了严格的限制,但从目前史料来看,尚无法知悉其具体细节。① 不过亦有相关史料表明,汉代法律已对坟产权利采取了一定的保护性措施。如西汉衡山王刘赐"数侵夺人田,坏人冢以为田,有司请逮治衡山王"②。又《淮南子·氾论训》载:"天子县官法曰:发墓者诛。"③ 到南北朝时,北魏文成帝拓跋濬北巡,"至阴山。有故冢毁废,诏曰:'昔姬文葬枯骨,天下归仁。自今有穿坟垅者,斩之。'……"④ 可见当时将侵夺墓田、毁坏他人坟冢者施以重罚,甚至处以极刑。

及至唐代,出于维护严格的等级制之需要,唐《丧葬令》按照墓主的官员品级对坟墓规模及其占地面积实行严格限制;⑤ 唐律则设置了专门的罪名,对盗耕他人墓田、毁坏他人坟墓,以及盗葬等严重侵害坟墓权利之行为科以刑罚。《唐律·户婚·盗耕人墓田》载:

> 诸盗耕人墓田,杖一百;伤坟者,徒一年。即盗葬他人田者,笞五十;墓田,加一等。仍令移葬。

"疏议"曰:

> 墓田广袤,令有制限。盗耕不问多少,即杖一百。伤坟者,谓窑穸之所,聚土为坟,伤者合徒一年。即将尸柩盗葬他人地中者,笞五十;若葬他人墓田中者,加一等,合杖六十。如盗葬伤他人坟者,亦同盗耕伤坟之罪。仍各令移葬。⑥

此外,唐律对于盗掘他人坟墓之"发冢"行为,处罚尤重。《唐律·贼盗·发冢》载:"诸发冢者,加役流;发彻即坐。招魂而葬,亦是。已开棺

---

① 参见郭建《中国财产法史》,复旦大学出版社2018年版,第21页。
② (汉)班固:《汉书》上册,岳麓书社2009年版,第534页。
③ (汉)刘安:《淮南子》,岳麓书社2015年版,第133页。
④ (唐)李延寿:《北史》卷二 "魏本纪第二",吉林人民出版社1995年版,第35页。
⑤ 参见[日]仁井田陞《唐令拾遗》,栗劲等编译,长春出版社1989年版,第764页。唐朝的此种坟墓等级制度,为后世宋元明清诸朝袭用。关于各朝坟墓等级制度之具体规定,可参见郭建《中国财产法史》,复旦大学出版社2018年版,第21—23页。
⑥ (唐)长孙无忌等:《唐律疏议》,刘俊文点校,中华书局1983年版,第246—247页。

榁者，绞；发而未彻者，徒三年。"① 对于盗伐园陵或普通民人墓茔周边林木者，唐律亦处以徒刑或杖刑。《唐律·贼盗·盗园陵内草木》载："诸盗园陵内草木者，徒二年半。若盗他人墓茔内树者，杖一百。"②

宋代之《宋刑统》，对唐律保护坟墓权利之上述律文，几乎原封不动加以袭受。③ 宋代除对破坏墓田行为进行严厉处罚外，复规定坟墓所涉土地、林木等财产不得以典、卖等形式进行转让。如哲宗元祐六年（1091）刑部言："墓田及田内材木土石，不许典、卖及非理毁伐，违者杖一百。"④ 元朝法律亦有相似规定。如《通制条格》卷十六《田令》载皇庆二年（1313）"圣旨"云："百姓每的子孙每将祖上的坟茔并树木卖与人的也有，更掘了骨殖将坟茔卖与人的也有。今后卖的买的并牙人每根底要罪过，行文书禁断者。"⑤

明清律，尤其是清律，对于墓坟权利保护的相关立法较为丰富，其所涉内容亦较广。下面试分述如下：

第一，禁止盗墓和盗葬。盗墓和盗葬行为，关涉坟墓内财产、墓主尊严、坟地所有权、风水等诸问题，因此成为明清律严厉打击的对象，这也体现了当时法律对坟产权利进行特殊保护的立法取向。《大明律·刑律·贼盗》"发冢"条沿用唐律"发冢"罪名，并加以细化，其明确规定：

> 凡发掘坟冢，见棺椁者，杖一百，流三千里；已开棺椁见尸者，绞；发而未至棺椁者，杖一百，徒三年。招魂而葬亦是。若冢先穿陷及未殡埋，而盗尸柩者，杖九十，徒二年半；开棺椁见尸者，亦绞。其盗取器物砖石者，计赃，准凡盗论，免刺。若卑幼发尊长坟冢者，同凡人论；开棺见尸者，斩。若弃尸卖坟地者，罪亦如之。⑥

《大清律例·刑律·贼盗》"发冢"条几乎完全复制了上条律文。⑦ 另，明清律将"盗葬"行为纳入"发冢"条内予以从重处罚，其"发冢"条均

---

① （唐）长孙无忌等：《唐律疏议》，刘俊文点校，中华书局1983年版，第354页。
② （唐）长孙无忌等：《唐律疏议》，刘俊文点校，中华书局1983年版，第355页。
③ 参见（宋）窦仪等《宋刑统》，吴翊如点校，中华书局1984年版，第204、297—298页。
④ （清）徐松辑：《宋会要辑稿》第6册，中华书局1957年影印版，第5904页。
⑤ 黄时鉴点校：《通制条格》，浙江古籍出版社1986年版，第203页。
⑥ 怀效锋点校：《大明律》，法律出版社1999年版，第145页。
⑦ 参见田涛、郑秦点校《大清律例》，法律出版社1999年版，第409页。

规定："于有主坟地内盗葬者，杖八十，勒限移葬。"①

第二，禁止盗伐坟茔周边荫木，或者损毁坟墓设置。坟山荫木与普通树木异，共既是已逝祖先的尊严所在，亦具有重要的风水功能，因此明清律对于盗伐他人坟茔内树木的行为，处罚甚严。《大明律·刑律·贼盗》和《大清律例·刑律·贼盗》"盗园陵林木条"条均规定："凡盗园陵内树木者，皆杖一百，徒三年。若盗他人坟茔内树木者，杖八十。若计赃重于本罪者，各加盗罪一等。"② 坟墓之设施，亦属于特定财产，清律对其加以特殊保护。《大清律例·户律·田宅》"弃毁器物稼穑等"条规定："若毁人坟茔内碑碣石兽等，杖八十。"③

第三，明确坟地所有权的确认依据。民间的坟山争讼，诸多涉及坟地所有权，而坟地所有权归属之证明，又因坟地之时间远近有别。清代对于坟山产权格外重视，对于坟山产权的凭证，尤其是对年代久远难以辨别的坟山产权，在证据的勘查核对方面，作出了相对严格的规定。乾隆三十三年（1768）《大清律例》增例如下：

> 凡民人告争坟山，近年者以印契为凭，如系远年之业，须将山地字号、亩数及库贮鳞册并完粮印串，逐一丈勘查对，果相符合即断令管业。若查勘不符，又无完粮印串，其所执远年旧契及碑谱等项，均不得执为凭据，即将滥控侵占之人，按例治罪。④

第四，禁止卑幼子孙平治祖坟将坟地出卖，或投献尊长坟地。祖坟山地与其他土地不同，多数情况下为家族成员共有。卑幼子孙将祖坟山地擅行出卖，或将其任意投献，不仅侵害其他家族成员的坟地共有权，而且有悖宗法伦理，故清代法律对于上述行为予以严厉惩处。《大清律例·刑律·盗贼》"发冢"条规定：

> 若将尊长坟冢平治作地、得财卖人，止问诓骗人财（准窃盗论），……计赃轻者，仍杖一百。买主知情，则坐不应重律，追价入

---

① 怀效锋点校：《大明律》，法律出版社1999年版，第146页；田涛、郑秦点校：《大清律例》，法律出版社1999年版，第410页。
② 怀效锋点校：《大明律》，法律出版社1999年版，第127页；田涛、郑秦点校：《大清律例》，法律出版社1999年版，第372页。
③ 田涛、郑秦点校：《大清律例》，法律出版社1999年版，第201页。
④ 马建石、杨育棠主编：《大清律例通考校注》，中国政法大学出版社1992年版，第433页。

官；不知情，追价还主。①

清嘉庆二十二年（1817）条例，又进一步加重对此类行为的处罚，其曰：

> 子孙平治祖坟，并奴仆雇工平治家长坟一冢者，杖百徒三年；每一冢加一等，仍照加不至死之例，加至实发云贵两广极边烟瘴充军为止。得财者，均按律计赃准窃盗论，加一等。知情谋买者，悉与凡人同罪。……其子孙因贫卖地，留坟祭扫，并未平治，又非盗卖者，不在此例。②

此外，清代法律还严禁子孙将祖坟山地朦胧投献或私揑文契典卖。《大清律例》就此专设"条例"，其规定如下：

> 若子孙将公共祖坟山地，朦胧投献王府及内外管豪势要之家，私揑文契典卖者，投献之人，问发边卫永远充军，田地给还应得之人；……坟山地归同宗亲属，各管业。其受投献家长并管庄人，参究治罪。③

坟地作为一种重要的族产，一般情况下要求子孙"永远保守"，其流动性受到严格限制。正如沈之奇所谓："祖坟山地，非子孙一人可专者，亦犹他人田产也。私揑文契，即所谓妄作己业也。"④ 此亦为清代法律严禁子孙擅行出卖或投献祖宗坟地的重要缘由。

二　民间保护坟产权利之民事习惯

清末民初的民事习惯调查报告，以及各类族谱族规等，亦载有大量各地关于坟产保护的民事习惯，这些习惯规范，虽属"民间细故"，然较之于国家层面的相关立法，涉及面更广，内容也更为细致，其与国家法相映成趣，共同构成传统社会维护坟产秩序的规则体系。基于民事习惯的历史因袭性，

---

① 田涛、郑秦点校：《大清律例》，法律出版社1999年版，第410页。
② （清）薛允升著，胡星桥、邓又天主编：《读例存疑注》，中国人民公安大学出版社1994年版，第526页。
③ （清）沈之奇：《大清律辑注》，怀效锋、李俊点校，法律出版社2000年版，第232页。
④ （清）沈之奇：《大清律辑注》，怀效锋、李俊点校，法律出版社2000年版，第233页。

我们亦可从这些广泛适用于清末民初的坟产习惯中，推知传统社会坟产权利保护在民间的运作实态。概而言之，这些民事习惯主要涉及以下内容：

1. 坟产权属及其经界

前文已述及，清代条例规定，坟山权属之认定，如系近年坟山，以印契为凭，远年坟山则以查勘后的完粮凭证等为据，远年旧契及碑谱等，不得作为确认坟山产权的依据。然民间习惯却往往不止于此。如福建平潭习惯："山无出产，仅可供人造坟，山主不完粮，亦无契据，惟借其乡近山、其祖迁居最先为凭证。"光泽县习惯："远年坟山，多无契据，而凭家谱管业。"①安徽各地，多用"宗谱刊载坟地经界"，因兵燹战乱，"各户契据遗失者不知凡几，因而所有权之根据，多无契约可以证明。故每一涉讼即持谱以为凭证。"②直隶清苑县习惯：茔地图亦可作为坟地所有权之凭证，"茔地图系按家谱影像及坟冢之排列一一填载，至茔地之如何山向，或坟冢几何，护茔地几何，罔不于图内声叙祥（详）明，故持有茔地图即足为茔地所有权之确证。"③江西乐安县习惯：坟地权属及其范围，"以墓碑、界碑为凭"④。由是可见，依据各地习惯，坟地权属及其经界，其确认之依据，除契约外，复有族谱、茔地图、墓碑、界碑等。

2. 坟地的交易流转

传统的孝亲伦理要求子孙永远固守祖宗坟地，不得随意转让，清代法律亦严禁卑幼子孙平治祖宗坟地出售。因此，作为一种特种物，坟地在一般情况下被限制成为买卖的标的物。但民间因贫而典卖坟地的现象，势不能免，故坟地的交易和流转，仍在一定程度上存在。不过就各地习惯而言，坟地的交易和流转规则，仍与其他田土交易有着显著区别，其最突出的表现，就是许多地方原则上禁止坟地绝卖，即便是典卖，亦遵奉"卖地留坟"，或允许卖主日后葬坟之惯行。如奉天各县习惯："土地典售，而茔地不能随之转移。迨至年湮代远，田地彼此受授，已更数主，地内坟基，仍为该坟后裔。"⑤直隶

---

① 前南京国民政府司法行政部编：《民事习惯调查报告录》上册，胡旭晟等点校，中国政法大学出版社 2000 年版，第 317、299 页。

② 前南京国民政府司法行政部编：《民事习惯调查报告录》上册，胡旭晟等点校，中国政法大学出版社 2000 年版，第 226 页。

③ 前南京国民政府司法行政部编：《民事习惯调查报告录》上册，胡旭晟等点校，中国政法大学出版社 2000 年版，第 18 页。

④ 前南京国民政府司法行政部编：《民事习惯调查报告录》上册，胡旭晟等点校，中国政法大学出版社 2000 年版，第 258 页。

⑤ 前南京国民政府司法行政部编：《民事习惯调查报告录》上册，胡旭晟等点校，中国政法大学出版社 2000 年版，第 28—29 页。

清苑县习惯："因贫变卖坟地，有约定仍许卖主葬坟。"①黑龙江克山、大赉、呼兰、巴彦、拜泉、龙镇、铁骊等县习惯：买卖坟地，习惯上一般不许绝卖，且凭约划明坟地界址，并预留若干准原业主日后进葬之用；即便允许绝卖，卖主原祖茔之地仍归其管业，惟不得再葬新坟。②山东临沂、嘉祥两县"坟地不准绝卖"，禹城县"卖地其内有坟，应除出坟若干，并注明准原业主葬埋"③。山西祁县习惯："坟地只准典质，不准绝卖，即典质契约有载回赎年限者，逾限亦得回赎。"虞乡县习惯："葬有坟墓之地卖与他人时，不摘存坟墓，亦不承粮。"黎城县习惯："坟地绝卖，无论契约载明与否，均应留地半亩，以作祭扫之地。"④福建霞浦县习惯："已经出典之山场，于未卖断或亦未赎回之间，如果见有吉穴存在，该受典者应听原业主抽回筑坟，或卖人造坟，不得把持。"⑤陕西长安县习惯："坟地只准典质，不准绝卖。"雒南县习惯："民间买卖地亩，如地内非筑台、立坟不可，或确系葬有孤坟者，买主例将墓地划出一分或一分数厘归卖主所有，以便祭扫；粮归买主完纳，与卖主无涉。"⑥江西南昌、新建等县习惯："山土卖去，仍留已葬之坟地""买卖之标的物虽为全山，然该山已葬之坟地乃属除外，归旧主所有"⑦。

"卖地留坟"习惯的存在，一则由于长期以来法律对坟地买卖进行严厉打击，典售或卖出坟山时，将茔地周边之地的所有权或坟墓祭扫权予以保留，可以规避法律的制裁；二则因民间普遍信仰"风水"之说，随意迁坟不仅有悖礼教孝义，而且可能贻害子孙。故乡民迫不得已因贫卖地时，仍极力保留坟茔及其周边一定范围之土地，以期不失祖先护佑。

---

① 前南京国民政府司法行政部编：《民事习惯调查报告录》上册，胡旭晟等点校，中国政法大学出版社2000年版，第18页。
② 参见前南京国民政府司法行政部编：《民事习惯调查报告录》上册，胡旭晟等点校，中国政法大学出版社2000年版，第61、68、76、91、111、113、116页。
③ 前南京国民政府司法行政部编：《民事习惯调查报告录》上册，胡旭晟等点校，中国政法大学出版社2000年版，第114页。
④ 前南京国民政府司法行政部编：《民事习惯调查报告录》上册，胡旭晟等点校，中国政法大学出版社2000年版，第151、156、158页。
⑤ 前南京国民政府司法行政部编：《民事习惯调查报告录》上册，胡旭晟等点校，中国政法大学出版社2000年版，第320页。
⑥ 前南京国民政府司法行政部编：《民事习惯调查报告录》上册，胡旭晟等点校，中国政法大学出版社2000年版，第366、380—381页。
⑦ 前南京国民政府司法行政部编：《民事习惯调查报告录》上册，胡旭晟等点校，中国政法大学出版社2000年版，第260页。

3. "讨送阴地"

中国传统文化素重"入土为安",然土地占有状态在传统社会极不均衡,富者田连阡陌,贫者无立锥之地的现象并不鲜见。贫困无地之人,为安葬亲属,只能向他人讨要或借用一坟之地,这就促使了民间"讨送阴地"习惯的出现。如陕西商南县"讨土葬坟"习惯:"民间贫乏之人,寸土皆无,设遇家族死亡,即须央人到地主(指佃户对地主言)或亲朋处讨土葬坟。"[①]该省镇巴县亦有"讨送阴地"习惯:"贫乏之人无力购买坟地,则须向有余地之人讨葬坟,地主出立送字,亦有不立字据者。"下面试列该县同治年间阴地送字契据一则如下:

  立出送阴地字人周承志,今因司建富先祖由川入陕,年湮故后,乏地埋柩,央凭亲邻并备酒礼、孝帛钱五串,作成立约,向其讨要县北离城里许柿子树下段旱地一块,周围砌石注明丈尺,穿心以丈三尺为度,境内任由讨地之家埋坟,培植各色树株,送地人不得阻拦。恐口无凭,特立送字一纸,凭众付与讨地人,存执为据。

李大贵

凭证人:周承先

陈文德笔

同治三年八月十二日,出送字人周承志面立。[②]

上则契据并非土地买卖契约,并不意味着讨地人获得了坟地的所有权,原土地所有人只不过给予其一项在穿心一丈三尺土地内的"葬坟权",以及将来按时祭扫之权,并不享有占有、收益、处分该小块土地的权利。

4. 坟地风水

风水信仰是中国传统社会特有的一种文化认知系统,是"中华民族一个'爱恨交加'的文化幽灵",并成为普通民众"日常的文化与生活世界的一部分"[③]。风水信仰可具体化为人们选择、安排阳宅与阴宅(坟地)的地

[①] 前南京国民政府司法行政部编:《民事习惯调查报告录》上册,胡旭晟等点校,中国政法大学出版社2000年版,第367页。

[②] 前南京国民政府司法行政部编:《民事习惯调查报告录》上册,胡旭晟等点校,中国政法大学出版社2000年版,第379页。

[③] 陈进国:《信仰、仪式与乡土社会:风水的历史人类学探索》,中国社会科学出版社2005年版,第2页。

理方位、空间布局、营建方式等一系列理论和主张。阳宅与人类的居住环境密切相关，阴宅作为祖先的死后居所，则关乎后代能否浸润祖先遗泽。故民间对于坟地风水的选择及其维护，一向极为关注。如安徽当涂县习惯："居民于公共祖坟山内，不准族人进葬新坟，盖一经添葬，伤害公共风水。"[①]山东寿光县习惯："甲茔地与乙毗连，乙不得在自己地内穿井或建筑房屋"，以免坏甲茔风水。[②] 江西赣南各县，坟墓"无论前后左右距离远近，苟他人工作有碍风水，必群起争之"。定南县习惯："民间迷信风水，对于坟地竞争极烈。例如甲于某山先葬一坟，乙复在该山上距其坟数十丈之遥添葬一坟，甲必以骑龙截脉为词，逼令起迁，如系众家祖坟，争之尤甚，小则凶殴，大则械斗。"[③]福建连城县习惯："新筑一坟"，其相邻者恒因"坟之远近，主张有碍风龙，甚有地隔数十号，犹以骑龙跨穴之说阻挠不休，致缠讼破产而不悔者"。闽清县习惯："闽清人信风水之说，凡欲圈地造坟，其前后左右须各距离他人墓地一丈二尺以外，否则，必致涉讼。"福清县习惯："民间多信风水""葬坟稍近，相邻人每出干涉，致成讼案"。[④] 湖南益阳县习惯："人民对于坟地，深信行家之说，均谓骑葬有横断先葬者之龙脉，且女坟尤不得骑葬于男坟之上。故凡葬坟，若紧接邻地而骑跨在邻坟上者，无论男坟、女坟，均须有相距一尺之距离，始免争执。"[⑤]另如民初湖南湘潭谭氏族规规定：后葬之坟，"上下左右必离先葬者贰丈五尺，方许扦穴，永不得骑头牵脚、拦龙截脉、劈坟伤棺及盗葬插葬等弊。如违，经族长集议，登时掘出，轻按家法惩罚，重则送县究办"[⑥]。

此外，坟地风水，除涉及坟地相邻关系，民间习惯中还有"风水树""风水山"之相关禁约。如湖南新化县习惯：阴宅附近之树木，不准砍

[①] 前南京国民政府司法行政部编：《民事习惯调查报告录》上册，胡旭晟等点校，中国政法大学出版社2000年版，第236页。

[②] 前南京国民政府司法行政部编：《民事习惯调查报告录》上册，胡旭晟等点校，中国政法大学出版社2000年版，第144页。

[③] 前南京国民政府司法行政部编：《民事习惯调查报告录》上册，胡旭晟等点校，中国政法大学出版社2000年版，第242、260页。

[④] 前南京国民政府司法行政部编：《民事习惯调查报告录》上册，胡旭晟等点校，中国政法大学出版社2000年版，第301、306、3210页。

[⑤] 前南京国民政府司法行政部编：《民事习惯调查报告录》上册，胡旭晟等点校，中国政法大学出版社2000年版，第351—352页。

[⑥] 陈建华、王鹤鸣主编：《中国家谱资料选编·家规族约卷》下册，上海古籍出版社2013年版，第791页。

伐。① 热河一带，因有关风水，坟墓周围古树禁止砍伐；坟围相近之山，不准开取土石，并请地方官出示，勒诸碑石，悬为例禁。② 民初安徽黄山迁源王氏宗谱亦载："坟山树木，所以庇护风水，须时培植""如有侵伐损坏，责在当事人"③。

综上可知，民间习惯关于坟产权利保护之相关规定甚为丰富，其广泛涉及坟产权属确认、坟产流转、坟地祭扫、坟地风水等诸多事项，并与国家法相辅相成、互为补充，共同构成传统社会维护坟产秩序的规则体系。

三　传统社会坟产纠纷司法裁判举隅

在中国传统社会，户婚、田土和钱债等各类民事纠纷纷繁复杂，而围绕坟产所肇之纠纷和诉讼亦不胜枚举。坟产纠纷小则启衅乡邻，大则酿械斗巨案，诸宰民之官，莫不慎重处之。下面试胪举若干坟产裁判典型案例，以管窥传统社会坟产诉讼中司法官员对坟产权利保护的实践取向。

《名公书判清明集》卷六"户婚门"载有南宋官员吴恕斋关于坟地赎回权的一则判词：

> 又据永成诉，汝良将大堰桑地一段、黄土坑山一片，又童公沟水田一亩、梅家园桑地一段，典卖与陈潜，内大堰桑地有祖坟一所，他地他田，不许其赎可也，有祖坟之地，其不肖者卖之，稍有人心者赎而归之，此意甚美，其可使之不赎乎？此人情也。……大堰有祖坟桑地一亩，照原价仍兑还毛永成为业。④

在本则判语中，审官吴恕斋认为，祖坟之地，与其他田地迥异，虽经典卖，若日后卖主要求以原价赎回，仍享有赎回之权。其与清末民初民间通行之坟地回赎习惯，即原业主可随时赎回已经典售之坟地，且无回赎期限限制之规定并无二致。

---

① 参见前南京国民政府司法行政部编《民事习惯调查报告录》上册，胡旭晟等点校，中国政法大学出版社 2000 年版，第 358 页。
② 参见前南京国民政府司法行政部编《民事习惯调查报告录》上册，胡旭晟等点校，中国政法大学出版社 2000 年版，第 407 页。
③ 陈建华、王鹤鸣主编：《中国家谱资料选编·家规族约卷》下册，上海古籍出版社 2013 年版，第 841 页。
④ 中国社会科学院历史研究所宋辽金元史研究室点校：《名公书判清明集》上册，中华书局 1987 年版，第 166 页。

第三章 从习惯权利到法定物权：坟产所涉诸习惯权利及其在近代之处遇

明代《新镌官板律例临民宝镜》载有一则"私债执契葬坟"案判词，其大意谓：李某父将坟地一块典质于王某抵债，王某执典契欲葬坟于李某之山，彼此因是启讼。审官判曰："山有定主，谋者妄焉。债有定额，负者非矣。王某只可据理取债，不可执典契而妄葬李某之山，李某合认还父债，不可昧天理而负王之银。仰中亲邻里，速为允释，毋效鹬蚌相持。"① 本则判词实际上亦就坟地典契之效力，作出了限制性的认定，认为即使从他人处典买之坟地，仍无权于此葬坟。

另如明末祁彪佳所撰《莆阳谳牍》，亦载有一则其审理的"盗葬吞业"案判词。该案所涉案情如下：俞姓有祖坟山一所，占地百余亩。万历五年间有族人俞孔修抽出三亩卖与郑伯润，"伯润于此葬三坟，盖一房"。迨俞姓族人知晓后，虽悔之，"乃以郑属内亲，且已三坟成列，不便迁移，姑听其管业""有陈二奇者，贪为吉穴，赂伯润抽出六分卖为葬地"，偷葬之后，又使俞姓族人俞四门抽出一分之地卖给自己。然俞四门之侄俞建侯不愿卖，且不认卖契，双方因此构讼。祁彪佳审后判曰："今断伯润之得银五两，四门之得银三两五钱，尽数退还二奇，而二奇所葬之柩尽数迁移他处。不得俞四门不得盗卖祖山，即郑伯润亦不许再卖俞所卖之山""二奇姑笞儆，迁期勒在二月中"，居中各邻，"各杖决"②。本则判词，从维护坟地原业主共有权的角度，明确坟地所有权为一种特殊的不动产所有权，严厉禁止私自出卖公共祖坟山地，违者无论卖者与买者，均以笞杖惩戒之。

清代对于"发冢"行为，处罚尤为严厉，在司法实践中，甚至对《大清律例》"发冢"条进行扩大解释，严惩盗墓者以儆效尤。如《江苏成案》载有一起乾隆年间"发冢"案件：宝山县陆再盗挖朱尧青之妻李氏棺木，"此案陆再起意凿窃李氏厝棺，独自挖开砌砖，于尸棺护头上凿穿小洞，用竹棒做成夹钳，钳出尸发一绺，带出银簪头搭珠子等物"。审理该案的官员认为："虽尸身尚未全暴棺外，而棺内尸物，已遭毁窃。且该犯既已凿棺开洞，即不得谓之并未开棺见尸。既已钳取尸物，亦不得谓之仅止见棺。准情定谳，自应依例科断。"③在本案中，陆再盗墓，采取秘密手段窃取棺内财物，虽未开棺见尸，但仍以"发冢"罪名论处。

---

① 杨一凡、徐立志主编：《历代判例判牍》第 4 册，中国社会科学出版社 2005 年版，第 237—238 页。

② 杨一凡、徐立志主编：《历代判例判牍》第 5 册，中国社会科学出版社 2005 年版，第 381 页。

③ 杨一凡、徐立志主编：《历代判例判牍》第 8 册，中国社会科学出版社 2005 年版，第 107 页。

此外，清代巴县档案亦载有乾隆朝坟产讼案数件，现试将其整理如表 3-1 所示。

表 3-1　　　　　清代巴县档案所见乾隆年间坟产讼案一览①

序号	时间	案由	案情大略	裁处结果
1	乾隆二十四年	杜显贵具告蒋坤甫等占葬案	杜家将田地一块卖于蒋家，蒋坤甫从该地中抽出一分卖于戴守先。后蒋坤甫将其妻黄氏葬于杜显贵祖母坟后，仅隔五尺，戴守先则在杜显贵父亲坟前开小田一丘。经查勘，照坟茔穿心十八步之例丈明，蒋坤甫妻坟与杜显贵祖母坟，以及戴守先所开小田距杜显贵父坟，俱在十八步禁步之内	除押令蒋坤甫取具遵依，将伊妻黄氏坟迁移另埋，并饬令戴守先将杜显贵父墓前小田，照坟茔穿心十八步之例丈明填筑留出
2	乾隆二十七年	彭尔聪具告杨茂兄弟侵挖坟冢案	彭尔聪父将田地一块卖于杨茂兄弟之父，地内有彭家祖坟，但卖契并未注明禁步。后彭家外迁，杨茂兄弟在彭家祖坟旁掘堰灌田，并在彭家祖坟侧安葬其母。彭尔聪返乡，以杨茂兄弟在其坟侧掘塘积水灌冢，并坟后截脉葬坟等情，将杨茂兄弟控上公堂	饬差协同该地地保查明实情。未见堂判
3	乾隆三十五年	唐应坤控王仲一等砍伐风水树案	唐应坤具控，王仲一率子王大中等砍伐其祖坟后千百年护蓄风水大黄连古树一根，惊犯祖坟。唐应坤曾投约邻与王仲一等理论，要求赔树醮冢。约邻陈仕荣等也劝王仲一将所砍之树退还唐应坤。至于两造界址，各照红契耕管。同时呈状请求息讼销案	县正堂批：准息
4	乾隆三十六年	陈在朝控甄化鲲在坟地开路践踏案	陈再朝具控甄化鲲等不顾人家，在祖冢旁开挖新路，并在其父与祖母坟尾上践踏。地邻谢云飞等投息讼状，并邀集两造清理	县正堂批：准息
5	乾隆五十五年	王宗周状告陈宗元越占坟地垦耕案	王宗周从陈黄氏处购得阴地一穴，迁葬其父坟一所。后黄氏母子将田业卖陈宗元耕管，但陈宗元将王宗周父坟坟禁左右坟土开挖播种，王宗周由是投官具控	陈宗元越占属实，予以斥责，并谕令邻约何玉彩等踩踏坟侧三丈给王宗周管理
6	乾隆五十七年	刘天贵告谢天寿佃户等惊犯祖冢案	刘天贵因祖茔被佃户汪朝宗在坟尾之地拴牛，并在坟界禁步内垦种植；佃户袁景常拴猪在其祖坟处，拱崩坟土。因此呈状叩宪拘讯	县正堂批：谢天寿佃户汪朝宗等有无侵占刘天贵祖冢，仰约邻查

---

① 参见四川省档案馆编《清代巴县档案汇编·乾隆卷》，档案出版社 1991 年版，第 286—294 页。

在表 3-1 所列清代乾隆年间巴县坟产讼案中，地方官员的理案策略，一般是先饬差邀集地邻查勘实况，明确被告是否存在侵害原告坟产权利之行为，若属实，则判令侵权人恢复原状，或准令两造在地邻主持下调解息讼。其裁处之依据，则主要为当地坟葬习惯。

第二节 传统社会坟产所涉诸习惯权利

前已论及，在中国传统社会，尤其是明清时期，国家在立法层面对坟产权益之保护，已有相应规定，唯其稍显粗疏，且以刑事规制为主。相比较而言，民间的习惯规范对坟产所涉民事权利之保护，则更为细致和丰富。当然，从本质上而言，国家法实际上是对习惯规定的再次确认，而习惯规范则是对国家法调整不及之处的有效补充，两者交相为用，共同构成了传统中国坟产权利保护的规范体系。就司法实践言之，上述规范所确定的诸种民事权利，事实上也获得一般民众的普遍认同和官府的强力保护。当然，由于传统中国并无今日形式意义上之民法，故亦未催生出民事权利这一现代民法所特有的概念。在此，我们姑且概括地将其谓为习惯权利。所谓习惯权利，是指"经过长期的、连续的、普遍的社会实践而形成，并得到社会公认与共同信守，获得一定的社会道德权威与社会义务的保证的习惯规则中所确认的一种社会自发性的权利"[①]。大致归纳，传统社会坟产所涉之习惯权利，主要包括以下数端：

一 坟产所有权

中国历代官府均对私人的土地所有权加以保护。坟产作为一种重要的土地资源，其所有权问题同样受到国家法和民间习惯的重视。清代曾针对坟产权属确认制定了专门的规则，但由于其过于生硬，且与民间实际情形产生扞格，故各地民间习惯，亦衍生出诸多关于坟地权属及其经界确认之社会规范。正如张小也所指出："清代坟山争讼的复杂性深刻地反映了土地权利的特点""坟山的归属基本上是一种长期形成的固定态势，证明权利的则是种种民间习惯"[②]。此外，坟产还涉及坟墓构筑物以及荫木的所有权。必须指出的是，传统社会的坟产所有权，虽然具有某些当代民法上"不动产所有权"的特点，但与后者仍不能等同视之。其最突出的差别，即一般情况下

[①] 郭道晖：《法理学精义》，湖南人民出版社 2005 年版，第 97 页。
[②] 张小也：《官、民与法：明清国家与基层社会》，中华书局 2007 年版，第 229 页。

坟主后代并无对坟产进行典质、买卖和随意处分的权利。质言之，坟产所有权实际上是一种受到严格限制的不动产所有权。

其一，坟主后代无权处分作为共有产权的坟地及其相关附属物。祖坟一般涉乎族众，其与祠堂、祀产、族谱等一起构成了宗族的实体元素，并且在宗族内具有重要的象征性意义。① 由于聚族而居，坟地的占有往往以宗族为单位，由坟主后代，或家族和乡族对坟地实行共同占有。"民间的墓田最初是家庭中的普通用地，一旦作为墓田，为了保证其专项用途，便要一代一代整体传继下去，不分割也不典卖。"② 作为坟主后代的个体，其任意处分坟产或出卖旧穴，一则会破坏坟山产权的完整性，二则有损祖坟风水，故当然也会受到其他家族成员的阻挠甚或强力干涉。如福建安溪钟山《易氏宗谱》曾载有一起盗卖坟山事例：明万历年间有"易乔俊先年与兄西泉买得产山一所，各择风水一穴。今俊因欠银用度，愿将已葬风水迁起"，卖与詹象泉造坟。"易氏宗亲为此屡赴道府控究，并费银赎回了乔俊的献批及盗卖旧穴字批。乔俊等也奔逃德化。"③ 由于该坟山属家族共有，易乔俊在理论上仅享有部分产权，其迁葬卖穴之行为，自然被视为"盗卖"。该个案生动地展示了传统宗族力量如何对坟产交易形成了有力制约。

其二，坟主后代迁葬鬻坟，既有悖伦理孝道，亦破自家风水，故不轻易为之。中国几千年来以孝治天下，孝道是中国传统社会伦理道德体系的核心元素。职是之故，崇祀祖先、保护祖坟，亦成为后代最基本的道德义务。清代乡约有云："盖德莫大于泽及枯骨，惨莫甚于侵削荒坟。平世子孙无有不祭扫其先茔，保全其祖垄者。"④ 但是，在风水信仰盛行的社会氛围下，坟地风水极易成为一种稀缺资源。富者艳羡他人吉穴欲得之，贫者为存活而迁葬鬻坟，亦偶或有之，这使得坟地有时难免成为交易的对象。但出售坟地之行为，与传统孝悌观念相悖，亦遭到社会的强烈谴责。此外，风水因素也使得坟地有别于普通耕地，坟地除了土地利益之外，还蕴涵着丰富的道德情感。对于卖主而言，将祖坟起葬他迁，亦恐破自家风水，无以被祖先遗泽，故若非万般无奈，一般情况下不会轻易出售祖宗坟地。

---

① 参见冯尔康《清代宗族祖坟述略》，《安徽史学》2009 年第 1 期。
② 邢铁：《宋代的墓田》，《河北师范大学学报》（哲学社会科学版）2009 年第 5 期。
③ 安溪钟山《易氏宗谱》，民国四年（1915）重修刻本。转引自陈进国《风水信仰与乡族秩序的议约化——以契约为证》，载詹石窗总主编《百年道学精华集成》第 8 辑，上海科学技术文献出版社 2018 年版，第 459—460 页。
④ （清）佚名编：《现行乡约》，清同治年间刻本，载一凡藏书馆文献编委员编《古代乡约及乡治法律文献十种》，黑龙江人民出版社 2005 年版。

二 上坟祭扫地役权

地役权是近代中国舶自欧陆物权法中的一个法律概念，中国固有法中并无形式上的直接对应物。但一个不争的事实是，在长期的生产和生活实践中，民间仍存在涉及通行、流水、放牧、汲水等事实意义上的地役权，其主要由当事人通过契约自行约定，或者依靠民间习惯进行调整。在中国传统社会，类似于地役权方面的民事习惯，最具特色者为"上坟祭扫权"。坟墓是子孙后代对已逝先人进行祭扫之所，从私法意义上看，"坟茔所表现之人格性权利本质当属于祭祀权，但其物化形态之权利则属于无期性、无偿性土地用益物权"[①]。

为了更好地保护祖坟，确保祭扫活动能够定期和长久地进行，在土地流转过程中，又衍生出"卖地留坟"这一特有习惯，即出卖田地时一般都要将祖坟地予以保留，同时亦保留坟地主人经过他人土地、定期上坟祭扫等权利，这本质上是一项特别的"地役权"。饶有意味的是，这种祭扫权，甚至在1845年的中英《上海土地章程》中也有详细描述。该章程第五条规定：

> 商人（按：即外国商人）租定基地内，旧有华民坟墓，租户等不得践踏毁坏。遇有应行修理之处，听凭华民通知租户，自行修理。其祭扫之期，以清明节前七后八共十五日、夏至一日、七月十五前后共五日、十月初一前后共五日、冬至前后共五日为准，各租户不得拦阻，致拂人情。……其墓内共有坟墓几冢，系何姓氏，均须注明数目，嗣后不得再行添葬。如有华民坟主自愿迁葬者，听从其便。[②]

该条约文，即明确了上海地区居民在出让土地时，仍享有修理坟地、按时祭扫坟墓等地役权。此外，前已述及，民间尚有"讨送阴地"之习惯。在该种情况下，送阴地人虽仍享有该块土地的所有权，但由于该地已经送与他人葬坟，故讨得阴地之人，实际上也获得对该地所葬之坟进行祭扫的地役权。

三 逝者及其后代人格权

坟墓系祖先崇拜之物化载体，基于灵魂不灭和祖先崇拜等朴素信仰，并

[①] 刘云生：《物权法》，华中科技大学出版社2014年版，第45页。
[②] 王铁崖编：《中外旧约章汇编》第1册，生活·读书·新知三联书店1957年版，第66页。

杂糅以传统孝道文化、神灵文化、风水文化等各种文化要素,在乡土社会,在一般民众心目中,逝去之先祖,其虽已入土为安,但仍具有某种隐性的人格。因此,"祖坟是被人格化的独立于后代个人财产的特殊遗存"①。同时,祖墓除了安放祖先的体魄之外,其对于活着的后代亦具有非同寻常的意义,即祖坟乃子孙对先祖寄托哀思、"奉先思孝"的载体,并关乎后代的人格尊严。所以墓主的人格权,又进一步投射于其后代身上,转变为其仍然活着之后代的人格权益。自唐迄至明清,国家法律对"发冢"、毁尸、盗葬等行为施以重刑,而民间习惯对于毁墓、侵葬等亦有着严格的限制性规定,即隐含着保护坟墓主人及其后代人格权这一价值考量。甚至在部分地区,平毁无主坟墓之行为,亦为邻人所不容。如民初山西潞城县习惯:"无主坟墓四邻代守""地主如有任意平毁其地内无主坟墓时,该地四邻均得干涉"②。由是观之,逝者及其后代的人格权,构成了坟产所涉习惯权利中精神性权益的重要内容。

四　风水权

风水权并非现代民法上的概念,或者更准确地说,其只是中国传统社会依据民事习惯所形成的一种民事权益。风水观念内蕴着一种独特的文化逻辑和意义图式。就中国传统社会的风水习俗和风水信仰来看,风水除关涉活人所居之"阳宅",也与已逝先祖的坟墓,即"阴宅"密切攸关。祖坟"地相的吉凶或管理的良否被认为左右着子孙的命脉"③,从而成为整个家族兴衰的重要保证。坟产所涉之风水权益,主要体现在以下两个方面:其一,坟墓上及其周边之风水荫木不得随意砍伐。如遮荫风水的坟木被他人无故砍伐,坟主后代必群起攻之;其二,围绕坟地所涉及的风水相邻权不容侵害。维护祖坟风水,如制止外族和本族成员对于祖坟山的"侵葬""盗葬",以及对于祖坟风水的"截脉"行为,是全体家族成员的共同义务。

风水信仰在中国传统社会是一种独特的"文化情结",祖坟可以充分满足戚属获得风水荫庇的利益想象,故亦承载着某种不容他人侵害的精神性权益。与坟产相关的风水信仰,作为一种乡族的社会记忆或文化习惯,成为家

---

①　肖泽晟:《坟主后代对祖坟的权益》,《法学》2009年第7期。
②　前南京国民政府司法行政部编:《民事习惯调查报告录》上册,胡旭晟等点校,中国政法大学出版社2000年版,第152页。
③　[日]滋贺秀三:《中国家族法原理》,张建国、李力译,法律出版社2003年版,第304页。

族成员所认同的文化象征和意义秩序，有效地安排并制约着乡族社会一些功利性的坟产物权变动行为。[①]

第三节 坟产所涉习惯权利在近代中国之处遇

中国近代的物权立法，肇始于清末的《大清民律草案》，经由民国《民律草案》的承袭，再到南京国民政府时期《中华民国民法》的正式颁布，一个正式的、形式上较为完备的物权法律体系，得以最终构建起来。就其主体内容而言，中国近代的两部"民律草案"和一部民法典，其"物权编"主要以德日等国民法典之物权制度为立法蓝本，虽对固有法中的所有权、永佃权、典权、质、押等物权性内容有一定关照，但忽略之处甚多，导致固有物权法中许多具体的规范性内容，实际上被国家层面的民事立法所搁置。以坟产而言，其被纳入一般意义上的不动产范畴之后，附着于坟产之上的部分习惯权利，直接转化为法定物权，但较之于其他不动产所体现出的若干特有的习惯权利，则被剥离于新式法律之外。然而由于民间习惯的顽强存续能力，又导致这种新式的物权法律制度，在应对那些由来已久的坟产纠纷时，面临着"制度供给不足"的困境。因此，近代以来的坟产诉讼实践，事实上陷入了一种习惯权利与法定物权相互妥协、相互冲突，又彼此胶着的状态，其在一种程度上展示了固有法中坟产所涉习惯权利在近代中国所面临的一种尴尬境遇。

一 中国近代物权立法及部分坟产习惯权利的遗落

清末于宣统三年（1911）完成之《大清民律草案》，其"物权编"共分通则、所有权、地上权、永佃权、地役权、担保物权和占有七章。其与坟产相关联的内容主要体现如下：第一章通则第 987 条首倡"物权法定原则"，该条规定："物权，于本律及其他法律有特别规定外，不得创设。"[②] 第二章所有权部分，详尽规定了不动产之取得、转让、登记事项，不动产之使用、收益、处分各项权能，以及不动产相邻关系、共有关系等。第三章和第五章就使用他人土地之地上权和地役权问题进行了相应的规定。

[①] 参见陈进国《风水信仰与乡族秩序的议约化——以契约为证》，载詹石窗总主编《百年道学精华集成》第 8 辑，上海科学技术文献出版社 2018 年版，第 459、461 页。

[②] 杨立新点校：《大清民律草案 民国民律草案》，吉林人民出版社 2002 年版，第 129 页。下文对《大清民律草案》"物权编"之说明，均参见该页及其以下部分。

第六章担保物权部分规定了不动产的抵押和质押行为及其法律效力。第七章对不动产的占有进行了细致规定。要而言之,《大清民律草案》"物权编"首次引入了"物权法定"原则,同时赋予物权制度以动态的特征,构建了中国近代物权制度的基础性框架。① 具体到本章所探讨的坟产,其亦被硬性地纳入一个整体意义上的不动产物权体系当中,并与土地等其他不动产同质化,完全限缩为一种法定物权,而附着于坟产之上的诸多习惯权利,则游离于这个欧日版的物权制度之外。

1925—1926 年间完成之民国《民律草案》,其第三编"物权编"起草者为北京大学教授黄右昌,该新"物权编"草案在编纂体例和具体内容上,对前草案进行了以下修订:废除前草案"物权编"第六章担保物权,将抵押权、质权各立一章,并增加典权一章。② 典权的纳入,说明立法者对固有民事法已更为重视,但其对坟产典质的特殊性,并未予以任何特别规定。其他各处涉及不动产权利之规定,与前次草案大体无异。事实上,坟产所涉之诸多习惯权利,大部分仍处于一种被搁置状态。

1929—1930 年间南京国民政府颁布的《中华民国民法》,其"物权编"在进一步借鉴德国民法典的基础上,对民国《民律草案》的相关内容亦有所损益。该编共设通则、所有权、地上权、永佃权、地役权、抵押权、质权、典权、留置权、占有十章。南京国民政府中央政治会议 1929 年 10 月 30 日第 202 次会议,曾提出《民法物权编立法原则》十五条,其第一条明确规定:"物权除于本法或其他法律有规定外,不得创设。"该条原则说明亦称:"物权有对抗一般之效力,若许其以契约或依习惯随意创设,有害公益。"③嗣后公布的《中华民国民法》"物权编"第 757 条,遂完全复制了前者之相关明文,事实上再次重申"物权法定原则",并进一步明确物权不得依契约和习惯进行创设。④ 这使得未被纳入法定物权范围之内,与坟产密切相关的其他习惯权利,在立法层面仍被排除。此外,在其他各章所涉之不动产所有权、地上权、地役权、抵押权、典权等相关规定中,亦未对坟产问题有任何特别规定。须强调的是,《民法物权编起草说明书》虽指出,"我国

---

① 参见朱勇主编《中国民法近代化研究》,中国政法大学出版社 2006 年版,第 245—246 页。
② 参见谢振民编著《中华民国立法史》下册,张知本校,中国政法大学出版社 2000 年版,第 747—748 页。
③ 谢振民编著:《中华民国立法史》下册,张知本校,中国政法大学出版社 2000 年版,第 770 页。
④ 吴经熊主编:《中华民国六法理由判解汇编》第 2 册,上海会文堂新记书局 1948 年版,第 657 页。下文对《中华民国民法》"物权编"之说明,均参见该页及其以下部分。

祠堂、祭田、合伙等，均为公同共有关系，此编按照立法原则，并参酌我国固有习惯"设公同共有之规定"①。然揆诸其公同共有之相关法条，仍是将坟产的公同共有问题，纳入一般不动产的公同共有关系中予以调整，从而抹除了坟产公同共有关系较之于其他不动产的差异性。总体言之，《中华民国民法》"物权编"一如前两次草案，以法定物权为基础性框架，仅抽象出坟产的部分物权性内容，坟产所涉其他习惯权利，依然被排除在外。

传统社会坟产所涉诸习惯权利，虽以物为载体，但内嵌了财产性权益和精神性权益两方面的内容。中国近代的物权立法，则将坟产视同为一般意义上的不动产，基本剔除了其精神性权益。展开而言，仅坟产所涉部分习惯权利上升为法定物权，其余大部分，如坟产人格权益、祭扫地役权、特殊共有权、风水权等，在新的物权法律体系中基本处于一种"失语状态"。这些被遗落的习惯权利，又给其后司法实践如何妥适裁处坟产纠纷，带来了一定的困扰。

二 民初大理院对坟产习惯权利的折衷安置

在民初司法实践中，因《大清民律草案》未及颁布施行，司法机构关于物权纠纷之裁判，仍主要援用"现行律民事有效部分"。由于"现行律民事有效部分"关涉坟产保护之相关规定甚少，于此法制转型时期，民初大理院遂参酌固有之坟产保护习惯，并糅以大陆法系物权法理，借助判决例和解释例的形式，将坟产所涉习惯权利加以折衷安置。揆诸民初大理院关于坟产权利之判例要旨和解释例要旨，不难发现，其对坟产所涉之习惯权利，主要采取了以下务实的裁判策略：

第一，将"坟"与"坟地"的产权加以分离，并突破"现行律民事有效部分"的相关规定，一定程度上认可了旧契碑谱等对坟产权属的证明效力。

在固有法中，"坟"与其附着之土地其实是作为一个整体来加以看待的，坟冢是确认坟地产权的一种实体存在。近代移植于大陆法系的不动产物权理论，只明确了土地的不动产权利属性，"坟"是否可作为一种特殊的不动产，相关物权理论并未涉及。民初大理院在裁处坟地纠纷时，确认了"坟"亦为一种可与"坟地"加以分离的特殊不动产，并将此作为裁判坟地纠纷的一种法理依据。如大理院八年（1919）上字第 679 号判例要旨谓：

---

① 中国台湾"司法行政部"编：《中华民国民法制定史料汇编》下册，1976 年印行，第 574 页。

"坟与地并非必属于同一人所有，苟能证明此地属甲派所有，即不能因其地内葬有乙派下之祖坟，遂谓其所有权业已移转。"本案案情大略如下：上告人胡应柳等就其与被上告人胡尚厅等因坟地涉讼一案提起上告。两造诉争坟地内有坟茔二十余冢，被上告人诉称该地所厝之坟均系其祖坟，有业簿及粮串为凭，上告人等率众闯山冒祭，意图强占，请予查禁。上告人则辩称，该地所厝坟茔除盗葬有被上告人祖坟一冢外，其余均系自家祖坟，有业簿、粮串、宗谱等为凭。被上告人以盗葬一冢，诬称坟地为己所有，并偷砍树木，应请讯究。大理院审理后认为，本案应调阅宗谱，查明讼争地内坟茔究为何人祖坟，再审核业簿及粮串，参考其他凭证，认定该地历来由何人管业。原审认定讼争地内坟茔二十余冢，仅二冢为被上告人祖坟，其余均为上告人之祖坟，并依据历来葬坟习惯，认定该坟地不属于被上告人所有。大理院依据不动产所有权相关法理，强调"坟"与地可彼此分离，并不必然属于同一人所有。如有地属于被上告人之证明，固不能因地内多葬上告人之祖坟，即认为该地所有权应移转于上告人。原审对于地之所有权究为何人所有这一事实问题并未查清，故判将该案发回原审更为审判。① 大理院十年（1921）上字第50号判例，又再次重申了这一裁判要旨："坟之所有权与土地所有权，非绝对不可分离，如自己土地内葬有他人坟茔，确系年湮代远者，自不能不许其认坟祭扫。"② 在以上两则判例中，大理院巧妙折衷欧日物权法理和本土固有民事习惯，肯定了"坟"亦为一种可与地相分离的特殊不动产，且坟主后代享有对坟茔进行祭扫的地役权。

另，大理院九年（1920）统字第1255号解释例，就无契据坟山产权之确认，予以详细叙明，其称："证明不动产所有权，固不以契据为唯一之方法。即如历来完全行使所有权之事实，及其他曾经合法移转之证明，亦可据为证凭。"③ 大理院十五年（1926）上字第959号判例，即关于上告人楼坤等与被上告人王元炳等因确认坟地所有权上告案之判决，对于坟产权属的认定，亦在相当程度上关照了固有习惯。该案判例要旨全文如下：

> 依现行律例，远年坟山并非不得告争，惟代远年湮不免以旧契碑谱

---

① 参见黄源盛纂辑《大理院民事判例辑存·物权编》上册，（台北）犁斋社2012年版，第257—259页。
② 郭卫编：《大理院判决例全书》，吴宏耀等点校，中国政法大学出版社2013年版，第341页。
③ 郭卫编著：《民国大理院解释例全文》，吴宏耀等点校，中国政法大学出版社2014年版，第964—965页。

藉为影射之具。故如一造执有完粮印串，其山地字号、亩数及库存鳞册均能查勘相符，而他一造仅有远年旧契及碑谱等项，自不得执为管业凭据；若两造均无完粮印串，亦无山地字号、亩数及库存鳞册可以勘查，即应汇集其他证据斟酌认定，如旧契碑谱等项亦得为认定事实之资。盖各地山地情形不一，倘必以律例所载认为法定证据，凡属告争远年坟山，均须山地字号亩数相符及执有完粮印串，则未有山地字号亩数及不须完粮之处，即无绝异禁止告争，按诸立法之意旨殊不无背戾。①

"现行律民事有效部分"袭自前清旧律，其关于坟产权属认定的相关规定并不周延，未考虑到坟产权属确认中可能出现的各种复杂情形。大理院斟酌各地习惯，创制了"告争远年坟山不以执有完粮印串及山地字号亩数为限"这一判例要旨。大理院九年（1920）统字第1255号解释例，则将长期行使所有权之事实，亦作为认定无契据之坟山产权的依据。②

第二，依据公同共有的物权法理，明确了坟产的公同共有性质，但同时又赋予其一定的特殊意义。

在固有民事习惯中，坟产往往以一种公同共有的产权样态呈现，作为坟主后代的个体成员，无权私自处置坟产。民初大理院在司法实践中，亦借助判决例的形式，界定了坟产的公同共有性质。大理院四年（1915）上字第1816号判例要旨谓："茔田之性质，在现行法上亦属公同共有，而非分别共有，在公同关系存续中（即分析以前），原不准共有人之一人处分其应有之分。"在本案中，上告人石玉书就其与被上告人石翁氏因卖田涉讼一案提起上告。被上告人称，本案讼争田亩，系其独有之物，石玉叶私自盗卖于上告人，对于被上告人当然不发生法律效力。上告人则辩称，讼争田亩系石玉叶祖上茔田，本属石玉叶与被上告人所共有，石玉叶出卖其应有之分，于法当然有效。大理院经审理后认为：茔田之性质，在现行法上亦属公同共有，而非分别共有，石玉叶于坟产公同关系存续期间，擅卖其应有之分于上告人，于法自非有效。③ 此外，大理院四年（1915）上字第2267号判例要旨，则进一步细化了上述规定，其谓："茔地为公同共有性质，非遇有必要情形，

---

① 参见黄源盛纂辑《大理院民事判例辑存·物权编》上册，（台北）犁斋社2012年版，第275页。

② 参见郭卫编著《民国大理院解释例全文》，吴宏耀等点校，中国政法大学出版社2014年版，第964—965页。

③ 参见黄源盛纂辑《大理院民事判例辑存·物权编》上册，（台北）犁斋社2012年版，第426—427页。

经派下各房全体同意，或已有确定判决后，不准分析让与或为其他处分行为，违者其处分行为无效。"① 当然，坟产的这种公同共有关系，不仅限于坟地，还包括坟茔树木。如大理院九年（1920）上字第903号判例要旨明确规定："祖茔树木，非子孙全体同意，不得砍卖。"② 以上判例要旨，将物权理论中的公同共有法理，创造性地移用于坟产之上，明确了坟产之个别共有人，非经全体共有人同意而擅自处分坟产之行为，为无效民事行为。核其要义，与固有习惯关于坟产共有关系之旨趣互为暗合。

但是，需要注意的是，大理院并未将坟产视为普通的公同共有不动产，其在肯定坟产公同共同性质的前提下，又依循固有习惯，将公共坟山进葬作为一种特殊情形进行区别对待。如大理院十五年（1926）上字第963号判例要旨称："公同共有之祖茔山地，各共有人能否进葬，应以向来有无进葬事例或特别规约为断，与通常处分公同共有物概须得他共有人同意之情形，原不相同。"在本案中，涉讼坟山为公共殡葬之地，上告人应保山等为祖母营葬，被上告人应国桢等进行阻拦，两造因此涉讼。原审浙江高等审判厅认为，各共有人对于公同共有财产所施之处分行为，须征得各共有人同意，上告人在公共坟山殡葬祖母未获被上告人等同意，故判决驳回上告人之上诉。大理院审理后认为，坟山进葬，与通常处分公同共有物须得其他共有人同意之情形不同，共有人能否进葬公共坟山，应以该公共坟山之前有无进葬事例，或是否有其他特别禁止规约作为判断依据，并据此废弃原审判决，发回浙江高等审判厅更为审判。③

第三，衡诸习惯和传统，在某种程度上肯定了"坟"的身份权属性。

"茔非独祖宗体魄所藏，亦子孙命脉所系。"④ "坟"作为一种特定的不动产，与现代民法一般意义上的物不同，其以物为载体，蕴含着一种抽象意义上的精神权益。质言之，坟产其实是一种身份权或人格权益的外在表现形式。清末民初的物权立法，虽然依照欧陆物权法理，将坟产的精神权益予以剥离，但民初大理院仍采取了一种务实的裁判取向，肯定了坟产的

---

① 郭卫编：《大理院判决例全书》，吴宏耀等点校，中国政法大学出版社2013年版，第347页。

② 郭卫编：《大理院判决例全书》，吴宏耀等点校，中国政法大学出版社2013年版，第351页。

③ 参见黄源盛纂辑《大理院民事判例辑存·物权编》上册，（台北）犁斋社2012年版，第541—544页。

④ 陈建华、王鹤鸣主编：《中国家谱资料选编·家规族约卷》下册，上海古籍出版社2013年版，第514页。

身份权属性。如大理院六年（1917）民事抗字第75号判例，认定两造争执坟地内尸体案件，其第一审应由地方审判厅受理，初级审判机构无管辖权。大理院八年（1919）统字第1085号解释例和第1288号解释例，则依据上述观点对坟产的诉讼管辖权进一步予以扩大解释，认为两造争坟之诉讼，"仍系亲属事件，应归地方管辖"①。以上解释例，事实上将诉争标的物，由争尸延伸为争坟。其后，大理院九年（1920）统字第1425年解释例，又就争坟与争地之诉讼管辖权问题再作详细释明，其称："凡坟山争执，涉及祖坟，依照大理院解释，固属亲属事件，应归地方管辖，但遇有山地经界涉讼，并不以解决坟冢为前提，则在第一审固得分别判决。"②以上判例和解释例，虽然主要针对诉讼程序问题，将争坟之诉和争地之诉加以区分，认为前者涉及身份关系，应该归地方审判厅管辖，而后者仅涉及财产问题，应归初级审判机构管辖，然究其本意，实际上是肯定了坟所涉之身份权益。

三 南京国民政府时期司法裁判对坟产习惯权利的限缩与妥协

南京国民政府时期，尤其是在《中华民国民法》颁布实施以后，坟产作为一种法定物权，在法典层面得以最终确定，然坟产纠纷案件并未因之减少。斯时司法机关对于坟产纠纷案件之裁处，一方面援用相关物权法理，对坟产的习惯权利加以限缩，另一方面，又不得不兼顾普通民众的道德情感和民间行之已久的"社会共识"，对坟产的部分习惯权利进行确认，以期妥善处理该类纠纷。

1. 坟产习惯权利在司法实践中的进一步限缩

首先，坟产诉讼被限定于财产类型的诉讼，坟产的身份权属性被彻底排除。坟山争讼，一般涉及两种情况：一为告争土地权，二为系争尸骸之所属。民初大理院认为第二种情形为涉及亲属关系的人身权诉讼，适用特别程序，由地方审判厅管辖。但南京国民政府时期的修正民事诉讼律对此并无明文规定，湖南高等法院就其究应适用何项程序，曾呈函最高法院请求解释。最高法院以民国十七年（1928）第99号解释令回函称："系争尸骸案件，

---

① 郭卫编著：《民国大理院解释例全文》，吴宏耀等点校，中国政法大学出版社2014年版，第856—857、986—987页。

② 郭卫编著：《民国大理院解释例全文》，吴宏耀等点校，中国政法大学出版社2014年版，第1074页。

在现行民诉律并无特别规定,自属通常诉讼。"① 最高法院于 1928 年 9 月 11 日就上告人谢培成等与被上告人皮戬谷等因确认园地坟茔所有权涉讼所为民事上字第 858 号判例,亦纠正了湖南高等法院将该案认定为人事(身份权)诉讼的判决。其判例要旨称:"坟地诉讼虽有时涉及坟内尸体,在现行法上无认为人事诉讼之根据。"② 以上解释令和判例要旨,将两造诉争坟内尸骸之案件,亦划属于普通诉讼范畴,事实上完全否定了坟产的身份权属性。

其次,对坟产的公同共有性质,进行了限缩解释。如最高法院于民国二十二年(1933)七月十四日所判决之黄炳祥等与傅朝明等因确认山场共有权及请迁坟事件上诉案中,两造讼争之苻家山,上诉人黄炳祥与被上诉人傅朝明等各葬有祖坟,上诉人将该山之一部,即与被上诉人祖坟毗连之处出卖二厘于陈平甫添葬。被上诉人等出而讼争,主张该山系自己与上诉人共有之坟山,上诉人不能单独处分,应请确认被上诉人之共有权,并断令陈平甫将所葬之坟即行起迁。本案争议焦点为,两造系争坟山,究竟为普通共有,抑或为公同共有。最高法院依据《中华民国民法》第 819 条,即"各共有人得自由处分其应有部分"之规定,认为若该共有坟山可确认为普通共有,则各该共有人可以自由处分其应有部分,毋庸其他共有人之同意。原审浙江高等法院关于此点未予措意,将该坟山认定为公同共有,应予纠正,并据此支持了上诉人的诉求。③ 由以上判例可知,最高法院事实上将坟产的产权性质进行了区分,并未如民初大理院判例一样,将坟产完全视同为公同共有,而是根据具体证据,将坟产分为公同共有和普通共有两种情形,并且认为普通共有的坟产,各共有人得自由处分,从而在一定程度上扩张了坟产共有人对坟产的处分权。

2. 部分坟产习惯权利在司法实践中仍得到有限确认

《中华民国民法》依据大陆法系物权规则所确定的物权法律体系,难以完全涵摄中国固有法中与坟产相关的习惯权利,这又使得司法机构在应对复杂的坟产纠纷案件时,被迫采取一种妥协姿态,对坟产所涉部分习惯权利采取一种有限确认的裁判取向,这在地方司法机构的相关判决中,体现得更为

---

① 《解释系争尸骸之坟山涉讼适用何项程序函》,《最高法院公报》1928 年第 2 期。
② 郭卫、周定枚编:《最高法院民事判例汇刊》第 3 期,上海法学书局 1934 年版,第 18—19 页。
③ 参见《黄炳祥等与傅朝明等因确认山场共有权及请迁坟事件上诉案》,《司法公报》1933 年第 97 期。

明显。下面就此点分述如次：

其一，并未完全否认坟产的精神性权益。如最高法院二十四年（1935）民事上字第 2657 号判例要旨称："当事人以应否迁坟为诉讼标的者，仍为财产权上之诉讼，其因上诉所应受之利益究为若干，亦仍应以金钱计算，惟葬坟之地因与通常使用方法不同，在当事人间，恒于普通地价之外，含有精神上之价值，故计算上诉利益时，亦应将此项价值一并计入。"① 该判例要旨肯定坟产与其他不动产存在区别，认为坟产在一定意义上包含有坟产所有人的精神性权益。

其二，对于坟产权属的确认，亦在一定程度上关照了固有习惯。如最高法院就童樟银等与朱中芳等因确认坟山所有权涉讼一案，所为之十七年（1928 年）民事上字第 731 号判例要旨称："坟茔所有权与坟茔以外之山地所有权原属各别独立。"②事实上仍认可了坟茔之所有权可以独立于坟地所有权而存在，其与民初大理院的裁判思路如出一辙。此外，安徽高等法院就陈郁章与李维可因坟山涉讼上诉案所为之十九年（1930）三字第 83 号判决，则明确指出，讼争山场究属何造所有，应以该山场内之坟墓为何姓所有作为判决的先决条件。③ 此判决强调了"坟"与"地"应作为一个不动产整体加以看待的观点，其与民间习惯对于坟地权属的确认方式不谋而合。

其三，对禁止侵葬和坟茔禁步之民间习惯采取了一种迎合的态度。在安徽高等法院二十一年（1932）三字第 50 号判决中，上诉人余傅宣就其与被上诉人曹植本堂就迁坟涉讼一案提起上诉。安徽高等法院经审理认定，该讼争坟山，为被上诉人之私产而非官山，上诉人不得自由进葬，最后维持原审怀宁地方法院的判决，驳回上诉人之上诉。④ 在 1937 年湖南湘乡县的李相云诉李玉辉迁坟一案中，李相云以李玉辉新葬之坟在其祖坟坟禁范围且有碍风水为由，向湘乡县司法处提起诉讼，请求判令李玉辉迁坟。湘乡县司法处经审理认为，李玉辉所葬新坟与李相云祖坟仅相距一丈二尺，确在其所管坟禁以内，因而判令李玉辉起坟迁葬。李玉辉不服判决上诉至湖南省高等法院，但湖南省高等法院仍以同样理由驳回

---

① 《最高法院民事判例》，《法律评论（北京）》1936 年第 13 卷第 13—14 期合刊。
② 《浙江童樟银等与朱中芳等因确认坟山所有权涉讼上告案》，《司法公报》1929 年第 2 期。
③ 参见《陈郁章与李维可因坟山涉讼一案》，《安徽高等法院公报》1930 年第 5—7 期合刊。
④ 参见《余传宣因请求迁坟涉讼不服怀院更审上诉一案》，《安徽高等法院公报》1932 年第 3 卷第 1—2 期合刊。

了李玉辉的上诉。① 固有习惯严禁在他人坟地侵葬,亦对坟禁事项有着明确的可操作的规定。以上案例表明,在南京国民政府时期的地方司法实践中,对上述坟产习惯权利,仍在一定程度上予以维护。

小　结

传统中国基于自身独特的祀祖传统和文化观念,在民间长期的坟葬实践中,衍生出系列与坟产保护相关的习惯规范,部分规范甚至得到国家法的认可。从民事法律的角度来看,这些与坟产相关的民事习惯,并非仅停留于客观事实层面,而是以一种习惯权利的形式,维系着乡土社会的坟产秩序,调整着民间围绕着坟产处置和保护所形成的各种社会关系。进入近代以后,经由大陆法系民法典中物权制度的示范和牵引,中国最终在民法典层面确立了一个在形式上较为完备的物权法律体系。这种新式的物权法律体系,又对基层社会的坟产秩序产生了以下两种影响:一方面,"立法活动可能会废止自然形成的约定和惯例"②,坟产所涉之部分习惯权利,尤其是精神性权益,从法律层面渐被剥离;另一方面,由于法典法具有天然的封闭性,成文法简约化目标及立法技术又难免导致立法阙漏,当这种立法阙漏难以通过扩展性解释来加以弥补时,面对复杂的坟产纠纷,为实现坟产法律关系的有效调整,有时裁判者只能委诸固有之坟产习惯进行裁处,从而使得部分坟产习惯,仍然在司法实践中具有某种生命力。时至今日,中国基层社会的坟产纠纷依然屡见不鲜,而现行物权法律体系在调整该类社会关系时,同样存在法律的"空缺结构"。近代司法审判机关理处坟产纠纷之裁判实践,仍可给我们提供一定的启示。

---

① 参见《湘乡县政府裁荣福与宋星堂等 13 起坟山纠纷案》,湖南省档案馆藏,档案号:28-14-260,第 102 页。转引自姚澍《民事习惯在民国司法实践中的运用及其启示——以风水习惯为例》,《北京理工大学学报》2018 年第 3 期。

② [意]布鲁诺·莱奥尼等:《自由与法律》,秋风译,吉林人民出版社 2011 年版,第 22 页。

第四章

邻水耕居：中国固有法中的水相邻关系及其近代衍变

相邻关系是近代中国舶自欧陆物权法中的一个法律概念。所谓相邻关系，按诸民国学者的定义，"即不动产或工作物毗连一处，为求双方安全及便利起见，而于权利之行使，各加以束缚，俾不致互相冲突"①。所有权具有对物和对人的双重权能，邻接土地之所有人在行使所有权时，往往一方之支配权能与他方之排他权能发生抵触。法律为平衡双方利益，就土地所有权施加一定限制，以期邻接土地之所有人均能充分利用其不动产。质言之，相邻关系即相邻不动产所有人之间基于法律规定所产生的权利义务关系。从限制者角度观之，其为一种权利；从受限制者角度来看，则为一种义务。② 因近代民法以权利为本位，故德国学者称此种关系为相邻权（Nachbarrecht）。③ 水是人类生存、发展不可或缺的重要资源。所谓水相邻关系，系指土地相邻者之间"关于水之使用及疏通"的权利义务关系，④ 其"在相邻关系中最关重要"⑤。中国传统社会以农立国，水是农业生产的必备要素之一。此外，水亦与民众的日常生活密切攸关。在长期的生产和生活实践中，围绕着水流的使用和排放，往往在相邻不动产权利人之间产生相邻关系。在前近代的中国社会，虽然还未产生相邻权或相邻关系等民法概念，但一个不争的事实是，为维护公共秩序、平衡各方利益，亦产生了诸多调整相邻不动产权利人之间用水和排水关系的法律规定或习惯规范。清末以迄民国，西法如潮而入，在摹写大陆法系民法典的基础上，一个形式上较为完

---

① 刘志敫：《民法物权》，上海大东书局1936年版，第139页。
② 参见曹杰《中国民法物权论》，上海商务印书馆1937年版，第56页。
③ 参见黄右昌编《民法第三编物权法》（北大法律丛书），第72页。
④ 胡元义：《民法物权》，国立武汉大学讲义，1933年印行，第24页。
⑤ 胡长清：《民法物权》，上海商务印书馆1934年版，第19页。

备、现代意义上的水相邻关系法律规则体系最终得以确立。

关于中国传统社会的相邻关系，当代学人从宏观或中观层面有过或详或略的探讨；[①] 当然，也有学者对近代民事立法、民事习惯和司法实践中的相邻关系进行过一定的阐发。[②] 上述研究成果对于农业灌溉用水、疏水，以及邻里间日常排水等水相邻关系均有部分涉及。其实，从生产和生活经验层面来看，水相邻关系是中国传统社会相邻关系中最具典型意义的表现形式，也是中国近代以来相邻关系立法和司法实践的重要关切。但既有之相关成果对该具体问题的研究仍遗留了较大的学术空间，对于固有法中水相邻关系在近代的衍变，尤其是其与近代水相邻关系立法和司法实践之历史勾连，相关讨论并不充分。本章拟以水相邻关系为例，集中探讨以下问题：中国固有法对水相邻关系的调整机制和核心理念为何？其与中国近代水相邻关系相关立法及司法实践之间存在哪些历史勾连？此外，倘若将这一话题安置于中国近代民事法律变迁这一历史语境之中，我们又可进一步追问，水相邻关系调整方式从传统到近代的衍进，又映射出中国近代民事法律变迁中哪些为我们以往所忽视的历史意义？申言之，在与普通民众日常生产生活关联至为密切的一些领域，固有民事法与近代基于摹写大陆法系民法典所构建之民法规则，究竟存在哪些暗合抑或差异？这种法制的近代转型，又在多大程度上影响了民众的法律生活与法律观念？对上述问题进行深入研究，无疑是一件颇具学术意义的基础性工作。当然，中国近代民事法的变迁是一个较为复杂的叙事系统，这使得相关课题的研究具有极大的开放性和可解释性。而本章仅从水相邻关系的微观视角，揭示固有民事法在近代衍化的一种可能面相。

第一节　中国固有法关于水相邻关系调整之一般

中国自古以农为本，农民散居乡隅，耕稼浇园以维生计。在长期的农耕

[①] 参见蔡养军《对我国相邻关系法的历史解读》，《北方法学》2013年第1期；周立胜《中国古代相邻关系民间调整机制研究》，载谢晖、陈金钊主编《民间法》第12卷，厦门大学出版社2013年版，第192—200页；徐睿一《浅析我国古代的相邻关系》，硕士学位论文，吉林大学，2012年；任志强《明清时期田宅相邻关系研究》，《北方法学》2012年第2期；付春杨《司法实践中确认的权利——从清代相邻权的实例考析》，《社会科学家》2008年第2期；童光政《明代民事判牍研究》，广西师范大学出版社1999年版，第90—98页；等等。

[②] 参见吴非楯《近代民事立法、习惯与司法中的相邻关系》，硕士学位论文，中央民族大学，2017年；郑永福、陈可猛：《近代中国"相邻关系"中的民事习惯》，载吴宏亮、谢晓鹏主编《河南与近现代中国研究》，郑州大学出版社2010年版，第251—268页；等等。

第四章　邻水耕居：中国固有法中的水相邻关系及其近代衍变

实践中，围绕农业灌溉所需之自然流水、蓄水、引水、疏水，以及日常生活中的取水、排水、屋檐滴水等问题，固有法在立法、民事习惯层面均已形成了系列规范体系。然总体而言，立法方面的规定较为粗疏，而司法实践中围绕相关纠纷之裁处，则隐含着传统社会理处水相邻关系纠纷的核心理念和基本原则，亦折射了社会习惯和民众心理对此类问题处理的基本态度。

一　历代水相邻关系立法撷拾

中国传统社会对于毗邻农田间的相邻用水和排水关系，以及街坊邻里间的相邻滴水流水关系等，其相关立法甚少，但亦有零星体现。如《秦律十八种》之《田律》就有禁止堵塞水道的规定，其云："春二月，毋敢伐材木山林及雍（壅）堤水。"① 张家山汉简所见《二年律令·田律》中，亦有类似条文："禁诸民吏徒隶，春夏毋敢伐材木山林，及进（壅）隄水泉。"②

另，许慎曾在《说文解字》中对"潽"字作如下释义："潽，所以攤水也。从水，昔声。汉律曰：及其门首洒潽。"③ 清人段玉裁为之作注曰："攤，当作'雦'，塞也。《广雅》曰：'潽，鄾也。'……《汉律》曰：'及其门首洒潽。'盖谓壅水于人家门前，有妨害也。"④ 许慎在此处引用了一条汉律"及其门首洒潽"，据段玉裁之注，意谓在他人家门口壅水，此种行为对邻人造成了妨害。因许慎是截取式引用此条汉律，故汉律对该行为的具体规制措施我们不得而知。但许慎系东汉人，其所引汉律仍具有较高的可信度，我们亦可据此推知汉律对邻里间日常排水已有相应规制。

唐代关于水相邻关系的法律规定至为丰富，其广泛涉及日常生活和农业生产诸多层面，宋代则对其多有承袭。关于日常邻里间生活排水，《唐律·杂律》规定："其穿垣出秽污者，杖六十；出水者，勿论。主司不禁，与同罪。""疏议"曰："其有穿穴垣墙，以出秽污之物与街巷，杖六十。直出水者，无罪。主司不禁与同罪。主司不禁与同罪，谓侵街巷以下，主司并合禁约，不禁者，与犯罪人同坐。"⑤ 按诸唐律的规定，如果穿墙向街道排放污水，处60杖之刑罚；若属正常排水，则免罚；主管官员如不制止，处以同

---

① 睡虎地秦墓竹简整理小组编：《睡虎地秦墓竹简》，文物出版社1990年版，第20页。
② 张家山二四七号汉墓竹简整理小组编：《张家山汉墓竹简》，文物出版社2006年版，第42页。
③ （汉）许慎：《说文解字》，九州出版社2006年版，第907页。
④ （清）段玉裁注、许惟贤整理：《说文解字注》，凤凰出版社2007年版，第965—966页。
⑤ （唐）长孙无忌等：《唐律疏议》，刘俊文点校，中华书局1983年版，第489页。

等刑罚。《宋刑统·杂律》几乎完全复制了此条律文。① 另，《唐六典》卷七"水部郎中员外郎"条对邻地间灌溉用水亦设如下明文："凡水有溉灌者，碾磴不得与争其利……溉灌者又不得浸人庐舍，坏人坟隧。仲春乃命通沟渎，立隄防，孟冬而毕。若秋夏霖潦，泛溢冲坏者，则不待其时而修葺。凡用水自下始。"② 《宋庆元河渠令》袭之，其云："诸以水溉田，皆从下始，乃先稻后陆。若渠堰应修者，先役用水之家。其碾碨之类壅水，于公私有害者除之。"③

此外，《水部式》作为唐代中央政府颁行的一部水利管理法规，也对《唐六典》所涉农业灌溉用水未详者予以进一步具体化。其规定：

> 泾、渭白渠及诸大渠，用水溉灌之处，皆安斗门，并须累石及安木傍壁，仰使牢固。不得当渠造堰。诸溉灌大渠，有水下地高者，不得当渠（造）堰，听于上流势高之处，为斗门引取。④

以上规定，虽主要立足于水利管理，但对相邻土地间的用水排水问题亦有相当涉及。如明确农业灌溉用水不得浸人、毁人坟茔，用水顺序应由上至下、由高就低，不得防堵壅塞水源等，实际上是着意于平衡毗邻田地用水者之间的利益关系。

宋之后，元明清三代则少见关于水相邻关系的相关立法规定。

二　民事习惯中的水相邻关系规范

在中国传统社会，由于国家法在调整民间民事活动方面存在"制度供给不足"的缺陷，这就为民事纠纷的解决预留了一个"秩序真空"，从而形成一种"官有正条，民有私约"的社会治理格局。基层社会为因应解决民事纠纷之需要，产生了大量的民事习惯规范。民初的民事习惯调查文献中，载有诸多调整水相邻关系的民事习惯。下面撮述如次：

1. 田园灌溉用水、过水及排水

其一，灌溉用水。安徽桐城、南陵、舒城等县习惯：田园用水之范围，均于土地买卖契约中事先载明。其中桐城县习惯还规定，流水经过之处，两

---

① 参见（宋）窦仪等《宋刑统》，吴翊如点校，中华书局1984年版，第417页。
② （唐）李林甫等：《唐六典》，陈仲夫点校，中华书局1992年版，第226页。
③ ［日］仁井田陞：《唐令拾遗》，栗劲等编译，长春出版社1989年版，第786页。
④ 韩榕桑整理校点：《唐〈水部式〉（敦煌残卷）》，《中国水利》1993年第7期。

岸土地之所有人不得于原有水道之外多开沟渠；舒城县习惯亦特别明确，居上游者在水涨之时可筑成挡坝截用三日，枯水时得截用七日。倘下流需水急迫，只能向居上游者商量，不能擅挖他人挡埂。① 直隶清苑县习惯："地主变卖园地，两邻如不欲留买，新留主仍照旧用水灌溉，以园地未有水道者，使用水道，园邻无阻止之权。"② 江西新建县习惯："凡在高地之田，其水有余，则在低地者，即可放其余水以灌溉田亩，高田主不能阻止不放，故谚曰'上有余水下有命田'。"③ 陕西潼关县习惯："水田用水之范围""当于买卖该水田时，于买契内及其他书状根据内详载明晰""专供食用、不应灌田之水，无论经过某村，该水两岸之土地所有人不得于原有水道之外多开渠道，分水灌溉"④。按诸上述各地之民事习惯，田地灌溉用水，一般以土地买卖契约所载范围为准，下游可用上游之余水，但不得私挖坝埂、私开沟渠，占用上游之水流。

其二，过水。江西赣县习惯："灌荫田亩，如取水必须经过他人禾田时，则有两种方法，即提禾（提开禾苗）挖沟过水，或提禾筑盆过水""行使此二种方法，毋须得供役地所有者之承诺，但须择于供役地损害最少之处所为之"。使用毕后，"由使用者回复原状"⑤。浙江永嘉县习惯：田亩内进由外进过水，视为当然之事，毋庸书据设定，亦无时效限定。⑥ 以上两地习惯，均将田亩灌溉过水视为当然之理。这种过水权，实际上对水流通过地的土地所有权予以某种限制。但过水时应择对邻地造成损害最少之方式为之，若有妨害，在过水之后应恢复原状。

其三，排水。绥远五原县习惯：土地所有人对于邻地自然流至之水，每以费用设置必要的工作物，其费用由高地所有人与低地所有人共同负担，或则由低地所有人负担；若因雨水大至，则高地所有人可催令低地所有人疏通

---

① 参见前南京国民政府司法行政部编《民事习惯调查报告录》上册，胡旭晟点校，中国政法大学出版社 2000 年版，第 233—234 页。
② 前南京国民政府司法行政部编：《民事习惯调查报告录》上册，胡旭晟点校，中国政法大学出版社 2000 年版，第 19 页。
③ 前南京国民政府司法行政部编：《民事习惯调查报告录》上册，胡旭晟点校，中国政法大学出版社 2000 年版，第 239—240 页。
④ 前南京国民政府司法行政部编：《民事习惯调查报告录》上册，胡旭晟点校，中国政法大学出版社 2000 年版，第 378 页。
⑤ 施沛生编：《中国民事习惯大全》，上海书店出版社 2002 年版，第二编"物权"第七类"地役权之习惯"，第 36 页。
⑥ 参见前南京国民政府司法行政部编《民事习惯调查报告录》上册，胡旭晟点校，中国政法大学出版社 2000 年版，第 278 页。

之，如低地所有人经催告不为疏通，高地所有人得自行疏通；若水流可能损害低地时，低地所有人须自筹费用安设必要的工作物。① 陕西澄城县习惯："连畔土地，其低处地之所有人，对于高处地自然流至之水，不得任意筑堤防阻。如高处地之所有人，欲施工作开挖沟渠蓄水、泄水，必须计及低处地俾无损害；若于抵（低）处地有损害时，则低处地之所有人得阻止之。"② 以上习惯规范，一方面明确了高地所有人的疏水权，即低地所有人不得防阻高处自然流至之水；另一方面也明确了设置疏水工作物的费用分担，以及低地所有人在疏水过程中遇有损害时的救济办法。

2. 屋檐滴水

乡民筑屋毗邻而居，檐滴措置设有不当，势必大碍邻人日常生活。近代民事习惯关于此方面的规定，主要集中在以下两方面：一是关于滴水地之规定。如山东嘉祥县习惯："建筑房屋，须留滴水地二、三尺。"③山西平遥县习惯："房屋滴水地，除契载尺寸明确及界址明显者外，以距离墙根六寸或八寸为滴水地。"④ 二是关于檐滴排注之规定。河南开封县习惯："地主建筑房屋，不得使檐水注滴邻近""至市井繁盛之区，房舍比栉，或无余地可承滴水，多在檐头修一天沟，引水回流，俾入己院"⑤。山西平度县习惯："借山墙可以盖屋，其滴水不许侵入邻人地内。"⑥ 江西乐安县习惯："邻人屋上之滴水或自己屋上之滴水，两造均有关系，其契据内注有界限者，必照界限距离若干，即契内并未注明者，亦必距离二尺或三尺之遥，方可滴水。"⑦ 由上可见，关于屋檐滴水，民事习惯主要从建屋时预留滴水地和禁止将檐滴排注邻地两个方面予以规范。

---

① 参见施沛生编《中国民事习惯大全》，上海书店出版社2002年版，第二编"物权"第七类"地役权之习惯"，第39页；前南京国民政府司法行政部编：《民事习惯调查报告录》上册，胡旭晟点校，中国政法大学出版社2000年版，第418页。

② 前南京国民政府司法行政部编：《民事习惯调查报告录》上册，胡旭晟点校，中国政法大学出版社2000年版，第361页。

③ 前南京国民政府司法行政部编：《民事习惯调查报告录》上册，胡旭晟点校，中国政法大学出版社2000年版，第140页。

④ 前南京国民政府司法行政部编：《民事习惯调查报告录》上册，胡旭晟点校，中国政法大学出版社2000年版，第147页。

⑤ 前南京国民政府司法行政部编：《民事习惯调查报告录》上册，胡旭晟点校，中国政法大学出版社2000年版，第125页。

⑥ 前南京国民政府司法行政部编：《民事习惯调查报告录》上册，胡旭晟点校，中国政法大学出版社2000年版，第134页。

⑦ 施沛生编：《中国民事习惯大全》，上海书店出版社2002年版，第二编"物权"第一类"不动产之典押习惯"，第38页。

上述民事习惯，诸多由民初司法官员在审理水相邻纠纷案件时所得。可见即便在民初，这些水相邻关系民事习惯仍具有顽强的生命力。这些民事习惯，主要致力于调整乡民之间关于水流上下游毗邻田园之灌溉用水、过水和排水关系，当然也涉及街坊邻里间的屋檐排水问题。这些习惯，类似于哈耶克所说的那种"内部秩序"①，其体现了一种质朴的生产和生活逻辑，并孕育出一种客观化的秩序。

三 司法判牍和档案所见水相邻关系纠纷及其裁处

在前近代，国家层面水相邻关系的相关立法，除唐朝较为丰富和具体外，其他朝代则寥寥无几。故欲明了中国固有法关于水相邻关系调整之核心理念，以及相关民事习惯的具体运作，应从地方司法官员处理该类纠纷的裁判史料中予以发掘。

相邻土地间的灌溉用水、排水纠纷，平时尚不易发生，但一遇旱涝为灾，往往因一水之争，滋生讼事。明代祁彪佳撰辑之《莆阳谳牍》载：

> 审得吴田与周田连毗，中隔一溪，溪从两派来，至旧立之石瓣而总汇焉，以一分灌周田，以二分灌吴田，从无争隙。今周佃郑茂翰将石瓣毁坏，水多溉之周田，以致吴生一杰等告馆。合着周梦熊同吴生共修石瓣，照前遵守，还一分之水给周田，庶争端可永杜矣。②

明张肯堂所著《莹辞》中亦有一则关于相邻排水争讼的判语：

> 秋雨弥弥，沟洫皆成巨浸，潦之所经，颓垣圮室相望也。滑有什善一集，集南为路，路之稍东为庙，庙南有坑，其邻为王邦祯地，水豁地行，循路而北，庙其冲已。僧维经惧古刹之为洪涛也，筑一堤于庙侧，引水东流，以纳于坑。以为归墟良便，庸知坑不能受，而泛溢于邦祯之地……道旁之争，解纷则已，折衷论之，豁路直，而豁坑稍纡，豁路则利害均之，即同作波臣，亦是天行之数。而以邦祯之地为尾闾，不顾当

---

① 参见［德］帕普克主编《知识、自由与秩序：哈耶克思想论集》，黄冰源译，中国社会科学出版社2001年版，第95页。

② （明）祁彪佳：《莆阳谳牍》卷一，载杨一凡、徐立志主编《历代判例判牍》第5册，中国社会科学出版社2005年版，第192页。

者之难为受乎。新堤从毁,水道改正。①

以上两案,一为相邻田产所有人因农地灌溉用水肇讼,一为因筑堤排水浸漫邻人田地所启之纷争。前案中,审官判令争讼双方"共修石瓣照前遵守",即按原来双方约定的水流分配比例确定各自的灌溉用水;后案中,审官强调应遵守"天行之数",并判令"新堤从毁,水道改正",即要求筑堤引水人恢复原状,停止对邻地所有权人的侵害。

在清代司法判牍中,亦不乏相邻土地所有人因灌溉用水构讼的裁判。如李钧所撰《判语录存》中载有以下二则清道光年间的争渠纠纷案:

宜阳县民唐初泰等控僧人素喜朦断霸渠案。唐初泰等所居沙坡头村,旧有均济渠与通阳村之通阳渠轮用大崖沟水灌田,沟东有寺沟河一道,经观音寺僧人凿渠引水以浇寺田,下游入均济渠。道光元年,通阳、沙坡等村以争水构讼,经官府会勘,"令于大崖沟水口设闸凿孔,通阳用六孔之水,均济用四孔之水。撰文勒碑,以垂永久"。道光八年,唐初泰"在寺沟河下游迤北二里许,地名龙脖,另开渠道,引水灌田。又因河底多沙,不能畅注,挑通河畔寺田,使寺沟渠水直达龙脖"。官府出面干涉,断令其"填平所毁庙地。于山下出水处,与寺僧间五日轮用其接济均济渠之水"。唐初泰抗不遵断,提出上控。"未及申覆。讵初泰挟其私忿",纠集数十人擅将观音寺僧众驱逐,占据寺院。县令李钧断令:"唐初泰翻控渠案,重予掌责。惟既准其分用五日之水,若仍由山下分支,来路甚远,沙石渗漉,实属有名无实。兹断于寺僧用水后,即由灵宫殿侧,引入所开龙脖渠内。"观音寺僧人"素喜当堂抗辩""掌责以儆"②。

嵩县贡生张文灏等与职员蒋援等争渠互控案。张文灏等系该县古城村人,蒋援等世居鸣皋等村。两村均赖永安渠引水灌田。古城居其上游,有永泰渠一道,"在永安渠身,开口一尺,用水十分之三,只灌旱田,不准种稻"。张文灏等与蒋援等因水涉讼。张文灏等呈出水田文契三十八纸,谓该村地亩实系水粮。县令李钧提讯之下,认为此案要点"不在防其种稻,而在均其用水"。遂判令"于分水之处,建闸凿孔。永安用七孔之水,永泰用三孔之水。俾界画分明,不能多沾涓滴"。而张文灏等则提出愿开通渠道,

---

① (明)张肯堂:《辞》卷八。载杨一凡、徐立志主编《历代判例判牍》第4册,中国社会科学出版社2005年版,第402—403页。

② (清)李钧:《判语录存》卷三 "争渠事",载杨一凡、徐立志主编《历代判例判牍》第10册,中国社会科学出版社2005年版,第72—74页。

自向河身取水,不由永安借径。蒋援"地居上游,恐夺伊渠来路,呶呶抗辩"。李钧谓:"滔滔东注,取不尽而用不竭,况属通津,尽人利赖,私渠之水或可任用居奇,官河之水岂亦靳人分润乎?"乃将蒋援戒饬一百,以示薄惩。①

以上两案,均涉及农地灌溉用水之分配。审官李钧在审理该两案时,主要依据情理,从有利农业生产,尊重水流自然势态的立场,折衷公允地处理相邻土地间的用水纠纷。

另,清代巴县档案中关于嘉庆道光年间水相邻关系纠纷之载述亦复不少。下面试举隅如表4-1所示。

表4-1 清代巴县档案所见嘉庆道光年间水相邻关系纠纷案件一览②

序号	时间	案由	案情大略	备注
1	嘉庆八年	杨朝相等控杨正凡等挖沟争水案	杨朝相等称,其居仁里七甲,阴阳二宅,靠山来脉,大山有溪洞之水。不料杨正凡等督率佃客,将其阴阳二宅后山来脉挖断,把水放出,冲溢千余石谷田。杨朝相等邀约邻陈开元等理说,杨正凡弟兄不听劝阻,故将其告在案下。杨正凡辩称,其田居于杨朝相等之上,田水流入消坑出水。因消坑被塞,流水不出,涨淹田谷无收。无奈才雇工多人开垦山堰	未见裁判结果
2	嘉庆十六年	张大学控张大禄等截断水丘案	张大学告状称,其祖业内有古堰一条,与张大伦、张大禄共流分灌,救济田丘,历经百余年,毫无别故。岂料张大禄乘天际亢阳,将堰口过水丘截断,并将接水石砚打碎,为此赴案告官	未见裁判结果
3	道光元年	林盛奎控周伯西把阻接水行凶案	林盛奎告状称,其田业与周伯西界连处有溪河一道,其在溪河接水济田时,周伯西越界把阻,且肆凶伤人。后投约邻林玉章等理说,周伯西横不依理,愈肆凶恶,喝其子将林盛奎朋殴,拳伤胸膛、左肋等处,为此迫叩验究,以惩凶顽	未见裁判结果

---

① (清)李钧:《判语录存》卷三"争渠事",载杨一凡、徐立志主编《历代判例判牍》第10册,中国社会科学出版社2005年版,第74—75页。

② 参见四川省档案馆、四川大学历史系编《清代乾嘉道巴县档案选编》,四川大学出版社1989年版,第1—13页。

续表

序号	时间	案由	案情大略	备注
4	道光二年	陈正寿控洪芳父子挖溺害稼案	陈正寿告状称,洪芳父子正逢田涸,开沟引水以救田禾。经凭地邻说明,令洪芳父子将原水沟开通,引水入河。讵洪芳父子并不开沟疏通,陡逢暴雨,其山水砂泥由上而下,溺伤陈正寿田谷三石余,其田谷一块,亦俱成土碛。故以挖溺害稼事告官	巴县县令批:该约邻查处具复
5	道光四年	袁万富、袁万贵与何正东等挖堰争水互控案	何正东先年买得袁世书田业一分。袁万富、袁万贵弟兄并刘大元三家田地相连,各有正冲堰水灌溉,从无紊乱。今岁何正东因其正冲堰水不敷,欲在刘大元过水堰内新开一沟,接收袁万富弟兄名下堰内之水。刘大元因与袁万贵弟兄挟有仇隙,即行准其开挖,致袁万贵弟兄之父袁世斌潜至何正东家抹伤咽喉,双方因此互控到案	巴县县令判:刘大元妄自令何正东截堰,均予杖惩,将所开之堰填塞,照旧上流下接
6	道光八年	封文光控穆云升、穆云阁弟兄毁堰占水案	封文光告状称,其田与穆云升、穆云阁弟兄界连处,有小溪一道,以河心为界,筑堰溉田,均分其水,多年无紊。道光五年,穆云升弟兄截断小溪,将其界内灌溉之水越占截去。道光六年,前巴县刘县令传谕各开堰塘防旱,并颁发朱照,注明穆云升与封文光均分堰道之水。岂料穆云升弟兄藐违朱照,率众持器械拆毁堰道,将封文光界内之水,仍行占去。封文光投约邻王魁元等勘理,穆云升弟兄虎坐不睬,为此将其告发在案	未见裁判结果
7	道光十三年	周苏范等控郭定凤修造石墙,阻截水源,并不许担用井水案	周苏范等告状称,因郭定凤修造石墙,阻截水源,并不许担用井水,范世兴与其理论,郭定凤持铁揪拗,其子亦持扁担行凶。后众人邀同地邻苏保和周文中至郭家清理,定凤父子躲匿不见。郭定凤妻子称,墙已修就,不许堰水流过,具控随便。周苏范等无奈控官	未见裁判结果

续表

序号	时间	案由	案情大略	备注
8	道光十八年	朱学池、杜朝聘、周亨书因掘挖内堰争水案	朱学池具状称，其田业与周亨书界相连，周亨书又与杜朝聘相连。朱学池田业内有古堰沟一道，其水由朱学池田业流入周亨书田，再接入杜朝聘堰沟。岂料周亨书截挖朱学池田业内堰二处，致杜朝聘控周亨书并牵连朱学池，差唤拖累，为此据实察乞	巴县县令判：各方书立合约，周亨书从宽免究，日后不得阻滞，永远上流下接
9	道光十八年	刘兴邦控柳应槐阻拦放水行凶案	刘兴邦等供状称，其租佃邓明照田业耕种，业内有古堰一道，与柳应槐分放堰水，灌救田谷。道光十八年六月初六日，其往堰放水救谷，柳应槐走来阻止，不许其挖放堰水。刘兴邦投地邻刘万珍等与柳应槐理论，言明仍许刘兴邦放水灌田。后刘兴邦复去放水，柳应槐之子柳六又来阻止，刘兴邦投众理说，柳应槐率其子等前来寻凶，并将刘兴邦之子殴伤，刘兴邦遂投案具禀	巴县县令判：日后堰水仍系两家分放，柳应槐出钱一千文，以作刘兴邦子疗伤之资
10	道光二十三年	牟德荣等控牟浩把阻堰水不放案	牟德荣等禀状称：其田业与宋万顺界连，宋万顺业内有龙洞堰水上流下接，各业主凿堰接水灌田，毫无紊乱。后牟浩在堰侧插买微业，恃强欺弱，阻放堰水。左右邻人均至此堰肩挑吃水，被牟浩把持堰水不放，致堰田干涸，遂将牟浩呈控在案	未见裁判结果
11	道光二十四年	黄宗贵等控宋文兴霸截逞凶案	黄宗贵等以宋文兴霸截逞凶事，将其控告在案	巴县县令判：黄宗贵与宋文兴仍照往年合约放水，自上流下
12	道光三十年	陈子衡等控王登信闭塞堰道案	陈子衡告状称，郑文安佃其田业居耕，原有河堰一道，陈子衡田业在上，王登信之业居下，上流下接无紊。今自入夏，雨水稀少，王登信恃豪欺霸，将堰道闭塞。后郑文安疏堰救禾，王登信率子王金元及雇工扭郑文安朋殴，致其身负重伤，当昏在地，口吐鲜血。郑文安母年迈孤独，命在垂危，情出追切，奔叩验唤法究	未见裁判结果

由表 4-1 可知，清代巴县档案所见之水相邻关系纠纷，多因农田灌溉而起。因灌溉用水或日常取水与乡民生计利害攸关，故又往往引发暴力冲突。乡民一遇此类纠纷，通常并不先行告官，而是邀集地邻居中剖析理断，如挖河堰多占水流者，或霸阻水源者不听劝阻，无奈之下才会将其控至官厅。巴县官府受案之后，通常请地邻查明纠纷原委呈报。在裁断此类纠纷时，则一方面尊重当事人对于灌溉用水分配之既有合约；另一方面亦充分关照水源上流下接之自然属性，从保护农业生产和兼顾用水公平的原则出发，秉公处理当事人之间的水流分放问题。对于霸占水流之侵权行为，通常责令侵权人恢复原状，或则施以薄惩。

四 固有法调整水相邻关系的核心理念

固有法关于水相邻关系之规定，无论是国家法还是民间习惯，其中一个重要特征就是在形式上缺乏系统性和完整性。一方面，历代立法规定中虽可寻觅关于水相邻关系之零星条文，但条文间缺乏应有的逻辑关联；另一方面，乡土社会所衍生的水相邻关系民事习惯，在不同地域均有各自的表现形式。但毋庸置疑的是，无论是水相邻关系的国家立法还是民事习惯，均承载着处理该类纠纷的核心理念。此外，传统社会针对水相邻纠纷，亦有着非常丰富的裁判实践。"裁判不是命令而是理性""不是根据一时的兴致而是根据根深蒂固的信念与基本价值坚定地作出判决"[1]。因此，作为一种实践理性，传统社会司法官员关于水相邻纠纷的裁判，亦内蕴着固有法调整水相邻关系的某种核心理念。结合前文所述，我们可以推知，固有法调整水相邻关系的核心理念主要体现为以下几点：

其一，尊重水流之自然法则。从传统水相邻关系相关规则的内容，以及司法实践中处理水相邻纠纷的裁断结果中，可以发现，水之上流下接的自然属性得到了充分尊重。田园倚水灌溉，居水之上游者，不得防堵水源，一遇淫水为灾，低地之所有者，则有允许高地所有人泄水之义务。毗邻田地之所有人，亦不可擅挖沟堰，破坏水流之固有流向。凡此种种，皆体现了一种对水流之自然法则的遵奉。

其二，公允配水，以利农事。在传统中国，农事为农人的生存之本，也为官府和地方官员所普遍重视。灌溉用水为农事之首要问题。从民事习惯和司法裁判见解来看，关于田园灌溉，其用水之分配，一依毗邻各方之旧有合

---

[1] [以] 巴拉克：《民主国家的法官》，毕洪海译，法律出版社 2011 年版，第 105 页。

约为定，但倘若各方因分水不均而启讼端，地方官员亦依公平原则，在当事人各方之间酌情分配水源，充分考虑各方灌溉用水之实际需要，以维护良好的农业生产秩序。

其三，敦交睦邻，便利生产与生活。水相邻关系多发生于邻里街坊之间，其相关规则或纠纷之裁处，又大多涉及常理人情。传统社会关于水相邻关系的表达与实践，凡过水、凡排涝、凡屋檐滴水，均着意于便利生产与生活，以不对他人之利益造成实际损害为要义，体现了敦交睦邻的原则。一言以蔽之，固有法中的水相邻关系，实际上体现了一种对朴素大众道德和良好人际关系的关照。

第二节 近代中国民事立法中的水相邻关系

一 "民律草案"与民法典中的水相邻关系法律条文

宣统三年（1911）八月完成之《大清民律草案》，共分五编13章，其中第三编"物权"第二章"所有权"第二节"不动产所有权"部分，对不动产相邻关系进行了详细规定。其所涉之水相邻关系法律条文，计有13条。1925—1926年间完成之民国《民律草案》，则一如前草案，亦设五编，其中"物权编"起草者为北京大学教授黄右昌。[①] 较之前草案，民国《民律草案》"物权编"变更之处不多，在该编第二章"所有权"第二节"不动产所有权"部分，亦对不动产相邻关系进行了相应规定，并设13个法律条文对用水及排水相邻关系进行规范。南京国民政府民法起草委员会于1930年修订完成之《中华民国民法》，其"物权编"第二章"所有权"第二节"不动产所有权"部分，对相邻关系亦有详细规定。不过考虑到"土地相邻间之关系，有因各地方之习惯，无庸于民法中另以明文规定"[②]，故其关于相邻关系之法律条文，较之于前两次草案有较多删略。《中华民国民法》中的水相邻关系法律条文，计有11条。

---

① 参见谢振民编著《中华民国立法史》下册，张知本校，中国政法大学出版社2000年版，第747—748页。

② 佚名：《民法物权》，北平华北大学讲义，1936年印行，第14页。

表 4-2　　　　近代民事立法中的水相邻关系法条及其与
　　　　　　　　法日瑞民法典相关条文比较①

主要内容		《大清民律草案》	民国《民律草案》	《中华民国民法》	法瑞日民法典相关法条
排水	高地所有人之排水权	第1000条：土地所有人遇由邻地自然流至之水，不得妨阻	第775条：土地所有人遇由邻地自然流至之水，不得妨碍	第775条：由高地自然流至之水，低地所有人不得妨阻。由高地自然流至之水，而为低地所必需者，高地所有人纵因其土地之必要，不得防堵其全部	法民第640条 日民第214条 瑞民第689条
	高地所有人之疏水权	第1001条：水流若因事变，在低地阻塞，高地所有人得自以费用施必要之工事以疏通之	第778条：水流若因事变，在低地阻塞，高地所有人得自以费用施必要之工事以疏通之。前项担负费用，若有特别习惯者，从其习惯	第778条：水流如因事变在低地阻塞，高地所有人得以自己之费用，为必要疏通之工事。但其费用之负担，另有习惯者，从其习惯	法民第640条 日民第215条 瑞民第689条
	工作物破溃阻塞之排水权	第1002条：甲地因蓄水、排水或引水所设之工作物破溃阻塞，致损害及乙地或恐其及之者，甲地所有人须自以费用施必要之工事，修缮、疏通或预防之	第776条：甲地因蓄水、排水或引水所设之工作物破溃阻塞，致损害及乙地或恐其损害者，甲地所有人须自以费用施必要之工事，修缮、疏通或预防。前项担负费用，若有特别习惯者，从其习惯	第776条：土地因蓄水、排水或引水所设之工作物破溃、阻塞，致损害于他人之土地，或有致损害之虞者，土地所有人应以自己之费用，为必要之修缮、疏通或预防。但其费用之负担，另有习惯者，从其习惯	日民第216、217条 瑞民第690条
	檐滴之排水权	第1003条：土地所有人不得设置使雨水流及于邻地之工作物	第777条：土地所有人不得设置使雨水流及于邻地之工作物	第777条：土地所有人不得设置屋檐或其他工作物，使雨水直注于相邻之不动产	法民第681条 日民第218条 瑞民第686条

---

① 参见杨立新点校《大清民律草案 民国民律草案》，吉林人民出版社2002年版，第132—134、208—209页；吴经熊主编《中华民国六法理由判解汇编》第2册，上海会文堂新记书局1948年版，第672—676页；李浩培、吴传颐、孙鸣岗译《拿破仑法典（法国民法典）》，商务印书馆1997年版，第97—98、103页；[日] 梅谦次郎《日本民法要义·物权编》，陈承泽、陈时夏译述，上海商务印书馆1913年版，第58—65页；《瑞士民法》（二二）、（二三），分载《法律评论（北京）》1937年第14卷第22、23期。

续表

主要内容		《大清民律草案》	民国《民律草案》	《中华民国民法》	法瑞日民法典相关法条
排水	高地所有人之过水权	第1004条：高地所有人欲使浸水之地干涸，或排泄家用、农工业用余水，以至河渠或沟道为界，得使其水通过低地	第779条：高地所有人，欲使浸水之地干涸，或排泄家用、农工业用余水，以至河渠或沟道为界，得使其水通过低地。前项水道，须择于低地损害最少之处所及方法为之。高地所有人须对低地之损害支付偿金	第779条：高地所有人因使浸水之地干涸，或排泄家用、农工业用之水以至河渠或沟道，得使其水通过低地。但应择于低地损害最少之处所及方法为之。前项情形，高地所有人对于低地所受之损害，应支付偿金	日民第220条 瑞民第691条
		第1005条：高地所有人因使其土地之水通过，得使用高地或低地所有人所设之工作物。但须按其受益之分，担负设置保存工作物之费用	第780条：土地所有人因使其土地之水通过，得使用高地或低地所有人所设之工作物。但须按其受益之分，担负设置保存工作物之费用	第780条：土地所有人因使其土地之水通过，得使用高地或低地所有人所设之工作物。但应按其受益之程度负担该工作物设置及保存之费用	日民第221条一项 瑞民第691条
用水	所有人之自由用水权	第1016条：水源地之所有人得自由使用泉水。但有特别习惯者，不在此限	第781条：水源地之所有人，得自由使用泉水。但有特别习惯者，不在此限	第781条：水源地、井、沟渠及其他水流地之所有人，得自由使用其水。但有特别习惯者，不在此限	瑞民第704条
		第1019条：前三条规定，于土地所有人使用井水时适用之	第784条：前三条之规定，于土地所有人使用井水时适用之		
		第1020条：沟渠及其他水流地之所有人，得自由使用其水	第785条：沟渠及其他水流地之所有人，得自由使用其水。但有特别习惯者，不在此限		
	所有人使用邻地余水权	第1017条：土地所有人因其家用，得以偿金对邻地所有人请给不用之水	第783条：土地所有人，因其家用，得支付偿金，对邻地所有人请给有余之水。但在自己地内无须以过巨之费用及劳力足以得水者，不在此限	第783条：土地所有人因其家用或利用土地所必要，非以过巨之费用及劳力不能得水者，得支付偿金，对邻地所有人，请求给与有余之水	法民第643条

续表

主要内容		《大清民律草案》	民国《民律草案》	《中华民国民法》	法瑞日民法典相关法条
用水	所有人之物上请求权	第1018条：水源地之所有人，对于因工事而断绝或污损泉水者，得依侵权行为之规定，请求损害赔偿。但所断绝或污损之泉水非饮用或利用土地所必要者，不得请求回复原状	第782条：水源地之所有人，对于他人因工事断绝或污损泉水者，得依侵权行为之规定，请求损害赔偿。但所断绝或污损之泉水，非饮用或利用土地所必要者，不得请求回复原状	第782条：水源地或井之所有人，对于他人因工事杜绝、减少或污秽其水者，得请求损害赔偿，如其水为饮用或利用土地所必要者，并得请求回复原状。但不能回复原状者，不在此限	
	所有人变更水路或宽度之用水权	第1021条：水流地所有人，其对岸地若系他人所有，不得变更其水路或幅员，若两岸土地均系其所有，得变更其水路或幅员	第786条：水流地所有人，若两岸土地均系其所有，得变更其水路或幅员。但须留下游自然之水路。前项情形，若有特别习惯者，从其习惯	第784条：水流地所有人，如对岸之土地属于他人时，不得变更其水流或宽度。两岸之土地，均属于水流地所有人者，其所有人得变更其水流或宽度。但应留下游自然之水路。前二项情形，如另有习惯者，从其习惯	日民第219条
	所有人设堰与用堰之用水权	第1022条：水流地所有人，因用水有必要设偃者，得使其堰附着于对岸，但因而生损害者，须支付偿金	第787条：水流地所有人，因用水必要设堰者，得使其堰附着于对岸。但对岸因而生损害者，须支付偿金。对岸地所有人，若有用水之权，得使用前项之堰。但须按其受益之分，担负设置及保存工作物之费用	第785条：水流地所有人，有设堰之必要者，得使其堰附着于对岸。但对于因此所生之损害，应支付偿金。对岸地所有人，如水流地之一部属于其所有者，得使用前项之堰。但应按其受益之程度，负担该堰设置及保存之费用。前二项情形，如另有习惯者，从其习惯	日民第222条

  清末民初的两部"民律草案"和南京国民政府时期的《中华民国民法》，一直在继受大陆法系民法典的整体思路中进行立法创制。其文本规范的具体内容，大多依德、瑞、日等国民法为蓝本进行设计。中国近代物权立法中的相邻关系，则主要以上述两部"民律草案"和一部民法典为载体。

而其间关于水相邻关系，均设有相应的法律条文。对表 4-2 所列条文细加比较，我们亦可推知，中国近代的水相邻关系立法，表现出以下两个鲜明特点：

第一，就法律的文本表达而言，两部"民律草案"和一部民法典之间，其关于水相邻关系的法律条文，存在着一脉相承的承继关系。《大清民律草案》的 13 个水相邻关系法律条文，廓定了中国近代水相邻关系法律规范的基本框架，民国《民律草案》则对其几乎全盘袭受，而《中华民国民法》又主要是在前者的基础上稍加损益而就，其实质性内容并无二致。当然，值得特别注意的是，较之于《大清民律草案》，民国《民律草案》除在排列序位和个别用语表达上有所改进外，亦在若干重要事项上强调了"特别习惯"在处理水相邻纠纷时的优先适用序位，借此调和法律与习惯的冲突，《中华民国民法》于此一仍如故。

第二，中国近代民事立法中的水相邻关系法律条文，摹写日本民法典的痕迹最为浓重。由于德国的水相邻关系法律调整主要是借助特别立法、各州立法以及民事习惯法来实现，故德国民法典中难觅水相邻关系的具体条文，而瑞士、法国等国民法典又大多止于概括性规定。比较而言，日本民法典中的水相邻关系条文则最为详备。因《大清民律草案》"物权编"主要出自日本法学家之手，故这种立法上的文本复制，遂不能免。

二 中国近代民事立法中水相邻关系的主要内容

通览《大清民律草案》、民国《民律草案》和《中华民国民法》之水相邻关系相关法律条文，可将其涉及的主要内容归纳如下：

1. 排水之权利义务关系

第一，高地所有人的排水权和低地所有人的承水义务。水性就下，由高地流入低地，乃水之本性使然。按此自然法则，由高地自然流至之水，低地所有人负有不得妨阻之义务。此种义务，为承水义务，然对于高地所有人而言，则为排水权。[①]《大清民律草案》第 1000 条立法理由云："土地所有人若图一己之利益，任意修筑堤防，开凿沟渠，妨阻由邻地自然流至之水，邻地必变为泽国，渐成废土，既有碍公众之卫生，且有害国家之利益。"[②] 相应地，低地所有人遇有需水之情形，高地所有人不得任意妨堵水流，于土地使用上纵有必要，亦不得妨阻其全部。即高地所有人负有排水之义务，低地

[①] 参见刘鸿渐《物权法论》，上海会文堂新记书局 1937 年版，第 108 页。
[②] 怀效锋主编：《清末法制变革史料》下册，中国政法大学出版社 2010 年版，第 679 页。

所有人享有承水之权利。

第二，高地所有人的疏水权。低地所有人对于自然流至之水，仅负不得妨阻之消极义务，并无设法疏通之积极义务。若低地所有人因其所为妨害高地自然流至之水，高地所有人有要求排除妨害的权利，但若因自然原因致水流在低地阻塞，高地所有人可施必要之工作物疏通之，此亦为一种疏水权。此时低地所有人纵受损害，不得请求赔偿。但高地所有人为超过必要范围之行为所生之损害，须负赔偿之责。[①]

第三，工作物破溃阻塞之排水权。土地因蓄水、排水或引水所设之工作物破溃、阻塞，致损害他人之土地或有致损害之虞者，土地所有人应以自己之费用，为必要之修缮、疏通或预防。此种规定，主要为保护邻地所有人之排水权起见。

第四，檐滴之排水权。关于檐滴之排水权，自罗马法以来既已有之，其理由以各土地所有人，对于自己地上之水，仅有任其自然而流之权，如因设置屋檐或其他工作物，使水流入邻地，则邻地所有人无承水之义务，故设置屋檐或其他工作物时，务使雨水流入自己地内，不得流注邻地，就邻地而言，则为排水权。[②]《大清民律草案》第1003条亦规定，土地所有人不得设置屋檐或其他工作物，使雨水直注于相邻之不动产。该条立法理由云："邻地虽有承水义务，然设置工作物使雨水直下至邻地，若令邻地亦不与较，是亦加重其义务，有害邻地之土地。故特设本条，不使土地所有人设置此等工作物。"[③]以上条文，民国《民律草案》与《中华民国民法》袭之。

第五，高地所有人之过水权。关于过水权，德国让诸于地方特别法和习惯法进行调整，法国亦由疏水或灌溉之特别法加以规定，故德法两国民法典对此均无明文。日本和瑞士两国民法典则设有相应法条。其实，低地所有人有承水之义务，相应地，于高地所有人而言，则为过水之权利。法律之所以有此规定，仍为人类卫生及利用土地起见。[④] 高地所有人因使浸水之地干涸，或排泄家用、农工业用之水于河渠或沟道，得使其水通过低地。但须具备以下要件：一是其所有地不接河渠沟道；二是所有地与相邻地间有高低；三是有使浸水地干涸或排水之必要。具备上述要件，土地所有人得以人工之

[①] 参见刘鸿渐《物权法论》，上海会文堂新记书局1937年版，第112页。
[②] 参见黄右昌《民法诠解——物权编》上册，上海商务印书馆1947年版，第137页。
[③] 怀效锋主编：《清末法制变革史料》下册，中国政法大学出版社2010年版，第679页。
[④] 参见黄右昌《民法诠解——物权编》上册，上海商务印书馆1947年版，第139页。

方法排水，但须择于低地损害最少之处所及方法为之，并须支付偿金。① 此外，土地所有人因使其土地之水通过，可使用高地或低地所有人所设之工作物，但应按其受益程度负担该工作物设置及保存之费用。

2. 用水之权利义务关系

第一，水源地和水流地所有人的自由用水权。《大清民律草案》第1016条规定了水源地所有人的用水权。该条立法理由谓："土地之所有权及于该土地之上下，故其地上有泉水水源，所有人得自由使用之。"②但是，水源地所有人之用水权，虽为当然之理，亦受各地习惯之限制。关于水流地所有人的用水权，德国民法典未设相关规定。日本民法典认为水源地之所有人当然有用水之权，毋庸立法规定，但考虑到水以就下为本性，其自发源地流出后，即为无主状态，与水源地所有人已无关系，其不得借口水流发源于自己境内，而阻碍他人对水流之使用，故规定了水流地所有人的用水权。③《大清民律草案》第1021条亦作如是规定。民国《民律草案》和《中华民国民法》袭之，除明定水源地所有人有用水权外，也规定了水流地所有人的用水权。

第二，所有人使用邻地余水权。源泉涌出之水，未必通过各相邻所有人之土地。故一水源地有余水，而邻地所有人因其家用或利用土地之必要，需耗费过大财力或劳力得到所需之水时，可支付一定费用得到水源地所有人之余水。立法上设此规定，主要基于维持公私之利益，不使用水人损失过大。

第三，用水权人之物上请求权。水源地或井之所有人享有用水权，若他人因开凿土地、营造房屋或其他工事，将土地所有人之泉源断绝或污染，可依侵权行为之法则要求加害人恢复原状或承担损害赔偿责任，以保护水源地或井之所有人的利益。

第四，所有权人变更水路或宽度之用水权。水流地之两岸为不同所有人时，两岸之任何一方所有人，不得变更原有之水路或其宽度。此为对流水地所有权的限制。如若许其变更水路或宽度，"不仅有时害及下游地人之利益，即上游地人之用水权受害有时亦所难免"④。但水流地的两岸属于同一所有人时，所有人可以任意利用水流，包括变更水流或其宽度，此为土地支配权使然。当然，对于下流低地之水流，必须顾及应留自然之水路，使下游

---

① 参见曹杰《中国民法物权论》，上海商务印书馆1937年版，第59—60页。
② 怀效锋主编：《清末法制变革史料》下册，中国政法大学出版社2010年版，第682页。
③ 参见曹杰《中国民法物权论》，上海商务印书馆1937年版，第61页。
④ 曹杰：《中国民法物权论》，上海商务印书馆1937年版，第63页。

低地不致受害。此外，法律虽作如是规定，但地方上另有习惯，则从其习惯。①

第五，所有人设堰与用堰之用水权。此点涉及两层权利义务关系：其一，水流地所有人有设堰之必要，而对岸为他人之所有地时，可使其堰附着于对岸，但对于因此所生之损害，应支付赔偿金；其二，对岸之土地所有人如水流地之一部分为其所有，可使用他人所设之堰，但应按其受益之程度负担堰之设置及保存的费用。②

由上可知，近代中国关于水相邻关系立法的具体内容，主要以"权利—义务"为主要架构，以调整水流上下游之土地所有人的权利和义务为要旨。当然，就其立法内容而言，也体现了充分尊重水流之自然属性，最大化实现土地利用价值，以及维持社会公益等意图。

第三节　近代中国民事司法实践中的水相邻关系

《大清民律草案》因清覆亡而未及颁行，故实际上被搁置。民国元年，时任司法总长伍廷芳，曾咨请参议院将前清制定之民律草案，及其他已颁布之法律，除部分与民主国体相抵触者外，要求大总统咨由参议院承认，以命令加以公布，以为临时适用之法律。但参议院以民律草案于前清并未颁布，无从援用为由，要求民事案件仍照前清现行律中规定各条办理。③ 民国《民律草案》制定后，则经司法部通令各级法院作为事理援用。④《中华民国民法》于1931年全面正式施行，成为当时各级司法部门民事裁判的重要成文法依据。那么，在清末民国时期，司法实践中对于水相邻纠纷的裁处，究竟呈具何种实态？中国近代通过民事立法所确立的水相邻关系法律条文，其适用状况究竟如何？下文将结合各类典型纠纷样态及其裁判结果予以探讨。

一　防堵水源和拦阻下游用水纠纷

清末民初在江苏句容县任县令和民政长的许文濬，曾审理了两起防堵水源和拦阻下游用水纠纷案件。前者为李定胜筑断水坝案。该案缘于居于上游

---

① 参见华懋杰《民法物权释义》，上海会文堂新记书局1936年版，第37页。
② 参见刘鸿渐《物权法论》，上海会文堂新记书局1937年版，第120页。
③ 参见中国台湾"司法行政部"编《"中华民国"民法制定史料汇编》下册，1976年印行，第1—3页。
④ 参见谢振民编著《中华民国立法史》下册，张知本校，中国政法大学出版社2000年版，第748页。

徐堰之李定胜，"将徐坝径自筑断"，致使"下流之萧家坝水源顿枯"。许文濬经讯断后认为，虽然"李定胜所执田契但载食水徐坝，既未填明上坝，亦未声明独管"，而居于下游之"高凌云等田照又明明有'食水徐坝'字样"。最后判定"李定胜原筑埝基自应一律铲平，以息争端而复旧制"①。后者为郭廷玉阻拦他人车水案。该案原告"钟桂兰等承田执照载明'田四亩、地四亩，食水营塘'字样"。由于"水干土裂"，其田地得由营塘车水，而郭廷玉肆行阻拦。许文濬判令：若郭廷玉"再敢抗阻，定即提案起诉"②。在处理该两起纠纷案件时，许文濬于前案中断令李定胜铲平其所筑埝基以复旧貌，体现了对水流自然规则的尊重；在后案中则基于保护农业生产之需要，饬令上游不得妨阻下游车水。

江苏吴县地方法院1926年的一则民事判决书亦载：上诉人钱广仁声明："官塘大河为天然水利，人人可得使用"，今被上诉人李良福"于葛庄塘筑土坝二道、后塘圩筑土坝一道，阻碍上诉人之用水"。吴县法院经审理后认为：被上诉人所筑"土坝即系新筑""故无论与被上诉人有何利益，自不能妨碍上诉人之用水"。故判决被上诉人"所筑葛庄塘土坝二道、后塘圩土坝一道全行拆除"③。该判决同样体现了尊重水流固有势态，合理平衡上下游用水利益的裁判取向。

另，1932年河南省高等法院受理并判决了李全育等与谷长清等因水利涉讼一案。该案具体案情如下：李家楼村在张五家庄之西，两村村北有石河一道，西北旧有广济渠援引河水以灌李家楼村之田。后因退水之故，李家楼村又在村西北就广济渠开凿开禧渠。张五家庄则利用退下之余水以行灌溉。1930年春，李家楼村为防匪，将开济渠渠身设堰阻水，并在广济渠与开禧渠之间挖掘壕沟，致张五家庄用水困难。张五家庄由谷长清等以渠长身份在宝丰县提起诉讼，县堂判李家楼村应用村西蔡沟河水灌溉村西之田，如水势较小准其设置秸棒三架汲水补救，新堰拆消。李家楼村不服，向河南省高等法院提起上诉。该院经审理认为，两造系争之广济渠原为李家楼村所有，其自得任意为有利于自己之使用，并据此驳回张五家庄在第一审之诉求。④该案一二两审之判决颇值玩味，第一审基于保护农业生产之需要，作出了平衡

---

① 许文濬：《塔景亭案牍》，俞江点校，北京大学出版社2007年版，第96页。
② 许文濬：《塔景亭案牍》，俞江点校，北京大学出版社2007年版，第225页。
③ 谢森、陈士杰、殷吉墀编：《民刑事裁判大全》，卢静仪点校，北京大学出版社2007年版，第136—137页。
④ 参见《判决李全育等与谷长清等因水利涉讼一案》，《河南司法公报》1932年第17期。

双方用水利益之判决，第二审则以保护沟渠所有权人的自由处分权为由，废弃了原审判决。

二 掘堰开挖河道纠纷

江苏高等法院1929年的一则判决书载：上诉人范正等和被诉人即附带上诉人丁子鸿等，因水利涉讼不服如皋县政府所为第一审判决提起上诉。上诉人声称："两造系争直沟，南北两端各置码头一座，中间蓄水，历系两造公用"。民国十五年（1926）间，被上诉人之父"擅将直沟南码头挖毁，沟水外流，影响上诉人田亩至巨"。被上诉人辩称："原蓄之水不敷应用，非疏浚沟底，开放南码头引河水入内，不足以资灌溉"。江苏高等法院经审理认为，系争水沟既系两造共有，在未征得上诉人同意以前，被上诉人无擅行变更码头之权利。最后改判丁子鸿等恢复原状。[①]

1934年云南省实业厅审理了澄江县徐廷华与张国安等争水涉讼一案。该案案情大致如下：猫耳村在朱官营村旁筑堰塘浇灌该村田亩，但塘内之田，为朱官营村所有者居大部。因筑塘之后，朱官营村不无损失，故朱官营村村民挖毁塘埂，此又影响猫耳村灌溉，双方因此屡起讼争。1933年，朱官营村村民暴如敬等，复将塘口挖开，猫耳村村民张国安等，以其擅撤塘水，诉状于云南澄江县政府，该县政府以系争之塘，既非新筑，且关系下游水利，自应照旧规履行。不过为兼顾双方利益起见，又饬令猫耳村于惊蛰节令团塘积水，其水量以达到塘口石之第五层为度，不得淹没朱官营村种豆麦之田，至清明后，小春已收，可增加塘水至塘口石。又开塘期间，须在小满节令以内，不得妨碍朱官营村之芒种栽插。此外，猫耳村享受水利各户，年纳朱官营村水租谷一市石。朱官营村以其损失较巨，每年仅得租谷一市石，不足以资补偿，不服该县政府所为判决，向云南省实业厅声请诉愿。云南省实业厅裁决如下：除将租谷一市石改为五市斗外，其余仍依初审判决。[②]

在以上两案中，前案之裁判，从处理水相邻关系的基本原则出发，明确了用水人应充分考虑相邻用水人的利益，不得擅掘共有沟堰损害他人利益；在后案中，裁判者亦是基于最大程度平衡上下游用水利益之考量，一方面明确下游不得擅掘上游塘堰，另一方面又出于保护农业生产之需要，要求上游在处置水流时，应顾及下游的用水需要，若对下游造成损害，应给予适当

[①] 谢森、陈士杰、殷吉墀编：《民刑事裁判大全》，卢静仪点校，北京大学出版社2007年版，第151—153页。

[②] 参见《澄江县张廷华与张国安等因争水涉讼一案》，《云南省政府公报》1935年第53期。

补偿。

三 排水纠纷

民初大理院三年（1914）民事上字第 323 号判例载：上告人桂益胜不服湖北高等审判厅就其与被上告人李树华因泄水涉讼一案所为第二审判决提起上告。本案上告人之田地居于上圩，被上告人之田居于下圩。被上告人阻拦上告人泄水。大理院经审理认为，上圩地势较高，积水自应宣泄，如果上圩左近东西两河，疏浚花费较巨，又难以畅行无阻，则下圩应负使水通过之义务，虽有损害，不得拒止。如果东西两河疏浚较易，所需劳费较之下圩泄水所需设备赔偿费更少，则上圩之水自可直出东西两河，毋庸许其通过下圩。原审对此未加认真审究，故将原判撤销，发回重审。并据此归纳以下判例要旨：

> 凡高地所有人为干涸浸水地或排泄余水起见，得选择低地损害最少处所，并用损害最少方法，使其水通过低地；如低地所有人受有损害，应支付其赔偿。此盖相邻人关于水流本其相邻关系所有之权利义务。是故高地积水之宣泄，若就自地邻近公共河流略事疏浚即可有效者，自毋庸许其通过别项有主之低地；如果别无宣泄之路，或邻近公共河流，而疏浚之劳费过钜者，则虽有主低地，亦自不能不许其通过，惟于通过之际，须择损害最少之处所为相当宣泄之设备，而并须补偿其损害，以期平允。①

另，大理院五年（1916）民事上字第 1318 号判例，亦比较清晰地展现了当时司法机关关于这一类纠纷的裁处思路。该案案情大略如下：上告人吕廷楷等与被上告人即附带上告人蔡青莲等因水利涉讼一案，不服湖北高等审判厅所为第二审判决声明上告。吕廷楷等处于下游的东河，蔡青莲等居于上游之西河。吕廷楷等在东河上设闸塞断水口，将上游西河由高地因山洪冲溃自然流入之水加以妨阻，双方因此肇讼。大理院经审理认为，因西河于两旁再行筑坝，而东口不免受其影响，除西河应再筹善法确能和缓水势外，应准东河两旁再行筑坝，或则准东河重修横闸，但应加以适当之限制，以不损及他人为度。原审并未查明以上情形，遽行判令上告人吕廷楷等恢复水道，故将原判撤销发回重审。大理院据该案判决归纳的判例要旨为：

---

① 黄源盛纂辑：《大理院民事判例辑存·物权编》上册，（台北）犁斋社 2012 年版，第 143—146 页。

土地所有权人不得妨阻由邻区自然之流水,故低地所有权人有妨阻此项流水行为者,高地所有人有对之主张排除之权利。惟高地所有权人,若因所施水之工作有破坏或阻塞情形,致低地蒙其损坏,或有蒙受损害之虞者,低地所有权人对之亦得请求修缮、疏通,遇有必要时,并得于适当程度内,为预防损害之工作。[①]

以上两则判例要旨,究其内容,前者与《大清民律草案》第1004条之规定并无二致,后者与《大清民律草案》第1000条和第1002条之规定如出一辙,明显是将上述法条据为条理加以引用。

四 井水取用纠纷

水井不仅仅是一种生活设施,也是构成一般民众生活空间和公共交往基础的重要元素。人们在长期的共同生活中,围绕着饮水井的使用,形成了一系列习惯规则,其体现了一种最基本的生存伦理。[②] 对街坊邻里而言,对于私人所有的饮水井,大家依然可以无偿使用。如在山西潞城县,村中碾、磨、水井,虽系有主之物,但无论何人皆能无偿使用,该物主不得拦阻,故俗有"碾磨千家用、打水不用问"[③]之谚。事实上,这一习俗在中国传统的乡土社会,都是一种通行的习俗。近代的水相邻关系立法,基于物权规则,明确了水井所有人得自由使用井水,但亦规定,有特别习惯者,不在此限。因此,如何调和土地所有权和邻人井水取用权之关系,成为近代司法裁判中值得关注的一个问题。

清末钱塘初级审判厅曾受理了一起互争井水案。在此案中,王锡荣买得田姓基地,内有食井一口,其"拟欲按基圈井"。这本属土地所有权人应有之权利。但钱塘初级审判厅审理本案时认为:查该井向归公用,邻近居民日常汲水者不下数百户,是汲水地役权早因时效而取得。王锡荣"不得独自主张其所有权而置此地役权于不顾"。虽然当时民法尚未颁布,"而习惯即为立法之基础""今证之法理既如此,揆之心理又如彼"。最后折衷起见,"将邻近居民新建之'惠民古井'等字样概行撤消,特书'王氏惠民古井',

---

[①] 黄源盛纂辑:《大理院民事判例辑存·物权编》上册,(台北)犁斋社2012年版,第229—232页。

[②] 参见朱洪启《华北农村饮水井的社会文化分析》,载杨舰、刘兵主编《科学技术的社会运行》,清华大学出版社2010年版,第154页。

[③] 前南京国民政府司法行政部编:《民事习惯调查报告录》上册,胡旭晟点校,中国政法大学出版社2000年版,第152页

一以表明所有权之界限,一以保护地役权之存在"①。由此案可知,裁判者虽然引入了地役权这一概念,但实际上是依据习惯和生存伦理,肯定邻里对他人所有之水井的取水权利。

另,大理院六年（1917）统字第677号解释例,对此问题亦作了详尽说明,其云:

> 查民事现在继续有效之现行律载,京城官地井水,不许挑水之人把持多家,任意争长价值,及作为世业,私相售卖等语。兹就民事言,该律例对于以官地井水营业者,明禁其有分段专售之权。以此比例类推,私地井水,虽所有者可以自由营业,而把持售卖,则为贯彻律例保护一般市民之精神,亦当然应认其同归禁阻,是法有明文,即令习俗相安,仍未便显然悖反,此种惯行,即不能认为权利,而予以积极之保护。②

由此解释例可知,大理院通过援用《大清现行刑律》"民事有效部分",从尊重习惯的立场,明确了私地井水,虽然所有者可以自由营业,但不能认为是一种权利。实际上是借习惯之规定限制水井所有人的所有权。

梳理以上裁判资料可以发现,中国近代司法机关裁处水相邻关系纠纷的司法实践,其实与传统中国司法官员的裁判策略,并无本质的区别。即便是在《中华民国民法》正式颁布之后,裁判文书中引用水相邻关系相关法条作为裁判依据者,亦极为鲜见。虽然民初大理院通过民事判决例的形式将《大清民律草案》中的若干相关法条据为条理加以引用③,但细加揣摩,其仍为基于情理和生存伦理上的一种解释展开。近代水相邻关系纠纷司法裁判实践受到新式立法的影响甚微,个中缘由,乃是因为固有法中的水相邻关系作为一种"内生秩序",立足于农耕生产和生活实践,在生产方式并未发生

---

① 汪庆祺编:《各省审判厅判牍》,李启成点校,北京大学出版社2007年版,第89页。
② 郭卫编著:《民国大理院解释例全文》,吴宏耀等点校,中国政法大学出版社2014年版,第621页。
③ 除前文所述大理院三年（1914）上字第323号判决例和五年（1916）上字第1318号判决例外,民初大理院创制的相关民事判决例还有5条。如六年（1917）上字第180号判例要旨谓:"公河之使用应各得其平。"六年（1917）上字第195号判例要旨谓:"一造使用公河致他造不得使用者。须酌贴以设立用水工作物之费。"六年（1917）上字第850号判例要旨谓:"高地所有人负疏通低地水流阻塞之义务。"六年（1917）上字第1004号判例要旨谓:"水流地所有人得使用公共流水""对岸地所有人得使用他人之水堰。"四年（1915）上字第2287号判例要旨谓:"农户（土地所有人）不得因筑塘而害及他人晒盐之权利。"参见郭卫编《大理院判决例全书》,吴宏耀等点校,中国政法大学出版社2013年版,第337—341页。

显著变化的近代，基于某种历史惯性，其仍具有一种非常强劲的生命力。此外，中国近代水相邻关系的新式立法，较之于固有法中的水相邻关系规范，其核心理念并无二致，加之新式立法明确了"特别习惯"的优先适用，使得两者并未产生明显冲突。王泽鉴曾云："中国人民素重睦邻，虽受侵害，亦勉予忍受，不愿主张其权利，避免他方借端寻衅，以图报复，彼此交恶"，近代以来的相邻关系法，其相关规定"究竟发挥多少规范功能，有待探讨"①。具体到本部分所探讨的水相邻关系，更是如此。

小　　结

在前近代的中国，基于农耕社会的生存伦理，围绕着水流的使用和排放问题，孕生出了一种客观化或习惯性秩序。乡民受这种秩序的影响，使得其生产生活呈现出一种独特的节奏，进而形成独特的生活空间。清末以迄民国，随着中国近代民法法典化的初步完成，一个在实质内容上与固有法并无显著区别的水相邻关系法律规范体系，最终被楔入民法典之中。然相关实证经验又同样表明，这种贩自域外，完全符合形式理性要求的新式立法，在司法实践中却并未展示出其预期的规范功能。究其缘由，乃是因为两者虽然表现形式互异，但核心理念则互为暗合，即均体现了一种对自然法则和生存伦理的应有尊重。

此外，近代立法中的水相邻关系法律规范，由于继受自大陆法系民法典，故以"权利—义务"这一基本架构为其主要支撑，其与中国的大众情感产生扞格。"在西方，法律与权利是密不可分的，甚至可以相互解释。"②而传统中国以"礼治"格局为基本特征，人民没有西方那种与生俱来的超自然绝对的权利观念，也没有西方那种视权利为神圣的权利本位思想，法律本质上并非私人权利救济的工具。正如陈顾远所言："因我国向以义务为本位，极端摒弃权利观念，自无以权利为本位之民法存在。"③因此，这种基于权利本位的近代水相邻法律规范，作为一种超文化立法的产物，自然难以获得普通民众在情感上的支持。

---

① 王泽鉴：《民法概要》，中国政法大学出版社2003年版，第508—509页。
② 张中秋：《中西法律文化比较研究》，南京大学出版社1999年第2版，第342页。
③ 陈顾远：《中国文化与中华法系》，三民书局1977年第3版，第193页。

第五章

从家长权到亲权：变动的亲伦秩序与法律秩序

亲子关系法属于亲属法的核心内容之一。亲子关系法着眼于调整父母与子女之间的亲伦关系，此种关系，无论基于自然之血统，抑或法律之拟制，皆以相互间的权利义务为要旨。而父母对于子女之权利和义务，则统称为亲权。早期欧洲的亲属制度，亦以强固的家父权为中坚，对家中子女之权利，悉数操诸于家父之手，而子女之养育，一以家之赓续繁荣为主要目的，故可谓"以家利益为中心之子女法"；洎乎中世纪，"上述之家父权，渐移转于生父"，"家利益之子女法"遂渐变为"生父母利益之子女法"；迨至近代，欧洲各国之亲属立法，"均一变其中世纪以来之态度，即由生父之手，褫夺其对子女之生杀权，易以子女利益为中心之法制"①。职是之故，近代以来欧洲各国之亲权法，均以谋子女利益之增进为根本原则，实际上为父母保护教养子女之法。

往昔学界一般认为，亲权制度在西方有两个历史源头：一为罗马法上的"家父权"。作为原始父权的典型形态，古罗马的"家父权"制度赋予了父亲对子女非常广泛的权力，包括"生死之权""无限制的肉体惩罚权""任意变更他们的个人身份""为子娶妻""将女许嫁""令子女离婚""用收养的方法把子女移转到其它家族中去"②，等等。二则为日耳曼法中的"父权"。日耳曼古法亦以服从父权为原则，对于子女，"父有遗弃之自由，且有生杀之权利"。但之后随着国家权力的确立，父权之行使，渐受限制，"父不得杀戮其子，仅因惩戒关系，得就子之身体，多少予以痛苦而已"。就子女之保护而言，"则父于其子逃脱父之支配或为他人所侵夺时，有取其子之权利。此种权利，最初原系基于父之占有（Gewere）而发生，其后则

---

① 吴歧：《中国亲属法原理》，中国文化服务社1947年版，第198页。
② ［英］梅因：《古代法》，沈景一译，商务印书馆1996年版，第77、79页。

改以父之监护教养之权利义务为根据而确认"①。比较而言，罗马法的"家父权"是"站在父利益点的无限制的亲权"；日耳曼法的父权，则是"义务本位的一种亲权"②。近代以来，欧洲大陆各国由于个人主义之勃兴，法律上承认个人具有独立人格，其关于亲权之立法，"已由罗马法主义而倾向于日耳曼主义"③。

中国传统社会因家族主义盛行，加之宗法制度专溯父系，故逐渐形成了以父权为中心的家长权制度。在此种家长制下，家长对于家属及家产，恣亲所为，只有权利，法律上不能课以何等义务；为子女者对于家长，唯有绝对服从。事实上，此种家长权虽然涵纳了近代民法意义上亲权的某些元素，但与后者仍截然两判。清末民初，受欧日各国亲属立法之促动，《大清民律草案》"亲属编"单设"亲权"一节，首次从立法层面引入大陆法系国家的亲权制度；民国《民律草案》则在对前者略加损益后予以保存。不过尤其值得注意的是，在当时的司法层面，虽仍循旧法处理家事纠纷，但已隐现若干近代亲权法的因子。南京国民政府时期，《中华民国民法》"亲属编"在立法上"以法律进化之过程，由权利本位，移于义务本位，又由义务本位，移于社会本位"④，以亲权之行使，不止于保护子女之利益，更以为社会陶冶良民为目的，逐步构建起一个现代意义上的亲权制度。

在当前学界，关于中国传统社会家长权和近代以来的亲权制度，已有学者在其论著中有所论及。瞿同祖对中国传统社会的父权与家长权有过详细阐述；⑤ 宇培峰从中西法文化比较的视野探讨了中国传统社会的"家长权"；⑥ 中国台湾学者陈惠馨通过对秦律、汉律、唐律中有关亲子关系法条的胪举，梳理了中国固有法中亲子关系法的衍生进路；⑦ 孙家红从"微观法史学"的视角，围绕"子孙违犯教令"条款及其所涉权利义务关系、立法和司法实践进行多维度的解读，深度分析该条款在中华旧律体系下的丰富表

---

① 李宜琛：《日耳曼法概说》，中国政法大学出版社2003年版，第188页。
② 屠景山编：《亲属法原论》，上海世界书局1934年版，第152页。
③ 罗鼎：《亲属法纲要》，上海大东书局1946年版，第208页。
④ 张政仁编：《民法亲属编》（司法官养成所讲义），1942年印行，第226—227页。
⑤ 参见瞿同祖《中国法律与中国社会》，中华书局2003年版，第5—28页。
⑥ 参见宇培峰《"家长权"研究：中、西法文化视野中的"家长权"》，中国政法大学出版社2013年版。
⑦ 参见陈惠馨《传统个人、家庭、婚姻与国家——中国法制史的研究与方法》，（台北）五南图书出版股份有限公司2006年版，第209—238页。

现;[①] 景风华借助北京市档案馆所藏民国时期相关档案史料，对中国近代亲权制度在实践中的运行状况进行了若干揭示。[②] 另，张银丽、聂海琴、许莉分别在各自的学位论文中对《大清民律草案》和《中华民国民法》"亲属编"所涉亲权条文进行了细致分析;[③] 等等。以上成果对传统中国的家长权和中国近代的亲权制度有过或详或略的论述，然对近代以来亲权制度的研究，大多囿于立法文本进行孤立性探讨，对清末民国时期亲权制度构建过程中的域外法因素，以及传统家长权与近代基于摹写西方范式所构建之亲权制度之间的历史勾连，则殊少措意。本章旨在从一个比较法律史的视角，梳理中国传统家长权到近代亲权的衍进脉络，并在此基础上揭橥在近代这样一个特殊的时代，父母与子女之间亲伦秩序与法律秩序变动的若干历史细节和法律意蕴。

第一节　中国传统社会家长权之内涵： 兼与亲权作比较

一　中国传统社会家长权之内涵

中国传统社会以家为构成国家和社会之基本单位。一家之中，家长为统治的首脑，故家长权独为强大。由于中国旧时之家庭属于典型的父权家长制，于是家长权便与父权产生了一种微妙的关联。事实上，基于尊男卑女之性别观念，父祖在家庭的权力结构中始终居于主导地位，因此"严格说来，父权实指家长权"[④]。固有法关于家长权之设计，一方面通过对尊长管理卑幼的权力进行明确规定，另一方面亦就卑幼孝敬尊长之义务予以详尽胪列。故而中国传统社会的家长权，本质上是一种权力。概括而言，传统社会家长

[①] 参见孙家红《关于"子孙违犯教令"的历史考察：一个微观法史学的尝试》，社会科学文献出版社2013年版。

[②] 参见景风华《家事案件处理的近代经验——以民国时期的亲权实践为中心》，载贺欣主编《法律和社会科学》（2019年第18卷第1辑），法律出版社2020年版，第94—112页。

[③] 参见张银丽《〈大清民律草案〉之亲属法研究》，硕士学位论文，郑州大学，2012年；聂海琴《论〈中华民国民法·亲属编〉》，硕士学位论文，西南政法大学，2002年；许莉《〈中华民国民法·亲属〉研究》，法律出版社2009年版。

[④] 瞿同祖：《中国法律与中国社会》，中华书局2003年版，第19页。

权之内涵,约有以下数端:①

其一,训诫教令权。

费孝通曾言:"权力是社会控制个人的力量""但是社会不能直接来约束人",于是"在一个抚育是父母的责任的社会中,父母就得代表社会来征服孩子不合于社会的本性"②。这种征服,集中体现为父母对子女的训诫教令权。中国历代法典一般均规定尊长对卑幼有教诲责罚的权力,卑幼不得违抗,否则将受到法律的惩治。如《唐律·斗讼》规定:"诸子孙违犯教令及供养有阙者,徒二年";"疏议"曰:"祖父母、父母有所教令,于事合宜,即须奉以周旋,子孙不得违犯。"③《宋刑统》一袭如故。④ 明清律"子孙违犯教令"条亦云:"凡子孙违犯祖父母、父母教令,及奉养有缺者,杖一百。"⑤ 倘若家长在责罚子孙时将其致死或致伤,法律一般予以宽宥。汉代《二年律令·贼律》载:"父母殴笞子及奴婢,子及奴婢以殴笞辜死,令赎死。"⑥《唐律·斗讼》亦规定:"诸詈祖父母、父母者,绞;殴者,斩;过失杀者,流三千里;伤者,徒三年。若子孙违犯教令,而祖父母、父母殴杀者,徒一年半;以刃杀者,徒二年;故杀者,各加一等""过失杀者,各勿论"⑦。由是可见,相较于子孙殴伤父祖,唐律对父祖殴伤违犯教令之子孙的处罚要轻缓得多,过失杀者,还免于处罚。上述条文,明清律袭之。

除惩戒权外,国家还赋予家长对不孝子孙的送惩权。《睡虎地秦墓竹简》之"封诊式"载有二则父亲向官府请求处罚其子的案例:

告子爰书:某里士五(伍)甲告曰:"甲亲子同里士五(伍)丙不孝,谒杀,敢告。"即令令史已往执。

黥(迁)子爰书:某里士五(伍)甲告曰:"谒鋈亲子同里士五

---

① 关于父之于子的生杀权,秦代及以前不乏相关史例印证,但由汉代典籍所述可推知斯时父已无权杀子。唐宋律则不问理由为何,杀死子女皆处徒刑。元明清律亦规定非理殴杀子女有罪(参见瞿同祖《中国法律与中国社会》,中华书局2003年版,第7—8页)。以往学者论著,有将生杀权列为家长权之一者,本章据前述理由,则不将其列入家长权内容之中。

② 费孝通:《乡土中国 生育制度》,北京大学出版社2008年版,第191页。

③ (唐)长孙无忌等:《唐律疏议》,刘俊文点校,中华书局1983年版,第437—438页。

④ 参见(宋)窦仪等《宋刑统》,吴翊如点校,中华书局1984年版,第369页。

⑤ 怀效锋点校:《大明律》,法律出版社1999年版,第179页;田涛、郑秦点校:《大清律例》,法律出版社1999年版,第488页。

⑥ 彭浩、陈伟、[日]工藤元男主编:《二年律令与奏谳书:张家山二四七号汉墓出土法律文献释读》,上海古籍出版社2007年版,第106页。

⑦ (唐)长孙无忌等:《唐律疏议》,刘俊文点校,中华书局1983年版,第414页。

（伍）丙足，罷（迁）蜀边县，令终身毋得去罷（迁）所，敢告。"①

此两案例，即明确了家长的送惩权。为子者不孝，父母可以告官，请求杀子，或请求将亲子流徙至边远地区。

另，清代的地方司法档案中，亦不乏家长行使送惩权的相关案例。如清代巴县档案载：乾隆五十九年（1794）二月三日，本城孀妇周王氏呈状：

> 缘氏夫周顺臣于五十三年物故，遗有家财银两二千余金，遗子三人，惟次子周廷相横暴，不听氏约束，停妻娶妾，不恤资财，犹外浪荡，肆费花销，家资一空。氏与长子屡诫不悛，目前逆更外混杂，全无法纪。本月初一日，氏以好言化导，冀改过迁善，保全性命。讵逆目无天伦，逞横言语，不逊灭伦。此种逆辈大干法纪，律所不容，是以首恳宪恩，拘讯法究正伦。伏乞。

县正堂批：准拘究。②

再如黄岩诉讼档案载：光绪四年（1878）七月十五日，监贡潘济清因"被店伙偷漏巨款，致店亏折""商子文褒，酌各出资"。次子寡媳洪氏"被文褒唆串""即敢詈骂，目无尊长，甚用椅殴掼。文褒在旁，坐视观望，若非三子救阻，几被殴毙"。潘济清于是上呈黄岩县令请求饬差惩儆。黄岩县令批曰："潘文褒有意违犯，唆令弟媳洪氏出头殴骂等情，如果属实，宜治以家法，否则尽可呈请究，非传谕申斥所能了事。"③

其实，固有法赋予家长训诫教令子女之权，既出于维护家庭伦理孝道的实际需要，也隐含有借助于身体规训，以矫正子女不良行为之道德性判断。此外，在中国传统社会，由于家长和其他家属对于家族成员的行为通常要担负道德和法律上的连带责任，家长行使训诫教令权，亦内蕴维持家长自身和家族的名誉与安全这一现实考量。

其二，家庭财产支配权。

我国古时，家事统于一尊，一家之财产，悉归家长所掌握，不许家属私蓄财产。《礼记·内则》云："子妇无私货、无私蓄、无私器，不敢私假，

---

① 睡虎地秦墓竹简整理小组编：《睡虎地秦墓竹简》，文物出版社1990年版，第155—156页。
② 四川省档案馆编：《清代巴县档案汇编》（乾隆卷），档案出版社1991年版，第180页。
③ 田涛、许传玺、王宏治主编：《黄岩诉讼档案及调查报告》上卷，法律出版社2004年版，第255页。

不敢私与。"① 由此以言，吾国传统社会，所有家产之支配权悉数操于家长之手，不许子女私有。盖以子女之身体发肤，尚属于父母，何况身外之财产，更应为父母所专有。《唐律·户婚》规定："诸同居卑幼，私辄用财者，十疋加一等，罪止杖一百。""疏议"云："凡是同居之内，必有尊长。尊长既在，子孙无所自专。若卑幼不由尊长，私辄用当家财物者，十疋笞十，十疋加一等，罪止杖一百。"②《宋刑统》一袭如故。③《大明律·户律》"卑幼私擅用财"条规定："凡同居卑幼不由尊长，私擅用本家财物者，二十贯笞二十，每二十贯加一等。罪止杖一百。"④ 清律之规定，与上大抵无异。传统社会赋予家长对家庭财产的支配权，缘由有二：一是因为传统社会是典型的身份社会，家长可通过对家庭财产的支配，彰显和巩固其身份及在家庭生活中的主导地位；二是家长借助对家庭财产的支配，以实现对子女人身的支配和控制。

其三，主婚权。

《诗经·齐风·南山》云："取妻如之何？必告父母。"《礼记·昏礼》曰："昏礼者，将合二姓之好，上以事宗庙，而下以继后世也，故君子重之。"⑤ 由此可见，在中国传统社会，婚姻绝非两性情感之结合，而是承载着"合两姓之好"以及上祀宗庙、下继后世的伦常功能。据此，中国传统社会形成了以家长（主要是父母）主婚权为主导的系列婚姻礼法制度。如《唐律·户婚》和《宋刑统·户婚》均规定："诸卑幼在外，尊长后为订婚，而卑幼自娶妻，已成者，婚如法；未成者，从尊长。违者，杖一百。"⑥ 即尊长有权决定卑幼的婚事，卑幼不得违抗。即使卑幼身处异地，远离尊长而自行订婚，只要未成婚，必须改而服从尊长的决定。《大明令·户令》和《大清律·户律·婚姻》"男女婚姻条"均规定："嫁娶皆由祖父母、父母主婚。祖父母、父母俱无者，从余亲主婚。"⑦ 质言之，家长对子女之婚嫁有着决定权，此不仅为法律所确认，亦为礼俗所

---

① 陈戍国点校：《四书五经》上册，岳麓书社 2014 年版，第 535 页。
② （唐）长孙无忌等：《唐律疏议》，刘俊文点校，中华书局 1983 年版，第 241 页。
③ 参见（宋）窦仪等《宋刑统》，吴翊如点校，中华书局 1984 年版，第 196—197 页。
④ 怀效锋点校：《大明律》，法律出版社 1999 年版，第 51 页。
⑤ 陈戍国点校：《四书五经》上册，岳麓书社 2014 年版，第 323、666 页。
⑥ （唐）长孙无忌等：《唐律疏议》，刘俊文点校，中华书局 1983 年版，第 267 页；（宋）窦仪等：《宋刑统》，吴翊如点校，中华书局 1984 年版，第 223 页。
⑦ 怀效锋点校：《大明律》，法律出版社 1999 年版，第 241 页；田涛、郑秦点校：《大清律例》，法律出版社 1999 年版，第 204 页。

公认。

二　家长权与亲权辨异

关于家长权，中国历代法典仅有列举的规定，并无概括的名称。中国传统社会的家长权具有浓厚的伦理化色彩，其以维系父母子女之间的亲伦秩序为归依。而近代意义上的所谓亲权，则是"法律对于为人父母者，付与对于子身体财产之权利义务"[①]。因此，亲权与家长权存在着根本上的区别。展开而言，家长权与亲权之异，可别为以下几点：

第一，两者本位有别。家长权以家族主义为本位，亲权则以个人主义为本位。家长权"以家之管理为目的""为保护一家之利益计，以家长之资格对于家属所行之权利"；亲权则"以人之保护为目的""为保护个人之利益计，以父母资格对于其子所行之权利"[②]。

第二，两者性质殊异。家长权是一种事实上的权力，而亲权则来自法律的赋权。中国传统社会，父母对于子女，其权力"不过为一种事实"；然"近代文明国之权利义务思想，对于各私人皆认平等之人格，不许以一人之意思，侵害他人意思之自由""于是亲权者，以唯一之事实，变而为法律上权利义务之性质"[③]。亲权不如普通债权可以自由抛弃，抛弃亲之权利，即为违反亲之义务。实际上，"亲权是一种职能，是保育子女的职能"[④]。

第三，两者所涉主体及行使对象不同。行使亲权者，一般情况下仅限于父母；而行使家长权之家长，不仅包括祖父母或父母，甚至包括为家长的祖父母及父母以外的他人。[⑤] 故有家长权者，未必有亲权；有亲权者，未必有家长权。如祖父母为家长行其家长权，孙为其家属即应服从其家长权，而其父母虽作为家属应服从家长权，对于其子仍得独立行使亲权。[⑥] 此外，就两者行使的对象而言，家长权所针对的子女，无论成年与否。在中国传统社会，在父母的眼中，似乎没有子女会成年这个概念，终身

[①] 黄右昌编：《民法第四编亲属法》（北大法律丛书），第212页。
[②] 滕骥、毕厚、张天宋：《民法（亲族）》（政法述义第十种之四），上海政法学社1913年版，第96页。本书系由日本法学博士奥田义人所著之《亲属法论》选译而成。
[③] 滕骥、毕厚、张天宋：《民法（亲族）》（政法述义第十种之四），上海政法学社1913年版，第95页。
[④] 屠景山编：《亲属法原论》，上海世界书局1934年版，第153页。
[⑤] 参见吴之屏编《民法亲属编论》，上海法政学社1933年版，第215—216页。
[⑥] 参见陈滋镐编《民律亲属编》（朝阳大学法律科讲义），朝阳大学1920年版，第101页。

都把孩子当作自己的私产,进行全方位的控制;而亲权之行使,仅及于未成年之子女。

第四,两者效力迥异。家长权是一种绝对权,亲权则为一种由法律加以限定的相对权。"在中国旧法中,父亲对于自己的孩子,无论是自然的还是收养的,其权力是无限的,他本人或者在他死后孩子的母亲,可以责罚、出售他们。"① 质言之,家长权是一种绝对权。然"近代法制,亲权之范围,以法律限定之"②。

第二节 清末民初亲权制度的初萌及实践样态

清末基于撤废领事裁判权之初衷,兼受欧陆民法法典化运动之冲击,遂有编订民律草案之举。《大清民律草案》借此契机首次将大陆法系之亲权制度引入中国;民初《民律草案》又在前草案基础上稍加损益,在法律文本层面大体廓定了亲权制度的基础性框架。此外,民初大理院为因应司法实践之需要,又以判决例和解释例的形式,将欧陆亲权法原理与中国固有之伦理常情加以糅合,创设了若干极具本土特色的亲权法规则。而这些立法和司法层面的新变化,又与民初基层社会调整亲子关系之民事习惯,产生了一定的张力。当然,由于清末民初处于法制转型之关键阶段,斯时关于亲权制度的表达与实践,亦呈现出某种新旧杂陈的特征。

一 清末民初"民律草案"中的亲权条文及其欧日样本

清末法律修订馆于宣统三年(1911)八月编订完成之《大清民律草案》(以下简称"一草"),共分"总则""债权""物权""亲属""继承"五编。"亲属编"第四章第一节为"亲权"。该节从第1370条至第1379条,计10条,对亲权之主体、亲权之效力、亲权之移转和终止等事项予以明确规定。1925—1926年间完成之民国《民律草案》(以下简称"二草"),亦分五编,各编名称一如"一草"。其第四编"亲属"第四章"亲子"亦设"亲权"为第一节,从第1162条至第1182条,共分"总则""亲权之效力""亲权之丧失"三款,计21条。因"一草"主要由日本法学家草拟,故其

---

① Robert T. Bryan, An Outline of Chinese Civil Law, Shanghai: the Commercial Press Limited, 1925, p. 32.
② 滕骥、毕厚、张天宋:《民法(亲族)》(政法述义第十种之四),上海政法学社1913年版,第94页。

"亲权"一节之内容,存在比较浓厚的摹写日本民法典之痕迹,但亦体现了若干本土法律文化因子。"二草"则在相当程度上继承了前者的相关规定,但鉴于前者之立法缺失,又在参酌日本、德国、法国、瑞士等国民法典亲权条文的基础上予以补充改进。

表 5-1　"民律草案"中"亲权"一节法条及其与日德法瑞民法典相关条文比较①

主要内容	"一草"中"亲权"一节条文	"二草"中"亲权"一节条文	日德法瑞民法典相关条文	异同说明
亲权之主体	第1370条:亲权,由父或母行之	第1162条:亲权由父行之,父亡故或在事实上不能行使亲权时,由母行之。但能营独立生计之成年者,不在此限。第1163条:母行亲权时,得自指定亲属一人为补助人	日民第877条;德民第1626、1684—1686条;法民第372条;瑞民第273—274条	1. 德法瑞均规定亲权的行使对象限于未成年人。日本将能够独立营生计之成年人排除在外。"一草"将成年人纳入亲权行使对象,"二草"仿日本立法例将能独立营生计之未成人予以排除。
	第1371条:行亲权者为继母、嫡母时,须有监督人监督其行使亲权	第1164条:行亲权者为嫡母或继母时,须有监督人监督其行使亲权	日民第878条	2. 日德法瑞均规定了父母行使亲权之序位,"一草"未予规定,"二草"仿各国立法例补之
孝亲义务		第1165条:为子者,毕生负孝敬父母之义务	法民第371条;瑞民第275条第1项	"一草"未规定子的孝亲义务,"二草"仿法瑞立法例补之

---

① 参见杨立新点校《大清民律草案 民国民律草案》,吉林人民出版社2002年版,第175—176、359—361页;[日]梅谦次郎《日本民法要义·亲族编》,陈与荣述,上海商务印书馆1913年版,第194—224页;朱德明译《德意志民法》,司法公报发行所1921年版,第276—287页;李浩培、吴传颐、孙鸣岗译《拿破仑法典(法国民法典)》,商务印书馆1997年版,第55—57页;《瑞士民法(九、一〇)》,《法律评论(北京)》1936年第14卷第9、10期合刊。后文涉及的相关法条,均出自以上文献,不再赘列出处。

续表

主要内容		"一草"中"亲权"一节条文	"二草"中"亲权"一节条文	日德法瑞民法典相关条文	异同说明
亲权之效力	护养教育权利义务	第1372条：行亲权之父母，须护养并教育其子	第1166条：行亲权之父母，须护养并教育其子	日民第879条；德民第1627条；瑞民第275条第一项	1. 关于亲权之效力，日德法瑞民法均有规定，且以财产管理和代理权的规定最为详尽。比较而言，日本对亲权之效力的规定至为周全。 2. "一草"主要参考日本立法例，分别规定父母护养教育之权利和义务、居所指定权、惩戒权和送惩权、职业允许权、财产管理及代理权五项内容。"二草"除若干表达略有改变外，对前四项的规定与"一草"并无实质差异。但关于亲权人之财产管理及代理权的相关规定，仿日本立法例在内容上作了较大拓展
	居所指定权	第1373条：子须于行亲权之父或母所指定之处，定其居所	第1167条：子须于行亲权之父或母所指定之处，定其居所	日民第880条；德民第1631条第一项	
	惩戒权与送惩权	第1374条：行亲权之父母于必要之范围内，可亲自惩戒其子，或呈请审判衙门送入惩戒所惩戒之。审判衙门定惩戒时期，不得逾六个月，但定有时期后，其父或母仍得请求缩短	第1168条：行亲权之父母，于必要之范围内，可亲自惩戒其子，或呈请法院送入惩戒所惩戒之。法院定惩戒日期，不得逾六个月，且其日期定后，父或母仍得请求缩短	日民第882条；德民第1631条第2项；法民第375—383条；瑞民第278、284条第2项	
	职业允许权	第1375条：子营职业，须经行亲权之父或母允许	第1169条：子营职业，须经行亲权之父或母允许	日民第883条；瑞民第276条	
	财产管理及代理权	第1376条：子之财产，归亲权之父或母管理之。关于其财产上之法律行为，由行亲权之父或母为之代表	第1170条：子之财产，由行亲权之父或母管理。关于其财产上之法律行为，由行亲权之父或母为之代表。但因法律行为负有义务，系以子之行为为目的，须得本人之同意。第1171条至第1173条：子成年后或从第三人处获赠财产之财产管理规定（具体条文略）。第1174条：子管理妻之财产的法律行为，须经行亲权之父或母同意。第1175条：行亲权之父或母，代子行子亲权	日民第884—895条；德民第1638—1663条；法民第384—387条；瑞民第279—282条	

续表

主要内容		"一草"中"亲权"一节条文	"二草"中"亲权"一节条文	日德法瑞民法典相关条文	异同说明
亲权之移转及终止（丧失）	亲权之转移	第1377条：子为人承嗣者，所嗣父母行其亲权	第1176条：子为承嗣或为人养子者，本生父母，不得行其亲权		1. 日德法瑞均规定了父母亲权之丧失；日德瑞且有关于回复亲权之规定。另，日本还规定母亲可放弃亲权中的财产管理权；德国有再嫁母终止行使亲权，以及不得对出嫁女行使亲权的规定。 2. "一草"独创性地规定了嗣父母对嗣子得行使亲权，同时又参仿德国立法例，规定再嫁母不得对子女行使亲权，父母不得对出嫁女行使亲权。以上立法，"二草"承之。 3. "一草"对亲权之丧失未予规定，"二草"仿欧日立法例补全了亲权丧失和回复之规定，并仿日本立法例补充了母亲财产管理权之放弃的规定
	亲权之终止	第1378条：行亲权之母，于再嫁后不得行其亲权	第1177条：行亲权之母，于再嫁后，不得行其亲权	德民1633条	
		第1379条：行亲权之父母，于女出嫁后不得行亲权	第1178条：行亲权之父母，于女出嫁后，不得行其亲权	德民第1691条	
	亲权之丧失		第1179条：父母滥用亲权，或品行不检，确有滥用亲权之虞者，法院因子之亲属或检察官之请求，得宣示丧失亲权。 第1180条：行亲权之父或母，若因管理失当，危及其子之财产者，法院因子之亲属或检察官之请求，得宣示丧失管理权	日民第896—897条；德民第1666条；瑞民第284条第1项、第285条	
	亲权之回复		第1161条：丧失亲权原因终止时，法院因本人或其亲属之请求，得撤销失权之宣示	日民第898条；德民第1677条；瑞民第287条	
	母亲财产管理权之放弃		第1182条：行亲权之母，得辞管理财产之责	日民第899条	

结合表5-1，可知清末民初两部"民律草案"之"亲权"一节，其立法内容及各自特点主要体现如下：

其一，亲权之主体。两部"民律草案"均规定了亲权之主体。从字面含义来看，"一草"第1370条明定母与父享有平等的行使亲权之主体资格，但未规定父母行使亲权之序位。"二草"第 1162 条和第 1163 条则仿欧日立法例，规定母仅在父亡故或在事实上不能行使亲权时方可行使亲权，实际上在亲权行使上置母于从属地位。此外，据"一草"第 1370 条可推知，其将成年人也纳入了亲权行使的对象范围，明显承袭了固有法中家长权的因子。"二草"第 1162 条则仿日本立法例，将"能营独立生计之成年者"排除于亲权行使对象之外，这为成年子女摆脱传统家长权的支配和控制提供了可能。另，"二草"第 1165 条还仿法国民法典第 371 条和瑞士民法典第 275 条，规定为子者须负终生孝亲的义务，进一步平衡了父母与子女间的权利义务关系，亦兼顾了中国传统的伦常情理。此外，因中国和日本在亲子关系方面有诸多共通之处，"一草"第 1371 条和"二草"第 1164 条均仿日本民法典第 878 条，规定行亲权者为继母、嫡母时，须有监督人监督其行使亲权。此种规定，在一定程度上关照了当时中国的实情。

其二，亲权之效力。"一草"第 1372 条至第 1376 条分别规定了父母护养教育子女之权利和义务、居所指定权、惩戒权与送惩权、职业允许权、财产管理及代理权。此五项内容之设定，悉数仿自日本民法典。因日本民法典脱胎于德国民法典，故与德国民法典中的部分亲权条文，亦有一定的相近之处。不过关于父母之惩戒权和送惩权，"一草"并无成年与未成年之限制。此种立法安排，一则关照了固有法关于家长教令训诫权之礼律传统，二则存留有复制日本民法典第 882 条之痕迹。[①] 此外，日本民法典第 884—895 条对父母财产管理权和关于财产上之法律行为代理权，规定甚详，德法两国民法典对此亦有相应规定，且对父母行使该项权利施加了一定限制。"一草"第 1376 条仅用一个条文言简意赅地予以概括，略显粗疏。然与传统社会家长对所有家庭成员的财产进行绝对支配相比，其主体范围和权能已大为限缩。"二草"几乎完全复制了"一草"前四项内容，唯第五项内容，即关于亲权人之财产管理及代理权的相关规定，较之"一草"变动较大。"二草"第 1170 条前项与"一草"第 1376 条大抵无异；但后项补充规定父母代理子女行使财产上之法律行为的若干限制条件，有利于保护未成年子女的财产权利。第 1171 条规定子女如已成年，且有独立营生之能力时，父母须将所管

[①] 日本民法典第 879 条规定，子须服从在家之父的亲权，但能独立营生计之成年人不在此限。故该法第 880 条规定居所指定权时仅言未成年之子，第 881 条、第 883 条、第 884 条亦有"未成年"字样，唯独第 882 条规定行亲权之父母于必要范围内得惩戒其子，略去"未成年"三字。日人解释或谓成年者亦可惩戒。亦有反对者认为第 882 条无"未成年"三字是立法时之遗漏，不能谓父母对于成年子有惩戒权。《大清民律草案》第 1374 条与日本民法第 882 条略同。参见陈滋镐编《民律亲属编》（朝阳大学法律科讲义），朝阳大学 1920 年版，第 104 页。

财产交还。这实际上排除了父母对子女财产永久性支配的权利。同时第1173条还肯定了子女可以自行管理第三人赠与之财产。上述规定，主要仿自日本民法典，实际上扩充了子女的财产管理权。

其三，亲权之移转、终止或丧失。"一草"第1377条独创性地规定了子出嗣时，亲生父母对子之亲权，移转于嗣父母。究其缘由，主要因为大陆法系诸国将养父行使亲权视为当然之理，唯我国固有法仅规定了嗣子，但养子与嗣子法律性质相近，故规定嗣父母对于嗣子得行亲权。其立法理由亦云："子既为人承嗣，其于嗣父母及嗣父母之亲，一如其所亲生。而本生父母反退居于伯叔之列。服制沿用数千年，今日已成习惯，则对于嗣子而行亲权，自应以所嗣之父或母为定。此亦礼制所宜然。"① 由此可见，该法条将欧日之亲权法理，与中国传统立嗣制度融合到了极致。因"二草"对"嗣子"和"养子"问题于其"亲属编"第四章中有分节规定，故第1176条在因袭"一草"第1377条同时，亦补充了养父母对养子得行使亲权的规定。关于亲权之终止，"一草"第1378条和第1379条分别参照德国民法典第1633条、第1691条，前者排除了再嫁母对亲生子的亲权，后者则排除了父母对出嫁女的亲权。② "二草"第1177条和第1178条因之。不过令人遗憾的是，"一草"对亲权之丧失未设置任何条文，"二草"遂补其立法阙漏，于其第1179条和第1180条分别规定了亲权的丧失事由，即父母滥用亲权或有滥用亲权之虞时，或因管理失当危及其子财产安全时，法院可根据子之亲属或检察官的请求，宣示丧失亲权或财产管理权。与此两条相呼应，"二草"第1161条仿日本民法典第898条和瑞士民法典第287条，对亲权之回复亦加以规定。此外，"二草"第1182条还仿日本民法典第899条，规定母亲可放弃亲权中的财产管理权。

当然，"一草"除"亲属编"第四章"亲权"一节对亲权事项有明确规定外，其涉及亲权内容之条文还散见于其他各编。如"总则编"第14条至第17条分别规定了父母对子女之"义务行为允许权""处置财产允许权""经营允许权""劳务允许权"等。另，在"亲属编"中，第1338条规定了

---

① 怀效锋主编：《清末法制变革史料》（下册，宪法 行政法 诉讼法编），中国政法大学出版社2010年版，第757页。

② 这也体现了中国传统社会将女儿视为家庭结构中的一个特殊分子之观念。"一个女子一旦成婚，其即已离开了他父亲的家庭，而变成丈夫家庭的一个分子。" G. Jamieson, *Chinese Family and Commercial Law*, Shanghai: Kelly and Walsh Limited, 1921, p. 17.

父母对子女的"婚姻允许权",①等等。"二草"之"总则编"虽无相关条文,但其"亲属编"第 1105 条前项虽强调结婚"须经父母允许";然第二项又补充规定:"年龄满三十岁者,不在此限。"第 1093 条还规定:"男女双方虽经定婚,仍不得以之提起履行婚约之诉。但父母或监护人于定婚后反悔,而当事人两相情愿结婚者,不在此限。"②此两条规定,提升了婚姻关系中作为子女之男女双方当事人的意思自治能力。

概括言之,"一草"摹写大陆法系民法典,尤其是日本民法典的立法模式,初步引入了一个欧日版的亲权制度。当然,此亲权制度也在一定程度上保留了固有法中家长制的某些元素。这充分体现了"一草"关于亲属事项,"除与立宪相背酌量变通外,或取诸现行法制,或本诸经义,或参诸道德,务期整饬风纪,以维持数千年民彝于不敝"③这一立法取向。但如民初学者所诟言,其在立法上存在以下两个明显缺陷:一为"亲权之行使无年龄之限制",将已成年之子女亦纳入亲权行使的对象范围;二为"亲权无丧失之规定"④。"二草"进一步参仿欧日各国亲权制度之相关立法例,一方面将成年子女排除于亲权行使对象之外,同时增加了亲权丧失之规定,借此弥补"一草"立法之阙;另一方面,在亲权效力上,对传统家长制下家长对于子女人身和财产的绝对支配权施以一定限制,扩充了子女在财产管理和婚姻自主方面的若干权利。

二 民初大理院糅合固有家长权与西方亲权法理之裁判实践

民国肇建之后,因新法未有颁布,其关于亲属事项之裁判仍援用《大清现行刑律》"民事有效部分"。但处此新旧交替之际,受西方法律观念和个人主义思潮之冲击,法律生活中涵纳了更多新生事物。为因应这种新变化,民初大理院遂创制民事判决例和解释例,以调和旧法与新型法律生活之间的紧张关系。就亲权之司法裁判而言,其时"法院判例法中,所用亲权之名词,乃译自欧美。旧律无此专名"⑤。此外,固有法中,"父母子女关系

---

① 参见杨立新点校《大清民律草案 民国民律草案》,吉林人民出版社 2002 年版,第 4、171 页。
② 杨立新点校:《大清民律草案 民国民律草案》,吉林人民出版社 2002 年版,第 349—350 页。
③ 故宫博物院明清档案部编:《清末筹备立宪档案史料》下册,中华书局 1979 年版,第 913 页。
④ 陈滋镐编:《民律亲属编》(朝阳大学法律科讲义),朝阳大学 1920 年版,第 100 页。
⑤ 李谟编著:《民法亲属新论》,上海大东书局 1932 年版,第 141 页。

的种类繁多。尤以母子关系，由于一夫多妻，且有被出及改嫁母，故比父子关系为多"①。而夫妻关系中，一方面，由于"夫与妻被结为一体关系""只要夫活着，妻就隐藏在夫之背后"；另一方面，"夫死亡后"，"妻就取代夫的地位，继承保存着包括原来属于夫的东西，妻存在的极其重要的意义就表现出来"②。凡此种种，均为民初亲权司法裁判所应着力应对的难题。表5-2为民初大理院涉及亲权之民事判决例及裁判要旨。

表 5-2　　　　民初大理院涉及亲权判决例及裁判要旨一览③

序号	判决例号	判例要旨摘录	所涉内容及说明	
1	五年（1916）上字第843号	行亲权之父母，得限定其子之住所	重申"一草"关于亲权效力及亲权终止之若干规定	
2	六年（1917）上字第817号	亲权之行使以父或母为限。其对于已经出继之子，自不能继续行使亲权		
3	三年（1914）上字第616号	未成年之子之财产，应先尽行亲权之父为之管理，父亡故或失权者，则由其母	父母行亲权之顺序	
4	三年（1914）上字第616号	继母在法律上之身份同于亲母，故亦应有代管子产之权	继母、嫡母、妾之亲权主体地位及行使亲权之顺序	扩充解释"一草"关于亲权主体和父母财产管理权之规定
5	四年（1915）上字第564号	子虽系妾所生，而苟因嫡母守志者，除有特别情形外，其承继财产应归嫡母管理	^	^
6	五年（1916）上字第53号	夫亡由守志之妇承其夫分。嗣子如未成年，无论系属亲生或系过继，均由守志之妇管理其亡夫财产及为其子主张其遗产上之权利	^	^
7	五年（1916）上字第843号	妾生之子，父故后由嫡母行使亲权。无嫡母时由生母行使亲权。无由父之别妾（慈母除外）行使亲权之理	^	^
8	五年（1916）上字第1209号	嫡母有优先管理庶子财产之权；被废妾对所生子女丧失亲权	^	^
9	九年（1920）抗字第69号	庶子未成年，其法定代理之顺序，嫡母应优先于生母	^	^
10	十年（1921）上字第449号	妾生之子，于父亡后，其应承遗产固应以嫡母管理为原则	^	^

---

① 戴炎辉：《中国法制史》，（台北）三民书局1979年第3版，第251页。
② ［日］滋贺秀三：《中国家族法原理》，张建国、李力译，法律出版社2003年版，第415页。
③ 参见郭卫编《大理院判决例全书》，吴宏耀等点校，中国政法大学出版社2013年版，第386—416页。

续表

序号	判决例号	判例要旨摘录	所涉内容及说明	
11	四年（1915）上字第481号	母于未成年子之财产有管理权责，唯处分权则以有生活必要情形为限	母对子之财产管理权	扩充解释"一草"关于亲权主体和父母财产管理权之规定
12	四年（1915）上字第1291号	母行使管理权不受族长干涉		
13	六年（1917）上字第26号	守志妇就年幼继子之财产有完全管理之权，不许其他族人干涉		
14	六年（1917）上字第1233号	未成年人之继产管理权原则在母，而不在祖母。唯母为处分或重大管理行为，须得祖母许可		
15	六年（1917）上字第222号	守志之妇依律合承大分，为其未成年继子管理遗产，其属于共有者，得依法请求分析		
16	六年（1917）上字第1417号	遗产管理权得由夫授与他人		
17	七年（1918）上字第919号	未成年子之财产由继母或其他亲族代为管理者，为未成年子之利益起见，自得依利害关系人之请求定其监督保护之方法		
18	十年（1921）上字第750号	继子之生父对于其继母之处分财产无权干涉		
19	六年（1917）上字第460号	父母为其子管理财产虽得擅行，然若因品行不检或管理失当危及其子之财产者，应许其向审判衙门请求宣告丧失其管理权	补正"一草"亲权丧失规定之缺失	
20	二年（1913）私诉上字第2号	嫁娶须由祖父母、父母或余亲主婚，否则得以撤销	在肯定家长主婚权的同时，扩张成年子女之婚姻自主权	
21	五年（1916）抗字第69号	父母虽有主婚之权，至于已成之婚约，经当事人双方合意解除或一方于法律上可以解除之事由者，断无反乎婚姻当事人之意思可以强其不准解除		
22	七年（1918）上字第972号	已成年男女同意之婚约，不得由主婚权人解除		
23	七年（1918）上字第1365号	定立婚书收受聘财，必须出自订婚人两方之合意，该婚约始能成立		
24	十年（1921）上字第1050号	婚姻之实质要件，在成年之男女，应取得其同意，苟非婚姻当事人所愿意，而一造仅凭主婚者之意思缔结婚约，殊不能强该婚姻当事人以履行		
25	十一年（1922）上字第1009号	父母为未成年子女所订婚约，子女成年后如不同意，则为贯彻婚姻尊重当事人意思之主旨，对于不同意之子女不能强其履行		

结合表 5-2，同时参考同期大理院涉及亲权的若干解释例，可将大理院关于亲权裁判的实践取向归纳如下：

第一，重申"一草"关于亲权效力及亲权终止之若干规定。如大理院五年（1916）上字第 843 号和六年（1917）上字第 817 号判例要旨，其实是对"一草"第 1373 条和第 1377 条的重申。大理院五年（1916）上字第 843 号判例颇值玩味，该案具体案情及裁判情况如下：上告人姜张氏声称：自己系亡夫姜寿山于发妻王氏死后继娶之正室，生育子姜天佑，被上告人姜向氏虽先于其入门姜家，但仅为姜寿山之妾，且无生育。原审判令姜向氏对其亲生子天佑得行使亲权，自己作为生母对天佑虽负护养义务，但不能自由处分财产，应请依法改判。姜向氏称原判固已公允，唯许姜张氏另居贵阳，且天佑亦判随其护养，显有不洽。大理院推事经审查各项证据，认为姜张氏和姜向氏究竟何人可取得妻之身份，为审理本案之关键。原审根据各项证据推认姜张氏为妾，尚属允协，但认定姜向氏为妻，显属证据不足。故将本案发回贵州高等审判厅更为审判。不过在本案判决中，大理院亦称：如被上告人姜向氏为姜寿山之继室，即为其子天佑之继母，则天佑虽为上告人姜张氏所生，仍应由姜向氏行使亲权。另按民法条理，行亲权之父母得限定其子之居所，被上告人姜向氏对于姜天佑如得行使亲权，即有权限定姜天佑之居所。[①]

第二，扩充解释"一草"关于亲权主体和父母财产管理权之规定。首先，关于父母行使亲权之顺序，大理院三年（1914）上字第 616 号判例要旨，与"一草"第 1370 条赋予父母平等亲权主体资格之规定显有出入，与欧日各国及"二草"第 1162 条强调父优先行使亲权的规定则互为暗合。其次，大理院三年（1914）上字第 616 号、四年（1915）上字第 564 号，五年（1916）上字第 53 号、第 843 号、第 1209 号，九年（1920）抗字第 69 号、十年（1921）上字第 449 号判例要旨，则补充了继母、嫡母、妾之亲权主体地位及行使亲权之顺序的相关规定。最后，大理院四年（1915）上字第 481 号、第 1291 号，六年（1917）上字第 26 号、第 222 号、第 1233 号、第 1417 号，七年（1918）上字第 750 号、第 919 号判例要旨，则就母对子之财产管理权，予以进一步细化，其一方面强调守志之妇对未成年子的财产管理权不受外界干涉，另一方面为防止其借母之身份滥用财产管理权，亦施诸若干限制。需要说明的是，关于中国民间屡见不鲜的孀妇有子招夫情

[①] 参见黄源盛纂辑《大理院民事判例辑存·亲属编》下册，（台北）犁斋社 2012 年版，第 854—857 页。

形下，母对于子的财产管理权，大理院四年（1915）统字第372号解释例亦补充规定："妇人夫亡有子，为养子招夫者，如系得夫亲同意，对于夫家，虽因再醮而断绝关系，而对于其子，仍可认为夫亲所设定之监护人，自有代理其子管理财产之权。"① 该解释例一反"一草"第1378条排除再嫁母对亲生子行使亲权之规定，从遵从民间惯习的立场，肯定了孀妇若属有子招夫，仍有权代理亲生子管理财产。

第三，借鉴欧日各国亲权立法例，补正"一草"关于亲权规定的部分缺失。如大理院六年（1917）上字第460号判例要旨，设定父母丧失对其子财产管理权的因由——品行不检或管理失当危及其子之财产。此外，大理院八年（1919）统字第1084号解释例和十四年（1915）统字第1911号解释例，则对成年之子的私有财产及其处分权利等，加以补正。前者称：子既只身出外，未曾携有家财，其个人经营所得，即为子之私有。② 后者谓：

> 就现行律解释，以一届十六岁为成年。凡成年之人即有完全行为能力，得独立以法律行为，负担义务。……在继续有效之现行律，尚有卑幼不得私擅用本家财物一条。但此条规定原以家财与私财有别，家财非经同居尊长同意，不得私擅处分。至于卑幼自有私财，则该卑幼有完全之自由，不受何种限制。③

第四，在肯定家长主婚权的同时，适度扩张了成年子女之婚姻自主权。二年（1913）私诉上字第2号判例要旨，重申"嫁娶须由祖父母、父母或余亲主婚"。大理院三年（1914）上字第432号判决谓："定婚大抵在男女本人未达婚姻年龄以前，其未达婚姻年龄之男女，就定婚之事，虽表示意思，其意思依法亦非有效，是则现行律之定婚，即不得本人同意，亦难谓为无效。"④ 但其后大理院态度又略有改变，大理院五年（1916）抗字第69号，七年（1918）上字第972号、第1365号，十年（1921）上字第1050号，十一年（1922）上字第1009号等判例要旨，则强调婚约之成立或解

---

① 郭卫编：《民国大理院解释例全文》，吴宏耀等点校，中国政法大学出版社2014年版，第472—473页。

② 参见郭卫编《民国大理院解释例全文》，吴宏耀等点校，中国政法大学出版社2014年版，第855页。

③ 郭卫编：《民国大理院解释例全文》，吴宏耀等点校，中国政法大学出版社2014年版，第1343页。

④ 天虚我生编：《大理院民事判决例（辛编）》，中华图书馆1918年版，第163页。

除，须经作为双方当事人的子女，尤其是成年子女的同意。此外，大理院九年（1920）统字1207号解释例亦称："父母之主婚权，非可滥用。"① 上述判例和解释例要旨，一定程度上抑制了父母对子女的主婚权，提升了子女的婚姻自主权。

三　亲权立法和司法实践与民初民事习惯的纠结

民初之民事习惯调查资料显示，斯时各地关于亲权行使之习惯，既受制于传统观念而留存诸多家长制的遗习，又深受清末民初亲权立法和司法实践的影响，表现出些许近代亲权制度的特点。但两者之间的张力亦引人深思。

首先，遵循既往家长制之惯行处理相关家事的现象，不胜枚举。如江苏省高淳县习惯："凡一家之中必以最尊长者为家长，倘过年老不能理家政，为次尊长者尽可代理其事。"福建省漳平县习惯："闽俗家长之制盛行，其权责至重，民间成立一切契约，须有家长署名，方生效力。官厅有事须责令民间遵行者，亦多责成家长。"② 等等。

其次，部分民间习惯与"民律草案"和民初大理院判例要旨之规定既有暗合，又产生若干冲突。如民初直隶清苑县习惯："母因再嫁，不能行使亲权，为法律所公认，但习惯上，带头子对于再嫁之母，未断绝关系，不得谓母之亲权丧失。"福建省顺昌县习惯："嫡母对于庶母所生之子有亲权，庶母对于自己亲生之子，亦有亲权，惟庶母对于嫡母所生之子及嗣子，必嫡母故后，始有亲权。亦有为亲族所制，永不能得亲权者。至嗣父对于嗣子固有亲权，而本生父对于出嗣子仍握亲权者，亦间有之。"③

另如浙江临海县习惯：

> 临海民间财产，凡其家父母俱存，兄弟并未分析者，其财产所有权当然属于其父。……其有父亡母在，其子并已成年，（继母、嗣母、庶母均包含在内）在习惯上，亦视其母，完全有家财之所有权……是项习惯，不独临海一县为然，浙省全省，亦复如是，而僻壤穷乡，尤为重

---

① 郭卫编：《民国大理院解释例全文》，吴宏耀等点校，中国政法大学出版社2014年版，第933页。

② 前南京国民政府司法行政部编：《民事习惯调查报告录》下册，胡旭晟等点校，中国政法大学出版社2000年版，第856、934页。

③ 施沛生编：《中国民事习惯大全》，上海书店出版社2002年影印版，第三编"亲属"第五类"亲权"，第6页。

视，其效力直等于成文法规……按现行法例及判决例，凡父亡其子应继受之家产，仅认其母有管理权……前项习惯，显与法例判例相抵触。然事实上，实以前项习惯，为与现在社会情状适宜。何以言之，一家之中，子弟之贤不肖无常，以强大之所有权属于其子，仅仅赋与其管理权于母，其力量势不能与所有权相抗。每见有因此项讼案，经官厅依法判决之结果，致其母吞声饮恨，无法牵制其不肖之子者，转不如依照通行习惯，尚足保持其家财，亦使不肖子孙，一时无从凭借，以导其浪费。私意谓宜于法律上，示以例外，俾与现在社会适合。①

是项习惯，系临海县司法官员承办案件时所得，究其内容，与"一草"和"二草"，以及民初大理院四年（1915）上字第481号判例要旨所确定之父亡故后，由母管理其子继承之财产的规则大异其趣，而是直接赋予母对于该项财产享有所有权。所有权包括对财产的最终处分权，其与管理权在权能上迥异。

要而言之，中国地域辽阔，各地关于亲权之民事习惯虽主旨大体一致，但也存在时空上的差别。清末民初以欧西之人格平等、意思自治等理念为基础的亲权立法和司法实践，与斯时之民事习惯，仍有时生凿枘不投之困境。

第三节 南京国民政府时期亲权制度之立法构造及其规范解释

一 亲权制度之立法构造

1930年7月，南京国民政府立法院院长胡汉民等提议中央政治会议核定《民法》"亲属""继承"两编立法原则，后中央政治会议于第236次会议决议通过《亲属法》立法原则九点。其第九点"家制本位问题"之说明云：

> 承认家制存在之目的，原为维持全家共同生活起见，故应以家人之共同生活为本位，而不应以家长权为本位。……我国习惯，注重家长之权利，而漠视其义务，又惟男子有为家长之资格，而女子则无之，殊与

---

① 施沛生编：《中国民事习惯大全》，上海书店出版社2002年影印版，第三编"亲属"第五类"亲权"，第6—7页。

现在情形不合，故于维持家制之中，置重于家长之义务，并明定家长不论性别，庶几社会心理及世界趋势两能兼顾。①

本此理由，后来正式制定之《中华民国民法》"亲属编"仍专设第六章"家"。该章虽然有数条对家长及家长权利等予以规定，但较之于传统社会之家长制，则相去甚远。如该法第 1123 条、第 1124 条分别规定："家置家长"；"家长由亲属团体中推定之。无推定时，以家中之最尊辈者为之。尊辈同者，以年长者为之。"就家长权限而言，该法第 1125 条、第 1126 条分别规定："家务由家长管理"；"家长管理家务应注意于家属全体之利益。"② 由是观之，此章所谓之"家长"，其对家庭财产之管理权已大为削弱，而对家属之人身支配权，亦不复存在。此外，该法"亲属编"第二章"婚姻"部分，亦将父母及其他代理人对子女订定婚约和结婚之同意权，仅限定于未成年子女，从立法层面排除了家长对成年子女的主婚权。③

当然，该法"亲属编"关于亲权制度之相关内容，主要体现为第三章"父母子女"一节中。其第 1084 条至第 1090 条规定了"父母对子女之权利义务"。各国民法关于此类权利义务之规定，均自成一款，冠以"亲权"之节目。④《中华民国民法》"亲属编"起草时，鉴于父母对于子女，不但有其权利，尤有其义务。而权利之行使，不特以保护子女之利益而然，更以为社会陶铸良民为目的，故一方见为权利，而他方又可视为义务。是亲权之名，殊不足以概括亲子关系所生之效力。故仿苏俄婚姻亲属及监护法第二章第二节之立法例，不沿袭亲权之名，而以"父母对子女之权利和义务"赅括之。⑤ 然亦有学者訾议："夫亲权两字，既根据于礼教及旧惯，且又为各国法例之所同，乃立法者不欲相沿，创此法例，故增周折""讳言亲权，实所未喻"。⑥

---

① 谢振民编著：《中华民国立法史》下册，张知本校，中国政法大学出版社 2000 年版，第 787 页。
② 吴经熊主编：《中华民国六法理由判解汇编》第 2 册，上海会文堂新记书局 1948 年版，第 982—984 页。
③ 参见吴经熊主编《中华民国六法理由判解汇编》第 2 册，上海会文堂新记书局 1948 年版，第 913、917、923 页。
④ 如《德国民法典》第四编第一章第十四节第二款，《法国民法典》第一编第九卷，《日本民法典》第四编第五章，《瑞士民法典》第二编第二章第五款。
⑤ 参见郁嶷《亲属法原论》，朝阳大学出版部 1934 年版，第 154 页。
⑥ 陈宗蕃：《亲属法通论》，上海世界书局 1947 年版，第 184—185 页。

《中华民国民法》第 1084 条至第 1090 条[①]关于父母对子女之权利和义务的规定，其主要内容及其域外相关立法例如下：第 1084 条仿日本民法典第 879 条、德国民法典第 1627 条、瑞士民法典第 275 条第 1 项，规定"父母对于未成年之子女，有保护及教养之权利义务"。第 1085 条仿瑞士民法典第 278 条，规定了父母对于子女之惩戒权："父母得于必要范围内惩戒其子女。"第 1086 条仿德法瑞等民法典规定："父母为其未成年子女之法定代理人。"第 1087 条和第 1088 条独创性地规定了子女之特有财产及其管理权问题："未成年子女因继承、赠与或其他无偿取得之财产，为其特有财产""未成年子女之特有财产，由父母共同管理。父母对于未成年子女之特有财产，有使用、收益之权。但非为子女之利益，不得处分之"。第 1089 条仿瑞士民法典第 274 条，确定了父母对于未成年子女行使权利及负担义务之准则："对于未成年子女之权利义务，除法律另有规定外，由父母共同行使或负担之。父母对于权利之行使意思不一致时，由父行使之。父母之一方不能行使权利时，由他方行使之。父母不能共同负担义务时，由有能力者负担之。"[②] 第 1090 条仿日本民法典第 896 条、德国民法典第 1666 条、瑞士民法典第 284 条第 1 项和第 285 条，设立了亲权滥用之禁止事由："父母滥用其对于子女之权利时，其最近尊亲属或亲属会议，得纠正之。纠正无效时，得请求法院宣告停止其权利之全部。"细观以上条文，其在立法设计上主要移植了欧日各国民法典亲权制度中的相关条文，且对瑞士民法典借鉴最多，然从结构和内容上看，较之前者更为凝练，与"一草"和"二草"相比，在体系和内容上也更为简赅。

二　亲权制度之规范解释

　　《中华民国民法》颁布后，为有助于法典之实施，中国民法学界还进行

[①] 具体条文参见吴经熊主编《中华民国六法理由判解汇编》第 2 册，上海会文堂新记书局 1948 年版，第 966—969 页。

[②] 此条系指父母对于未成年子女同有权利，同负义务。但究应如何行使权利，及负担义务？各国法例规定不一，有由父行使负担为原则，父死亡或因故障不能为之时，始由母为之者，如法国民法第 373 条和日本民法第 878 条；有先父后母并于法律上列举一定之范围，区别何者由父为之，何者由母为之者，如德国民法第 1627 条至第 1683 条规定父之权利和义务，第 1684 条至第 1698 条规定母之权利和义务；有由父母共同为之者，如瑞士和苏俄婚姻亲属及监护法。但父母之意思不一致时，在瑞士则从父之意思（瑞士民法第 274 条），在苏俄则由监护局邀同父母解决之（苏俄婚姻亲属及监护法第 38、39 条，参见东北政委会司法部编译《苏俄婚姻亲属及监护法》，东北新华书店 1949 年印行，第 8 页）。《中华民国民法》则仿瑞制。参见徐佩章编《民法亲属编》（北平法律函授学校讲义），1935 年印行，第 151—152 页。

了新法典的诠释工作，以明确立法之本旨，释明法条之精义，在法典诠释的过程中，有相当一批民法学者在其论著中，参酌大陆法系亲权法理和欧日各国立法例，结合《中华民国民法》之相关条文，对亲权制度进行了理论上的解释展开。下面试将其所涉要点撮述如次：

其一，亲权之性质。胡长清谓：所谓亲权，系"父母对于未成年子女，以身体上及财产上之监督保护为目的之权利义务之集合"①。李宜琛亦称："亲权实为行义务之权利，行权利之义务"②。胡李两氏，均认为就性质而言，亲权是权利和义务的统一体。然曹杰之见解，则与上述观点略有差异。他指出："亲权之特质，不仅在亲子间有权利义务关系，而在有命令服从关系，此种关系为权力而非单纯权利。"③ 即一方面将亲权之性质归结为一种权利义务关系，另一方面又肯定其为一种权力。

其二，亲权之效力。李谟认为，亲权人之权利和义务包括以下几项：保护教养、惩戒、代理、子女特有财产之管理使用及收益等。④ 黄右昌认为亲权可别为对于其子身体上之权利与财产上之权利两种。前者具体包括：护养教育之权、指定居所之权、允许职业之权、惩戒之权；后者包括：管理财产之权、代表财产上法律行为之权。⑤ 胡长清亦将亲权析分为对子女身体上之权利和财产上之权利两种。但概括得更为全面，认为前者可细分为保护教养权、惩戒权及法定代理权；后者可分为财产管理权、同意权及使用收益权。保护教养权中，又有若干支生之权利，如居所指定权、子女交付请求权、职业许可权，以及撤销限制权等。⑥

此外，关于亲权之效力，又有如下几点须详加沥述：

（1）保护及教养之权利和义务。陶汇曾谓：所谓保护，即"排除危害而护持其身体之安全"；所谓教养，即"诱掖子女以增进其智识与技能"⑦。吴歧的观点与之相类，并指出："前者为消极作用，后者为积极作用，两者相须而成。"⑧ 当然，亦有学者强调，保护及教养，应"以子女未成年时为

---

① 参见胡长清《中国民法亲属论》，上海商务印书馆 1936 年版，第 275—276 页。
② 李宜琛：《现行亲属法论》，重庆商务印书馆 1946 年版，第 137 页。
③ 曹杰：《中国民法亲属论》，上海法学编译社 1946 年版，第 253 页。
④ 参见李谟编著《民法亲属新论》，上海大东书局 1932 年版，第 141—143 页。
⑤ 参见黄右昌编《民法第四编亲属法》（北大法律丛书），出版信息不详，第 218—223 页。
⑥ 参见胡长清《中国民法亲属论》，上海商务印书馆 1936 年版，第 277 页。
⑦ 陶汇曾：《民法亲属论》，上海会文堂新记书局 1933 年版，第 191 页。
⑧ 吴歧：《中国亲属法原理》，中国文化服务社 1947 年版，第 201 页。

限"①。

（2）惩戒权。惩戒权为父母对于子女之保护及教养责任的延伸。所谓惩戒，"乃与子女之身体上或精神上以苦痛，俾其改过迁善为目的之行为"。至于惩戒方法，"法律并未具体规定，应由父母就其子女之性质体格，斟酌行之，或鞭笞其身体，或减少其饮食，或禁闭于幽室，均无不可"②。然《中华民国民法》第1085条关于父母之惩戒权的设定，并未明确其指向之对象仅限于未成年子女。如吴歧所言，"为惩戒权客体之子女，不以未成年人为限者""其他亲权之客体，皆限于未成年之子女"。其个中缘由，吴氏亦揭示如下：惩戒权为"遂行亲权之补助权力，其他亲权既因子女成年而终止，则其补助权力之惩戒权，自无保留之必要""惟旧来惯习，父母对子女惩戒，初无年龄上之限制，今若骤加以限制，则父母对成年子女，偶加以惩戒，亦应负刑事责任矣。是与我国伦常不合，故特暗昧其词，以为缓冲之地"③。另，从比较法的角度观之，父母对于子女之惩戒，各国立法例不尽相同，法国民法第375条至第383条规定，须呈由法院允许始得送入惩戒所惩戒之；瑞士民法第278条则规定无须送入惩戒所，径许父母于子女教育上，施以必要之惩戒；德国民法第1631条第2项和日本民法第882条采折中主义，父母可直接惩戒子女，抑或呈请法院援助。《中华民国民法》第1085条，则采瑞士立法例。④

（3）法定代理权。按照《中华民国民法》第76条和第77条之规定，子女未成年时，如有法律行为，须由其法定代理人代为行之，或得其允许。而能胜此法定代理人之任者，固莫如父母。然其法律行为有关于财产者，有关于身份者。财产上之法律行为，应由父母以法定代理人之资格代理或允许，固无疑问，至身份上之法律行为，是否亦然？日本民法典第884条规定代母之代理或允许仅限于财产上之法律行为，而身份上之法律行为则否。日本多数学说及判例均倡此说。然法定代理人之设，其目的在于保护未成年人一切之利益，若仅限于财产而不及身份，则未成年人之身份上之利益，必因

---

① 李谟编著：《民法亲属新论》，上海大东书局1932年版，第142页。
② 郁嶷：《亲属法原论》，朝阳大学出版部1934年版，第155页。
③ 吴歧：《中国亲属法原理》，中国文化服务社1947年版，第202页。
④ 参见黄右昌《民法亲属释义》，上海会文堂新记书局1933年版，第184页；陶汇曾《民法亲属论》，上海会文堂新记书局1933年版，第191—192页。一说仿英国例。英国法律规定，行亲权人有亲自惩戒其子女之权利，无呈请法院送入惩戒所之权。参见吴之屏编《民法亲属编论》，上海法政学社1933年版，第212页；李谟编著《民法亲属新论》，上海大东书局1932年版，第142—143页。

无保护而受损。故《中华民国民法》不采日制，于第1086条规定，凡未成年人之一切法律行为，皆由其父母代理或获其准许。①

（4）财产管理权。子女未成年时，智虑未全，自行管理财产，殊不适宜，故各国法例，皆使父母有管理收益之权。至于其财产范围，德、法、日等国均采概括主义，即凡未成年子女之财产，均以父母管理使用收益权所能及为原则，而例外特别列举数种财产为特有财产，归子女自行管理使用收益之。《中华民国民法》自创一格，以未成年子女自行管理使用收益其财产为原则，而委任父母为例外，于第1087条中列举因继承、赠与或其他无偿取得之财产为未成年子女之特有财产，俾由父母管理之。②

其三，亲权滥用之禁止。关于禁止亲权滥用之必要性，郁嶷指出："母之管束子女，不过为社会代负责任，是其权利，固由社会所赋予。苟有滥用，则法律自应加以制裁。"③ 关于父母滥用亲权之禁止，大陆法系各国，有许亲属会议之监督者，如日本；有许监护机关之干涉者，如瑞士及德国。《中华民国民法》制定时，以为径许国家以权力干涉，殊为失当，故于本条规定，由其最近尊亲属，或亲属会议，先为纠正。④

随着中国近代民法法典化的初步告成，中国在立法层面上有选择地构建了一个现代意义上的亲权制度，其后又逐渐引入司法实践。如1931年8月1日江苏吴县地方法院一份关于宣示失权之诉的司法判决书载：原告吴增寿、吴林氏夫妇育有二子，长子昌达、次子即本案被告吴昌顺。原告诉称：长子昌达已故无子，曾立被告子吴进生为嗣。被告素有烟瘾兼好赌博，将其分受财产浪费殆尽后，复将其子承继昌达之遗产卖去一半供其挥霍。屡戒不悛，故请求法院宣告被告停止对于进生之财产管理权。吴县法院经审理认为：父母滥用其对于子女之权利时，其最近尊亲属或亲属会议得纠正之。纠正无效时，得请求法院宣告停止其权利之全部或一部。被告素日吸烟嗜赌，经原告屡戒不悛，已据证人证明属实，故依《中华民国民法》第1090条之规定，判决被告对于其子吴进生之财产停止管理权。⑤ 当然，具体的个案并不具有普遍意义，一般民众因受固有法熏陶既久，加之数千年来传统的人伦秩序观念深入人心，皆会在一定程度上消解近代以来的立法努力。故斯时之

---

① 参见徐佩章编《民法亲属编》（北平法律函授学校讲义），1935年印行，第149页。
② 郁嶷：《亲属法原论》，朝阳大学出版部1934年版，第157—158页。
③ 郁嶷：《亲属法原论》，朝阳大学出版部1934年版，第162页。
④ 参见黄右昌《民法亲属释义》，上海会文堂新记书局1933年版，第189页。
⑤ 谢森等编：《民刑事裁判大全》，卢静仪点校，北京大学出版社2007年版，第243—244页。

亲权制度运行的实际社会效果，以及一般民众对该制度所产生之心理回应，尚有待于借助更多的社会实证材料加以证实。①

小　结

中国固有之家长权制度在前近代的衍进几乎停滞不前。"家庭始终是传统与现代性之间斗争的场。"② 从清末迄至民国，中国在亲属法领域的变革至为剧烈，经由立法者、司法者的协同努力，一个以大陆法系为蓝本的现代意义上的亲权制度，最终在民法典中得以确立。从比较法律史的角度回溯传统家长权到近代亲权之衍进脉络，可以推知，这种父母子女间亲伦秩序和法律秩序的变动，主要表现出以下特点：

其一，性质上由一种权力嬗蜕为权利和义务的结合体。传统家长权以家族为本位，父祖作为家族统治的首脑，"一切权力都集中在他的手中，家族中所有人口——包括他的妻妾子孙和他们的妻妾，未婚的女儿孙女，同居的旁系卑亲属，以及家族中的奴婢，都在他的权力之下，经济权、法律权、宗教权都在他的手中"③。为维护家长本人及家族之利益，家长权往往又具体化为父母对子女人身和财产的绝对支配权力。亲权以个人乃至社会为本位，赋予父母亲权之目的，一则为公益之保护，二则为子女利益之保护，三则为亲之利益的保护，既体现为法律赋予父母对子女的诸种权利，也更为强调父母保护教养子女之义务。清末民国时期两部民律草案和一部民法典所定之亲权，尽褪其家长权之权力色彩，而嬗蜕为权利和义务的结合体。

其二，内容上由以训诫教令子女为核心易为以保护教养子女为核心。传统家长制下，子女应孝顺父母，应从其教令，如子孙违犯教令或供养有阙，父母不唯可以责罚，亦可请求官府予以惩处。家长行使训诫教令权，虽亦隐含有保障子女自身身心健康发展之需要，然究其本质实为严尊卑、序亲伦。亲权则突出父母对子女的保护教养义务，父母虽仍可对子女行使惩戒权，然这种"父母矫正子女任性的权利"，受制于"教训和教育子女这一目的"，是"对还在受本性迷乱的自由予以警戒，并把普遍物陶铸到他们的意识和

---

① 正如20世纪40年代一位西方学者所言："中国现代家庭法表明其向欧洲化迈出了重要一步，但大量的中国民众无视它，其生活亦不受这种新法律的影响。" Werner Levi, "The Family in Modern Chinese Law", *The Far Eastern Quarterly*, Vol. 4, No. 3 (May, 1945), p. 273.
② 郑曦原、李方惠：《通向未来之路：与吉登斯对话》，四川人民出版社2002年版，第47页。
③ 瞿同祖：《中国法律与中国社会》，中华书局2003年版，第5—6页。

意志中去"①。故而此种惩戒权，实际是父母保护教养子女这一权利和义务的延伸。

其三，主体上由尊男卑女渐进至男女平等。我国固有亲子法以男子为中心，女子则居于从属地位。行家长权之主体，主要限于男性尊长。"一草"和"二草"基于对固有家长权的关照，"关于亲权之行使，均以父为先，必父不能行使亲权时，始由母行使之"，《中华民国民法》则更易前例，以父母"共同行使为原则"②。此外，"根据宗法，注重男统。凡法律上所称之子，不含女性"③。"一草"和"二草"袭之，《中华民国民法》则一律统称为"子女"，以示男女并重和男女平等之意。

其四，行使之对象由家长所辖之所有子女缩减至未成年子女。传统家长权行使之对象为其统辖下之家属，包括所有成年和未成年子女。"一草"为折衷新旧，仍规定亲权行使之对象，不设成年与未成年之限，"二草"将"但能营独立生计之成年者"排除于亲权行使对象之外，《中华民国民法》则进一步明确了亲权的行使对象为未成年人，且在立法上排除父母对已成年子女的婚姻决定权。

---

① ［德］黑格尔：《法哲学原理》，范扬、张企泰译，商务印书馆 1979 年版，第 220 页。
② 中国台湾"司法行政部"编：《中华民国民法制定史料汇编》下册，1976 年印行，第 641 页。
③ 中国台湾"司法行政部"编：《中华民国民法制定史料汇编》下册，1976 年印行，第 347 页。

第六章

"朝为路人,暮为骨肉":传统中国的异姓收养及其在近代的衍变

　　立嗣是传统中国收养关系的最典型样态。基于承祭祀绵血食之宗法传统,立嗣又与宗祧继承融为一体,体现为一种具有继承性质的收养关系。在中国传统社会,家以继承为必要,所忌者为家之断绝,故无子之家不得不收养他人之子以为后胤,借此以使血食不斩。然而受"神不歆非类,民不祀非族"[①] 之观念的浸染,又将选立嗣子的范围囿限于同宗男性卑亲,违者在礼法上以"异姓乱宗"论处。职是之故,"异性不养"遂逐步演生为传统中国调整收养关系的一项核心原则。该原则也为中国历代王朝的立法普遍遵奉。但是,由于传统社会特定的社会经济条件,无子女之成人及无父母之孤儿仍大量存在,作为乏嗣和续嗣维艰的一项补救性措施,立嗣以外的收养关系,即恩养性的收养关系在民间依然十分流行,而异姓承嗣的现象亦不乏见。滋贺秀三曾指出:中国传统社会的养子大致可区分为两类:一类是作为继承性的法律上之养子,另一类是具有恩养性的事实上之养子。前者称为"嗣子",后者称为"义子"。为区分这两类不同性质的收养行为,又将前者称为"过继""过房",将后者称为"乞养"。[②] 要而言之,恩养性质的收养可别为以下三种:其一,收养三岁以下遗弃小儿;其二,乞养异姓子女;其三,同宗之子过房但不承继宗祧。恩养性质的收养不以传宗承祀为目的,主要是出于人道主义,或基于补充劳力、娱慰晚景等现实需求,故无论异姓、同宗抑或男女,均无不可。作为一种客观事实,恩养性质的收养实际上也以收养异姓为多见。此外,越来越多的社会实证史料表明,收养异姓承嗣的现象,在明清时期基层社会的收养实践中并不鲜见。

[①] 《左传·僖公十年》。
[②] 参见[日]滋贺秀三《中国家族法原理》,张建国、李力译,法律出版社2003年版,第585—586页。

考之域外收养法制沿革，早在《汉穆拉比法典》中，就对收养法律关系设有具体条文。如该法典第 185 条至第 193 条分别对自由民收养被遗弃之幼儿，以及服役宫廷之阉人、神妓、手工业者收养他人幼儿等行为予以规制。① 在古罗马时期，收养是指因收养他人为子女而取得家长权的制度。收养者称养父母，被收养者称养子女。这种收养按被收养对象的不同，又可分为对自权人的收养（adrogatio）和对他权人的收养（adoptio）。前者仅适用于贵族，目的在于延绵宗祀，须用严格之方式为之；后者最初通行于平民，后因其方式较前者简便，贵族亦乐意为之。② 洎至近代，欧陆各国，如法国、德国、瑞士、意大利等国，乃至远东日本，均在民法典中确立了收养制度，唯其收养制度之精神，"只在慰藉孤独、救护贫困、扶助遗孤、奖励战士，而于继续宗祀一层，非其所重"③。英国普通法最初并无收养制度，直至 1926 年才颁布了《收养法》（Adoption of Children Act）。美国收养制度亦遍行于各州。苏俄十月革命后，曾于 1918 年一度废止收养关系，而后又于 1926 年之《婚姻家庭与监护法》中恢复此制。

中国自清末以来，立法精英们企图按照欧陆民法典之精神重整中国的亲属法，但受限于特定的时代背景，《大清民律草案》仍因袭旧制，仅设置了立嗣一种收养方式，并无异姓收养之明文。民初大理院斟酌社会实际情形，通过判决例和解释例的形式，对异姓养子的权利保护略有加强，然总体上并未突破"现行律民事有效部分"关于立嗣的制度架构。民国《民律草案》则新旧并举，就"嗣子"和"养子"各设专节，并进一步细化了异姓养子的权利和义务。迨至南京国民政府时期，《中华民国民法》首次确立了现代意义上的收养制度，在立法层面摒弃了宗祧继承和立嗣制度，明确了自由收养原则，彻底解决了异姓收养的合法化问题。

关于中国历史上的收养及其所涉法律问题，前人学者已有或详细或简略的述论。滋贺秀三对中国传统社会的嗣子、义子有过详尽论述；④ 俞江以宝坻县刑房档案为线索，探讨了清代的立嗣规则及州县审理；⑤ 卢静仪对立嗣的起源有过独到的阐发，并以民初大理院民事判决为研究素材，对民初寡妇

---

① 参见洪永宏、严昌编《世界经典文献》，北京燕山出版社 1997 年版，第 58 页。
② 参见周枏《罗马法原论》上册，商务印书馆 1994 年版，第 161 页。
③ 徐朝阳：《中国亲属法溯源》，上海商务印书馆 1930 年版，第 147 页。
④ 参见［日］滋贺秀三《中国家族法原理》，张建国、李力译，法律出版社 2003 年版，第 325—383、585—613 页。
⑤ 参见俞江《清代的立继规则与州县审理——以宝坻县刑房档案为线索》，《政法论坛》2007 年第 5 期。

立嗣权、异姓承嗣等问题进行过细致分析，指出该时期的立嗣纠纷，名为承继宗祧身份，实则为争财竞产；① 武雅士（Arthur wolf）和黄洁珊 Chieh-shan huang）合著之《中国的婚姻与收养，1845—1945》一书，较为清晰地展示了许多与"儒家式"家庭中的正当行为相悖的异姓收养实践；② 安·沃特纳（Ann Waltner）从一个多维的视角探讨了明清时期收养的功能、收养制度及收养习惯；③ 赵凤喈分析了传统社会异姓乞养发生的原因、限制性条件、具体方式以及养女等问题。④ 此外，部分学者对唐至明清时期的嗣子、义子、赘婿以及"异姓为嗣"现象有过较为详尽的考论；⑤ 亦有学者关注了中国近代收养制度变革过程中异姓收养与立嗣制度之冲突与协调问题。⑥ 以上论著对于我们理解中国传统社会的收养问题，以及近代以来收养制度的变迁，提供了重要的学术参考。但须指出的是，既有研究的学术关切主要集中于立嗣（含异姓承嗣）层面，且多基于继承权和财产权之关系展开论证，对传统中国收养关系的非典型样态——恩养性质的异姓乞养则涉及较少。此外，前人学者对于中国历史上的异姓收养问题，大多立足于断代史视角的考察，缺乏长时段、过程性的研究，对于传统社会异姓收养与近代收养法制之历史勾连，相关讨论并不充分。

  本章赓续前贤之议，拟进一步追问以下问题：作为立嗣这一主流收养方式的一项补充性措施，传统中国异姓收养的历史实态如何呈现？其在中国传统社会滋长和顽强存续的社会经济动因有哪些？清末民初的立法和司法实践，在纾缓异姓收养之禁和扩张异姓养子权利方面作出了哪些努力？南京国

---

  ① 参见卢静仪《民初立嗣问题的法律与裁判》，北京大学出版社2004年版。
  ② 参见 Arthur P. Wolf and Chiehshan Huang, *Marriage and Adoption in China*, 1845-1945, Stanford: Stanford University Press, 1980。
  ③ 参见［美］安·沃特纳《烟火接续：明清的收继与亲族关系》，曹南来译，浙江人民出版社1999年版。
  ④ 参见赵凤喈《中国妇女在法律上之地位（附补编）》，（台北）稻乡出版社1993年版，第20—24页。
  ⑤ 参见柳立言《养儿防老：宋代的法律、家庭与社会》，载《宋代的家庭和法律》，上海古籍出版社2008年版，第375—407页；汪庆元《明代徽州"义男"考论》，《中国社会经济史研究》2004年第1期；戴建国《宋代家族政策初探》，《宋代法制初探》，黑龙江人民出版社2000年版，第313—318页；臧健《收养：一个不可忽略的人口与社会问题——宋元民间收养习俗异同初探》，载张希清主编《10—13世纪中国文化的碰撞与融合》，上海人民出版社2006年版，第223—252页；刘晓《元代收养制度研究》，《中国史研究》2000年第3期；杜正贞《"异姓为嗣"问题中的礼、法、俗——以明清浙南族规修订为例》，《历史研究》2017年第3期；等等。
  ⑥ 参见张亚飞《立法与司法的断裂与融合：晚清民国时期收养制度之变迁》，《历史教学》2012年第14期；张亚飞《南京国民政府时期异姓养子权利之变迁》，《河南科技大学学报》（社会科学版）2015年第1期。

民政府时期的收养制度，作为中国近代亲属法成功转型的一个典型范例，其围绕异姓收养合法化这一核心目标，如何在法制的传统性与现代性之间实现成功转换？以上问题是我们理解历史中国收养法从传统到近代转型的一条重要线索。

第一节 "异姓不养"：中国传统社会调整收养关系的核心原则

收养是形成拟制亲子关系的一项重要制度。收养关系在人类历史上发源甚古，"据人类学者之报告，即在未开化之社会，亦有养子存在"[1]。我国古籍关于收养之早期记载甚多，如《吕氏春秋·音初》云：

> 夏后氏孔甲田于东阳萯山。天大风，晦盲，孔甲迷惑，入于民室。主人方乳，或曰："后来，是良日也，之子是必大吉。"或曰："不胜也，之子是必有殃。"后乃取其子以归，曰："以为余子，谁敢殃之？"[2]

不过我国传统社会素重宗祧继承，收养关系亦在一般意义上被纳入这一制度范畴。所谓宗祧，即"嫡长子孙相传之男系血统"[3]。往古惯例，关于继承问题，"尤以宗祧为主限，因此继承的目的，全在上奉祖先的祭祀，下续男子的血统"[4]。然而由于自然的或其他社会客观因素，无子乏嗣现象势不能免，为避免家祀断绝或财产无人继承，无子者必赖收养他人之子以为后嗣。嗣子亦以承继宗祧之资格而获承继财产之权利。质言之，立嗣实际上是融继承和收养于一体的一种制度安排。

基于强固的"血食"[5]观念，嗣子往往在同宗男性卑亲中进行选择。如《礼记·月令》云："无子者，听养同宗于昭穆相当者。"唐《户令》亦援

---

[1] 李宜琛：《现行亲属法论》，上海商务印书馆1946年版，第123页。
[2] （汉）高诱注、（清）毕沅校：《吕氏春秋·音初》，上海古籍出版社2014年版，第118—119页。
[3] 余棨昌：《民法要论继承》，北平朝阳学院1933年版，第2页。
[4] 宗惟恭：《民法继承浅释》，上海法学编译社1932年版，第9页。
[5] 所谓"血食"，是指祭祀祖先之礼，亦即用带血的牺牲之肉行祭。这种"血食"要由与死者有血统关系的男系子孙来提供。诚以"血不相属，则气不相通，气不相通，则祭无由格"。参见徐朝阳《中国亲属法溯源》，上海商务印书馆1930年版，第149页。

之规定:"诸无子者,听养同宗于昭穆相当者。"① 宋代一袭如故。② 元朝在继承金朝法律的基础上,于此亦有规定:"诸人无子,听养同宗昭穆相当者为子。如无,听养同姓。皆经本属官司告给公据,于各户籍内一附一除。养异姓子者有罪。"③ 由上可见,元代将嗣子之选立范围,由"同宗"扩大至"同姓"。此种允许同姓为嗣的规定,又直接影响了明清的相关立法。明《户令》"无子立嗣"条和《大清律例·户律·户役》"立嫡子违法"条均规定:"凡无子者,许令同宗昭穆相当之侄承继,先尽同父周亲,次及大功、小功、缌麻。如俱无,方许择立远房及同姓为嗣。"④ 与前朝相比,明清法律除认可同姓为嗣外,还进一步明确了同宗诸侄间的立嗣顺序。以上法律规定,均明确了立嗣的一个核心要件——"同宗昭穆相当者"。宗族内有尊亲属卑亲属之别,尊卑有序,不可凌乱。嗣子为法律拟制之子,若辈分不相当,势必导致亲等变乱、名分乖违,是为设此限制之缘由。但为纾解同宗乏有昭穆相当者,或虽有昭穆相当者但不愿为嗣之困境,作为权宜之策,又将选立嗣子的范围由"同宗"扩及"同姓"。

因立嗣强调同宗或同姓,故异姓养子不得为嗣。唐代鉴于异姓乱宗之弊甚重,特将异姓收养垂为厉禁。《唐律·户婚》云:"养异姓男者徒一年,与者,笞五十。""疏议"曰:"异姓之男,本非族类,违法收养,故徒一年;违法与者,得笞五十。养女者不坐。"不过为救护弃儿,出于人道的目的,上引唐律又设定一条但书,规定"其遗弃小儿年三岁以下,虽异姓,听收养,即从其姓"。至于其理由,则如"疏议"所云:"其小儿年三岁以下,本生父母遗弃,若不听收养,即性命将绝,故虽异姓,仍听收养,即从其姓。如是父母遗失,于后来识认,合还本生,失儿之家,量酬乳哺之直。"⑤ 以上律文,《宋刑统》袭之。⑥ 元代亦规定收养异姓子者有罪。明清两代因之。明清律《户律·户役》"立嫡子违法"条仿唐律规定:"其乞养异姓义子以乱宗族者,杖六十。若以子与异姓人为嗣者,罪同。其遗弃小

---

① [日]仁井田陞:《唐令拾遗》,栗劲等编译,长春出版社1989年版,第155页。
② 参见(宋)窦仪等《宋刑统》,吴翊如点校,中华书局1984年版,第193页。
③ 陈高华等点校:《元典章》卷17《户部三·户计·继承·禁乞养异姓子》,天津古籍出版社2011年版,第603页。
④ 怀效锋点校:《大明律》,法律出版社1999年版,第241页;田涛、郑秦点校:《大清律例》,法律出版社1999年版,第179页。
⑤ 上引唐律律文及"疏议",见(唐)长孙无忌等《唐律疏议》,刘俊文点校,中华书局1983年版,第237页。
⑥ 参见(宋)窦仪等《宋刑统》,吴翊如点校,中华书局1984年版,第193页。

儿，年三岁以下，虽异姓，仍听收养，即从其姓。"① 而清律则进一步强调，在此种情况下，"不得以无子，遂立为嗣"②。此外，《大明律·户律·户役》和《大清律例·户律·户役》均设"收留迷失子女"条，以明随意收养之禁。其云："凡收留人家迷失子女，不送官司而卖为奴婢者，杖一百、徒三年；为妻妾子孙者，杖九十、徒二年半。"③

由上可知，就各朝之相关立法来看，原则上皆遵奉"异姓不养"这一核心原则，但出于恤孤之人道考量，又设乞养三岁以下遗弃小儿之规定，将其作为"异姓不养"的例外。不过需要强调的是，即便如此，其仍以收养者与被收养者之身份平等为重要条件，如良户绝对不许收养杂户、部曲或奴为子女，违者有罚，此自唐律以迄清律，皆有明文规定。④

第二节　悖礼法而行：传统中国异姓收养的历史实态及社会经济动因

一　传统中国异姓收养之历史实态

"异姓不养"是传统社会礼法所确定的一项核心原则，但是，越来越多的历史经验材料表明，民间的收养实践往往悖法礼而行，无视这种禁令。正如杨鸿烈所指出，"这样禁止以异姓为养子在事实上恐无多大效力"⑤。收养异姓，虽为礼法所非，但乡间行之者甚众。异姓养子在民间有多种称谓，如"假子""义子""螟蛉子""养子"等，征之史乘，收养异姓为子的现象在历朝历代所在多有。《诗经·小雅·小宛》云："螟蛉有子，蜾蠃负之。教诲尔子，式谷似之。"⑥ 古人以此隐喻，借称养子为螟蛉或螟蛉子。至东汉时，则有允许宦官收养义子世袭封爵之先例。《后汉书·顺帝记》曰："初

---

① 怀效锋点校：《大明律》，法律出版社1999年版，第47页。
② 怀效锋点校：《大明律》，法律出版社1999年版，第47页；田涛、郑秦点校：《大清律例》，法律出版社1999年版，第178页。
③ 参见田涛、郑秦点校《大清律例》，法律出版社1999年版，第180页。
④ 参见（唐）长孙无忌等《唐律疏议》，刘俊文点校，中华书局1983年版，第238—239页；（宋）窦仪等《宋刑统》，吴翊如点校，中华书局1984年版，第193页；怀效锋点校《大明律》，法律出版社1999年版，第47—48页；田涛、郑秦点校《大清律例》，法律出版社1999年版，第180页。
⑤ 参见杨鸿烈《中国法律思想史》，中国政法大学出版社2004年版，第269页。
⑥ 袁梅：《诗经译注》，齐鲁书社1985年版，第555页。

听中官得以养子为后，袭封爵。"①顾炎武在《日知录》中亦云："异姓为后，见于史者，魏陈矫本刘氏子，出嗣舅氏。吴朱然，本姓施，以姊子为朱后。"②五代时期，养子之风尤盛，"李克用王建之属，皆喜为之"③。另，杜佑撰《通典·异姓为后议》一文引范宁《与谢安书》云："称养子而养人子者，自谓同族之亲，岂施于异姓。今世行之甚众，是谓逆人伦昭穆之序，违经绍继之义也。"④

宋代，民间收养异姓子，甚至以异姓子承嗣的现象颇为多见。宋人袁采曾言："养异姓之子，并非祖先神灵，不歆其祀，数世之后，必与同姓通婚姻者，律禁甚严，人多冒之，致启争讼。设若人之不告，官不为治。"⑤《名公书判清明集》亦载："邢林、邢桷为亲兄弟，邢林无子，邢桷虽有二子，不愿立为邢林后，乃于兄死之日，即奉其母吴氏、嫂周氏命，立祖母蔡氏之侄为林嗣。"而吴氏、周氏实系"养蔡之子，为邢之后"⑥。终宋一代，尤其是南宋时期，由于战乱频仍、灾荒连年，政府多次发布倡导民间收养异姓遗弃孤幼的诏令，实际上对异姓收养采取了一种较为宽松的政策。⑦如哲宗绍圣三年（1096）诏曰："遗弃饥贫小儿三岁以下，听收养为真子孙。"⑧宁宗嘉定二年（1209）七月，"诏荒歉州县七岁以下男女听异姓收养，著为令"⑨。

元代，收养异姓之风在福建一带尤为盛行。至元二十九年（1292），福建廉访分司的牒文称：

> 南方士民为无孕嗣，多养他子以为义男，目即螟蛉。姓氏异同，昭穆当否，一切不论。人专私意，事不经久，及以致其间迷礼乱伦，失亲伤化，无所不至。有养诸弟从孙为子者，有不睦宗亲、舍抛族人而取他姓为嗣者，有以妻之弟侄为子者，有以后妻所携前夫之子为嗣者，有因

---

① （南朝宋）范晔、（晋）司马彪：《后汉书》上册，岳麓书社2009年版，第83页。
② （清）顾炎武：《日知录》，甘肃民族出版社1997年版，第1010页。
③ 李宜琛：《现行亲属法论》，上海商务印书馆1946年版，第124页。
④ （唐）杜佑：《通典》中册，岳麓书社1995年版，第984页。
⑤ （宋）袁采：《袁氏世范》卷一"养异姓子有碍"，中华书局1985年版，第16页。
⑥ 中国社会科学院宋辽金元史研究室点校：《名公书判清明集》上册，中华书局1987年版，第201页。
⑦ 参见臧健《收养：一个不可忽略的人口与社会问题——宋元民间收养习俗异同初探》，载张希清主编《10—13世纪中国文化的碰撞与融合》，上海人民出版社2006年版，第240—241页。
⑧ （元）脱脱等：《宋史》第2册，卷十八"哲宗二"，中华书局1977年版，第345页。
⑨ （元）脱脱等：《宋史》第3册，卷三十九"宁宗三"，中华书局1977年版，第754页。

妻外通以奸夫之子为嗣者，有由妻慕少男养以为子者，甚至有弃其亲子嫡孙，顺从后妻意而别立义男者，有妻因夫亡，听人鼓诱，买嘱以为子者，有夫妻俱亡而族人利其赀产争愿为义子者。由是民间氏族失真，宗盟乱叙，争夺衅作，迭兴词讼。始谋贻患，终至破家，亦绝蒸尝，莫保丘垅。①

另如元末吴海在《魏氏世谱序》云："彼陈氏弃其宗而立他姓，魏氏亦弃其宗而后他姓，皆失之大者，既又能复焉，则魏不遗其先，而陈自灭其后矣。今世之姓氏溷殽，往往类此盖十有五六。"② 元代异姓收养风气之盛，由此可窥一斑。

明清时期，异姓收养在民间仍非常普遍。安·沃特纳根据16世纪末所编《新安程氏统宗世谱》的统计结果表明，"280多个收养事例，其中15例为程氏以外的异姓"③。另，栾成显据《腴川程氏宗谱》进行统计，发现该宗族明清时期"自百一世至百十世登录男子计4460人，其中包括异姓继支477人，异姓继支所占比例为10.7%"④。

在清末民初的民事习惯调查报告中，对于异姓收养的载述更是俯拾皆是。大致归纳，其约可分为以下几类情形：

其一，抱养无血缘关系之异姓子承嗣。如直隶清苑县，"恒有以异姓之子为子者，原因于同姓无相当继承之人，是以异姓子为之继承"⑤。山西石楼、偏关、山阴等县习惯：无子之人得抱养异姓子，抚养长成，即认为己出，并可承嗣，一切财产归其继承。⑥ 江苏武进县习惯："凡无子者，因房分之疏远，子侄之愚蠢，乃螟蛉他姓子为嗣。"⑦ 安徽黟县习惯："居民恒因

---

① 陈高华等点校：《元典章》卷十七"户部三·户计·继承·禁乞养异姓子"，天津古籍出版社2011年版，第602—603页。
② （元）吴海编著：《闻过斋集》第1册，文物出版社1982年版，第67页。
③ [美] 安·沃特纳：《烟火接续：明清的收继与亲族关系》，曹南来译，浙江人民出版社1999年版，第80页。
④ 栾成显：《明清徽州宗族的异姓承继》，《历史研究》2005年第3期。
⑤ 前南京国民政府司法行政部编：《民事习惯调查报告录》下册，胡旭晟等点校，中国政法大学出版社2000年版，第762页。
⑥ 参见前南京国民政府司法行政部编《民事习惯调查报告录》下册，胡旭晟等点校，中国政法大学出版社2000年版，第830、842、848、851—852页。
⑦ 前南京国民政府司法行政部编：《民事习惯调查报告录》下册，胡旭晟等点校，中国政法大学出版社2000年版，第859页。

人丁稀少，价买异姓男孩承继宗祧。"① 浙江吴兴，异姓承嗣，"全邑境内均行此习惯，乡间更十户而三、四焉，乡人靡不遵从，甚少有以其异姓乱宗出而争议者"；诸暨县习惯："凡人之老而无子者，苟乏期功强近之亲，或远房之昭穆相当可以承继者，许其抚养异姓之子为嗣，谓之养子，又曰领子。"② 福建各地，异姓承嗣现象比比皆是，"晋江人民无论有无生子，多喜买养异姓之子，改姓以为己子"；连城县"乡间亦有以异姓人为嗣者"；惠安县"承继习惯，不拒外姓"；"平潭无子之人，多买养异姓子为嗣"；闽清县"螟蛉异姓之子为嗣者颇多，一经亲族同意，即可改从养父之姓，继宗承产"；顺昌县习惯："有抱异姓之子，迨长，遂立为嗣子者。"③ 湖北恩施、钟祥、秭归、利川、汉阳、五峰、麻城、竹溪、兴山、郧县等县，无子之家往往不以兄弟及同姓户族之子承继，而反任意抱养异姓子承嗣，其亲族亦不得干涉。④ 绥远归绥县习惯："凡男女年逾三十岁以上，尚未生子，可抱养异姓之幼儿为子，不但继承财产，并可继承宗祧。"⑤ 陕西邰阳、华阴、洋县等县习惯："乡民老而无子，靡所依恃，往往以自己意思，请凭亲族择立异姓之子为嗣，财产完全归其承受。"⑥ 察哈尔沽源县习惯："异姓承继，必同姓无人方可。然亦有同姓有人，或素不安分，或有嫌隙，亦可承继异姓。"⑦ 热河朝阳、林西等县，以及察哈尔商都县均有螟蛉子入嗣宗祧的习惯。⑧ 甘肃循化、平罗等县习惯：无子者可以异姓之子为嗣，名曰"养子"，亦曰"义子"，认可其有承继之权利。⑨ 上述各地习惯中抱养异姓子承嗣现

---

① 前南京国民政府司法行政部编：《民事习惯调查报告录》下册，胡旭晟等点校，中国政法大学出版社2000年版，第873页。
② 前南京国民政府司法行政部编：《民事习惯调查报告录》下册，胡旭晟等点校，中国政法大学出版社2000年版，第909—910、917页。
③ 前南京国民政府司法行政部编：《民事习惯调查报告录》下册，胡旭晟等点校，中国政法大学出版社2000年版，第922—937页。
④ 参见前南京国民政府司法行政部编《民事习惯调查报告录》下册，胡旭晟等点校，中国政法大学出版社2000年版，第947、952页。
⑤ 施沛生编：《中国民事习惯大全》，上海书店出版社2002年版，第三编"亲属"，第六类"亲子之习惯"，第15页。
⑥ 前南京国民政府司法行政部编：《民事习惯调查报告录》下册，胡旭晟等点校，中国政法大学出版社2000年版，第1009页。
⑦ 前南京国民政府司法行政部编：《民事习惯调查报告录》下册，胡旭晟等点校，中国政法大学出版社2000年版，第1065—1066页。
⑧ 参见前南京国民政府司法行政部编《民事习惯调查报告录》下册，胡旭晟等点校，中国政法大学出版社2000年版，第1056、1063页。
⑨ 参见前南京国民政府司法行政部编：《民事习惯调查报告录》下册，胡旭晟等点校，中国政法大学出版社2000年版，第1048、1049页。

象的存在，多因人丁稀少，寻找继嗣者较为困难，或则同宗同族虽有应继之人，但关系不睦，或子侄愚鲁，故纳异姓子为嗣。部分地方还表现出相当大的随意性。然异姓承继之习惯，相沿既久，同族中亦多认为合法承继，并不加以干预，甚至本族中虽有昭穆相当之人，亦不以异姓乱宗，出而争执。

其二，以甥或内侄承嗣。如山西忻县、稷县、临县、高平、稷山、忻县、石楼、偏关、临县、新绛等县习惯：无子者因族中无可承继，有以姊妹之子为嗣者，名曰以甥继舅；有以妻兄弟之子为嗣者，名曰以侄继姑。[①] 江西各县民俗，"凡无子孙可以承继者，例得招外甥来舅家承祀宗祧，并得袭受其遗产，改从舅氏之姓"[②]。福建顺昌县习惯："有以姊妹或妻兄弟之子为嗣子者。"[③] 湖南沅陵、古丈、永顺、辰溪等县习惯："承继不限于同宗，凡外甥及女子娘家姊妹或兄弟之子，纵系异姓，均可承继为嗣，正式列入族谱。"[④] 陕西蓝田、扶风等县习惯："有家道丰裕而无子者，即使昭穆相当有应继之人，特因择爱之故，抱养其甥为嗣。"[⑤] 收养外甥或妻兄弟之子，并立为后嗣，虽有违礼法所定"异姓不养"原则，但于情于理尚协。盖以血统关系论，因为甥舅或侄姑之间存在血缘关系，故与异姓之子有别。此种通融办法，多为族人公认，甚或有阖户欢迎、酌酒相贺者。

其三，乞养异姓子但不承嗣，或以养女及亲女招婿为子。如山西解县习惯："抱养义子不得即以为嗣，若只从姓相依，族人均不过问。但生前不准入嗣祭扫，死后亦不得安葬祖茔，并不准列名谱牒。"[⑥] 湖北京山县习惯：抱养异姓子不得认为嗣子。[⑦] 安徽天长等县习惯："无子之家，往往以善堂

[①] 参见前南京国民政府司法行政部编《民事习惯调查报告录》下册，胡旭晟等点校，中国政法大学出版社2000年版，第825、845、849页。

[②] 前南京国民政府司法行政部编：《民事习惯调查报告录》下册，胡旭晟等点校，中国政法大学出版社2000年版，第877页。

[③] 前南京国民政府司法行政部编：《民事习惯调查报告录》下册，胡旭晟等点校，中国政法大学出版社2000年版，第925页。

[④] 前南京国民政府司法行政部编：《民事习惯调查报告录》下册，胡旭晟等点校，中国政法大学出版社2000年版，第985页。

[⑤] 前南京国民政府司法行政部编：《民事习惯调查报告录》下册，胡旭晟等点校，中国政法大学出版社2000年版，第999页。

[⑥] 前南京国民政府司法行政部编：《民事习惯调查报告录》下册，胡旭晟等点校，中国政法大学出版社2000年版，第838页。

[⑦] 参见前南京国民政府司法行政部编《民事习惯调查报告录》下册，胡旭晟等点校，中国政法大学出版社2000年版，第970页。

领养之女，及亲生女招婿养老，即承宗祧。"① 江苏句容县习惯："无子者类多招婿为子，其婿即于入赘时更易姓名写立赘书为据，名为赘书，实与继书无异""纳资于祠，其婿即可登谱顶门，享有被继承人一切之权利"②。此种乞养，既有养子，亦有养女。③ 然囿于旧制，乞养异姓之子虽可改从养父之姓，但不得立为后嗣。若以养女或亲女招婿为子，则既可更易姓名，亦可继承宗祧和一切财产。此为常情所致，相沿既久，民间亦视为理所当然。

二 异姓收养在民间顽强存续之社会经济原因

在中国传统社会，"养男之原因多以养家缺乏子嗣，既惧本身承继无人，又惧祖先祭祀之断绝，故辄收养同宗之卑属男子以为后嗣，其目的在上以奉祖先之祭祀，下以续男子之血统"④。然一个不争的事实是，在整个传统社会乃至清末民初，民间收养实践往往突破礼法限制，收养异姓为子之现象屡见不鲜，甚至不以缺乏子孙为限。其收养目的因人而异，其表现形式因地而别。究其缘由，大凡不出以下数端：

其一，恤孤济弱之古风，及普遍存在的社会同情心理，使得乞养异姓孤幼为国家和社会所普遍认同。呱呱幼稚之孤儿，不能自存，乡邻收而养之，古往今来司空见惯，甚至国家还对收养人在赋役征收上实行宽免。如《管子·入国》云："所谓恤孤者，凡国、都皆有掌孤，士民死，子孤幼，无父母所养，不能自生者，属之其乡党、知识、故人。养一孤者一子无征，养二孤者二子无征，养三孤者尽家无征。"⑤ 另，前文已述，作为异姓不养的例外，自唐迄清，历代律令均设有乞养三岁以下遗弃小儿之明文。

其二，人口因素或群居环境，使得异姓收养成为一种被动的继嗣方式。许多地域因地旷人稀，或万姓杂居，或兵燹后人丁骤减，导致族中乏有昭穆相当之人，故纳异姓子或婿为嗣。如江苏奉贤县，"地广人稀，万姓杂住，

---

① 前南京国民政府司法行政部编：《民事习惯调查报告录》下册，胡旭晟等点校，中国政法大学出版社 2000 年版，第 865 页。
② 前南京国民政府司法行政部编：《民事习惯调查报告录》下册，胡旭晟等点校，中国政法大学出版社 2000 年版，第 857 页。
③ 养女之目的，也有为自家男子婚配者，故童养媳亦系养女之一种。不过基于同姓（或同宗）不婚之禁忌，此种情况下仍须以异姓或不同宗为前提。参见赵凤喈《中国妇女在法律上之地位（附补编）》，（台北）稻乡出版社 1993 年版，第 95 页；黄右昌《民法亲属释义》，上海会文堂新记书局 1933 年版，第 170 页。
④ 赵凤喈：《民法亲属》，国立编译馆、正中书局 1947 年版，第 160 页。
⑤ （汉）刘向汇编，贾太宏主编：《管子通释》，西苑出版社 2015 年版，第 436 页。

第六章 "朝为路人，暮为骨肉"：传统中国的异姓收养及其在近代的衍变　　143

绝少聚族而居，故无嗣子者每多预领义子或招赘婿为将来之继人"①。安徽广德、浙江吴兴一带，自太平天国运动之后，户丁稀少，乏子嗣者若必就本宗立嗣，猝不可得，故多以异姓子承嗣。② 在陕西潼关、保安等县，"年老乏嗣之人，或族中无昭穆相当卑幼，或同族素平不睦，彼则不与，此则不受，往往抱养异姓之子，以娱晚境"③。

其三，基于生存伦理，异姓收养成为平衡人口养育能力的一种重要途径。由于生理原因和恶劣的医疗卫生条件，不能生育或丧子者均不乏其人④，而多育子女者亦实繁有徒。前者为慰悦晚景计，多乞养或价买异姓子女；后者因无力抚养，亦愿出让子女以供他人收养。如近代江西赣南一带，"贫家生女，以抚养维艰，常有用竹篮，悬挂人所视见之处，书生庚于内，以待取养"⑤。有时这种收养关系的成立，还会伴随着金钱交易（虽然不是必然），即收养者应给予被收养人的生身父母一笔经济补偿。察哈尔张北县，"无子者往往出粮若干石或钱若干文，买贫民之子为子"⑥；在江西铜鼓、靖安、莲花、寻邬、安福等县，这种经济补偿又称为"恩养钱"。贫家困于多子之累，"有向人招徕，希望出继，得此恩养钱者"⑦。福建漳平一带，其名目亦谓之聘金。⑧ 在清代台湾、厦门、泉州、福州等地，甚至还出现了以收养为目的的男童买卖市场。⑨

---

① 前南京国民政府司法行政部编：《民事习惯调查报告录》下册，胡旭晟等点校，中国政法大学出版社 2000 年版，第 856 页。
② 参见前南京国民政府司法行政部编《民事习惯调查报告录》下册，胡旭晟等点校，中国政法大学出版社 2000 年版，第 865、909 页。
③ 前南京国民政府司法行政部编：《民事习惯调查报告录》下册，胡旭晟等点校，中国政法大学出版社 2000 年版，第 1010 页。
④ 武雅士和黄洁珊对台湾北部九个地区的统计数据表明，1906—1910 年，上述地区共出生 666 个男婴，但有 32 个未及满月即夭亡。参见 Arthur P. Wolf and Chiehshan Huang, *Marriage and Adoption in China*, 1845-1945, Stanford: Stanford University Press, 1980, p. 205。
⑤ 施沛生编：《中国民事习惯大全》，上海书店出版社 2002 年版，第三编"亲属"，第六类"亲子之习惯"，第 14 页。"养女之本家，除因贫卖女外，尚多出于厌恶女子之心理，情愿与人养育者，此则重男轻女之积习使然。"赵凤喈：《中国妇女在法律上之地位（附补编）》，（台北）稻乡出版社 1993 年版，第 23 页。
⑥ 前南京国民政府司法行政部编：《民事习惯调查报告录》下册，胡旭晟等点校，中国政法大学出版社 2000 年版，第 1062 页。
⑦ 前南京国民政府司法行政部编：《民事习惯调查报告录》下册，胡旭晟等点校，中国政法大学出版社 2000 年版，第 881—882 页。
⑧ 前南京国民政府司法行政部编：《民事习惯调查报告录》下册，胡旭晟等点校，中国政法大学出版社 2000 年版，第 933 页。
⑨ 参见 Arthur P. Wolf and Chiehshan Huang, *Marriage and Adoption in China*, 1845—1945, Stanford: Stanford University Press, 1980, pp. 204-205。

其四，收养异姓是传统社会实现人力资源重新配置的一种重要方式。安·沃特纳在其研究中曾指出，在传统中国，收养的主要功能，是实现人力资源的再分配。① 收养异姓在此方面则体现得尤为明显。明代后期，由于福建沿海地区商业贸易的发展，收养义子成为一种普遍的社会习俗。商贾之家常以他人之子为子，使之冒险越海通商，而己子则坐享其利。② 另，中国农村之富农，常有因儿小女幼，乏人操作，遂收养男子，约定亲生子成婚后，给以若干财产，任其独立门户，即长江上游所谓之"操作儿子"。③ 陕西洋县一带，"人民有子，因幼不能操作，遇有异乡贫无聊生者，招为义子，仅只两允成事，并不通知家族"④。此外，就招婿为子这一独特的异姓收养方式而言，其实质乃是"较穷的宗族不可能一直维持其人力资本，而更富有的宗族则可能采用入赘的形式购买更多的男丁"⑤。

第三节　依违于新旧之间：清末民初异姓收养在立法与司法层面的承与变

一　纾缓异姓收养之禁的立法尝试

清末法律修订馆于宣统三年（1911年）八月编订完成之《大清民律草案》，共分"总则""债权""物权""亲属""继承"五编。主编亲属法者为章宗元、朱献文。⑥ 该草案关于收养关系，仅规定"立嗣"一种收养模式。草案"亲属编"第四章"亲子"部分，设有"嗣子"一节，其以旧律为据，就立嗣之条件、立嗣权、立嗣之登记和撤销，以及嗣子归宗等问题予以详尽规定。值得注意的是，草案虽未对异姓收养设有明文，但将立嗣之对象，由同宗同姓扩及异姓外亲和女婿。草案第1391条规定，无子者若不欲立同宗之子，可立姊妹之子、妻兄弟姊妹之子、婿为嗣。其立法理由谓：

---

① 参见［美］安·沃特纳《烟火接续：明清的收继与亲族关系》，曹南来译，浙江人民出版社1999年版，第82页。
② 参见郑振满《明清福建家族组织与社会变迁》，北京师范大学出版社2020年版，第28页。
③ 参见陶汇曾《民法亲属论》，上海会文堂新记书局1937年版，第170—171页。
④ 施沛生编：《中国民事习惯大全》，上海书店出版社2002年版，第三编"亲属"，第六类"亲子之习惯"，第10页。
⑤ ［美］络德睦：《法律东方主义》，魏磊杰译，中国政法大学出版社2016年版，第78页。
⑥ 参见谢振民编著《中华民国立法史》下册，张知本校，中国政法大学出版社2000年版，第744页。

> 异姓为嗣，自唐迄明，皆干例禁，现律亦然。诚以族类既殊，姓无所受，不可以承祀也。虽然寻常异姓本属路人，无骨肉之亲，以其为嗣，诚大不可。至异姓而为近亲属，则微有不同。论血脉则彼此姻娅，同根一本，较同宗之人或犹近也。论情谊，则往来亲密，自幼团聚，较宗亲或犹亲也。宗亲同宗俱可承嗣，而异姓亲属独断断然以为不可，似非人情所近。……现律旗人实无同父周亲及五服远房同姓，准继异姓亲属为嗣。近世民间习惯，以二姓兼称者，更仆难数，大抵皆以异姓亲属为嗣，士大夫家亦有之。夫人情之至，即理之所通，准之古事，酌之人情，似不如明定专条，以资引用。①

由上观之，此条规定异于旧律，事实上认可了民间立异姓外亲为嗣这一习惯做法，亦可视为异姓收养的有限拓展。另，该草案"继承编"第1469条复规定："乞养义子，或收养三岁以下遗弃小儿，或赘婿素与相为依恃者，得酌给财产，使其承受。"② 其立法理由谓：

> 乞养义子及收养遗弃小儿，不许以之立嗣者，以宗祀之重不容乱也。而许其与女婿均得分产者，以养育之恩无所靳也。然义男女婿，必平日素相依倚，收养小儿必在年三岁以下，并同居既久，则恩谊自不比寻常，而例以酌给为文，其家业不必与嗣子均分，亦可无争产之虞。本案采取此义，定入条文。盖虽无继承之权利而得有承受之亲情，亦曲体人情之意也。③

本法条主要规定亲属外可承受遗产之人。从立法渊源上来看，其主要因袭了大清律之相关规定。④ 而该条立法理由又进一步明确，异姓义子及女婿虽无遗产继承权，但基于相互依倚之恩养关系，仍可酌分财产。这种财产承

---

① 商务印书馆编译所编：《中华六法（三）民律下》，上海商务印书馆1922年版，第四编亲属，第81页。
② 参见杨立新点校《大清民律草案 民国民律草案》，吉林人民出版社2002年版，第188页。
③ 商务印书馆编译所编：《中华六法（三）民律下》，上海商务印书馆1922年版，第五编继承，第12页。
④ 《大清律例·户律·户役》"立嫡子违法"条规定："若义男、女婿为所后之亲喜悦者，听其相为依倚，不许继子并本生父母用计逼还，仍酌分给财产。……其收养三岁以下遗弃之小儿，仍依律即从其姓。但不得以无子遂立为嗣，仍酌分给财产，俱不必勒令归宗。"田涛、郑秦点校：《大清律例》，法律出版社1999年版，第179页。

受关系,与宗亲关系无涉。该法条一方面在立法技术上实现了旧律和新法的妥适衔接,另一方面亦在某种意义上扩大了异姓养子的财产权利。

1914年2月,北洋政府裁撤法典编纂会,改设法律编查会,隶属司法部。1915年,法律编查会编成《民律亲属法草案》,是为中国近代第二次亲属法草案。该草案关于收养问题,一如《大清民律草案》"亲属编",仅设"嗣子"一节对承嗣问题详加规定,并未明确异姓养子的权利和义务。不过该节第78条仍仿前草案第1391条之例,明定无子者在无宗亲亲属,或虽有而不能出嗣的情况下,可立姊妹之子、婿、妻兄弟姊妹之子为嗣。①

1918年,北洋政府重新组织成立新的修订法律馆。该馆以《大清民律草案》为基础,参酌欧陆各国最新立法例,于1925年至1926年间完成民国《民律草案》。就收养问题而言,该草案较之《大清民律草案》,其变化之处如下:其一,仍援《大清民律草案》之例,在"亲属编"第四章"亲子"部分设"嗣子"一节,但将原草案关于立嗣要件、立嗣权、嗣子归宗等内容移入"继承编"第二章"宗祧继承"第一节"宗祧继承人"部分,实质内容则无二致;其二,在"亲属编"第四章"亲子"部分,另辟"养子"一节,设17个条文,对异姓养子的界定、异姓收养之要件、异姓养子之权利和义务、收养关系之解除等予以详尽规定。该草案第1217条规定:"三岁以下遗弃小儿,被人收养,或以义男名义入异姓人家为人子者,为养子。"第1218条至第1221条则分别规定,未成年之人不得以他人为养子;有配偶者,非经其配偶人同意,不得以他人为养子,或为人养子;以他人为养子者,须经父母允许;十五岁以下为人养子者,须由其父母代为允许。第1222条规定,收养关系自呈请户籍登记之日生效。第1224条至第1226条规定了收养关系的撤销情形。第1228条至第1229条规定养子有权酌分养父母之部分财产,但不得继承宗祧。第1227条规定养子须从养亲之姓。第1230条至第1233条规定了收养关系之解除。② 由是可知,民国《民律草案》"亲属编"摹仿欧日民法典,对异姓收养问题在立法层面进行了首次表达,其虽囿于旧制,排除了异姓养子在身份和财产上的继承权,但无疑已充分关照了民间的收养现实,委婉地回应了时人弛异姓收养之禁的呼吁。③ 当然,

---

① 参见中国台湾"司法行政部"编《中华民国民法制定史料汇编》下册,1976年印行,第55页。
② 参见杨立新点校《大清民律草案 民国民律草案》,吉林人民出版社2002年版,第364—366页。
③ 如其时学者所言:"在外国法例,异姓亲属,得承嗣人继,久成习惯,而我国则悬为厉禁,诚非吾人所敢知矣。"庄永芳:《异姓不得乱宗之我见》,《法律评论(北京)》1925年第101期。

这种立法尝试，又为其后南京国民政府时期实现异姓收养的合法化，提供了一种有益的指引。

二 司法实践中异姓收养的弛禁及养子权利的变化

清末民初，在民间实际生活中，围绕着异姓养子的身份权和财产承受问题，亦纠葛不断，而各地各级司法机构就相关纠纷所为之裁判，则生动地映现了当时裁判者对于异姓收养所抱持的态度。

就地方司法裁判实践来看，清末民初在江苏句容县任县令和民政长的许文濬，在裁处一起以甥嗣舅案件时批道："谢长生以外甥吕连保子为嗣，以其妻刘氏前夫之女邱小丫头为媳。甥舅、父子、母女、姑媳，顾复恩深。婚嫁费省，胼胝人家，得此实为美满之事。"① 在另一起以女赘婿案中亦批道："已故王廷书无子，以其女赘周孝文，更姓名王永泰以为子。……迨王廷书之女亡，王永泰续娶一解氏，则又以解氏前夫之女赘一婿以为孙。羼集异姓，以成人家。"② 该两批词在相当程度上迎合了当地习惯，也与《大清民律草案》允许以甥嗣舅，以及立婿为嗣的规定互为暗合。

另，清末民初各级地方审判厅审理的异姓乱宗案件亦复不少。如宣统三年（1911年）贵阳地方审判厅裁处之熊升妹诉熊周氏、熊小发异姓乱宗一案中，熊周氏幼嫁沈姓，夫亡，遗一子名小发。后熊培兰因妻无子，娶熊周氏为妾，小发时仅二岁，随母过门寄养。久之周氏无出，熊培兰复娶杨氏，仅生一女。后熊培兰病故，遗有板房一间，田地若干。熊培兰有同祖弟熊培恩，生有二子，长子名升妹、次子名二发。周氏以熊培兰在世时曾立约允立小发为嗣，不愿族人干涉。族人熊建章以约系伪造，小发不应为嗣，督使升妹兄弟声言驱逐，彼此争执构讼。贵阳地方审判厅经审理认为：异姓乱宗，律有明禁。小发以沈姓子随母改适，无论熊培兰曾否立约允许，照例均不准为嗣。升妹理应为熊培兰嗣子。但小发随母同居，恩养日久，应酌量分给财产，使母子相为依倚，以符定律而协人情。③ 再如民国二年（1913）浙江第九地方审判厅判决的柴小土异姓乱宗一案，张郭氏初适柴姓，遗腹生有一子名小土。甫三岁，度日维艰，挈子再醮张万椿为继室。未满三月，万椿又亡。万椿原有三子，皆幼，由张氏抚养成人。至民国元年（1912）元月，

---

① 许文濬：《塔景亭案牍》，俞江点校，北京大学出版社2007年版，第86页。
② 许文濬：《塔景亭案牍》，俞江点校，北京大学出版社2007年版，第128页。
③ 参见汪庆祺编《各省审判厅判牍》，李启成点校，北京大学出版社2007年版，第128—129页。

张郭氏邀请族长与房长等将柴小土入继张门为嗣，立有继约，所有遗产四子均分。远房张燮炎以其异姓乱宗，私增家谱提起诉讼。该审判厅经审理后判决：我国素重宗法，不得乱宗，以成数千年之习惯。纵间有异姓入继之事，亦必于宗谱上注明本姓某某，以防混乱。张万椿既有实子三子，自无庸入继。然柴小土年仅三岁即入张家，谓之张万椿之养子，载明于张氏宗谱中，似于情法两得其平。至遗产继承人初不以实子为限，其分得之遗产，兄弟既无异言，应无庸议。① 该两案案情略似，审判官员在裁判中一方面重申异姓养子不得承嗣之禁例，另一方面仍斟酌情理，确认随母改嫁之异姓养子有酌分遗产之权。后一案实际上还明确了异姓养子在注明本姓的情况下，可登入养父家族的族谱。

民初因法制不备，作为最高司法审判机构的大理院，其审理亲属、继承案件，仍主要适用"现行律民事有效部分"。而源于清律的"现行律民事有效部分"，关于异姓收养仅有许令收养三岁以下遗弃小儿但不得为嗣，以及义男、女婿为所后之亲喜悦者，得酌分财产两项规定。为因应异姓收养在当时社会普遍存在之客观现实，大理院亦折衷新旧，于适用旧律外，复参酌欧陆收养法理，并糅以情理和本土习惯，创制了诸多涉及异姓收养的判决例和解释例。这些判决例和解释例，虽仍坚守异姓养子不得为嗣，只可酌分财产不得享有财产继承权之禁例，但已在一定程度上弛缓了异姓收养之禁，亦扩充了异姓养子在身份和财产上的若干权利。

首先，扩大了异姓收养的范围及当事人的自主选择权。

大理院四年（1915）上字第 1971 号、七年（1918）上字第 195 号、八年（1919）上字第 507 号判例要旨分别谓："已有亲生子之人，虽不准立他人为嗣子，而收养他人为养子（一称义子），则固为法所不禁"；"乞养义女，非法所不许"；"一人得为数房义子，不用兼祧之种种限制"。十四年（1925）上字第 1787 号判例要旨亦谓："养亲对于乞养子女应有之监护及主婚权，养亲家族不得主张有此权利。"② 推究其意，前者实际上已经突破旧律关于异姓收养仅得收养三岁以下遗弃小儿的规定，且将收养之范围，由养子扩及养女；后者则赋予养父母对养子女在监护和主婚上的专有权。关于收养关系之成立和解除，大理院八年（1919）上字第 283 号、四年（1915）上字第 610 号、十一年（1922）上字第 843 号判例要

---

① 参见《浙江第九地方审判厅判决柴小土异姓乱宗一案》，《浙江公报》1913 年第 395 期。
② 以上见郭卫编《大理院判决例全书》，吴宏耀等点校，中国政法大学出版社 2013 年版，第 419—420 页。

第六章　"朝为路人，暮为骨肉"：传统中国的异姓收养及其在近代的衍变　　149

旨分别谓："收养义子，不须族人同意"；"养子依法离异，系单独之不要式行为"；"非三岁以下之养子，得自由回复其本姓，独立经营之财产，亦得携回"。① 上述规定实际上进一步扩大了当事人在确立和解除收养关系上的自主权。

其次，异姓义子在身份和财产上的权利，已有明显扩充。

关于身份权，虽然大理院反复强调异姓义子不得立为嗣子，但大理院四年（1915）上字第270号判例要旨，明定养子可以"与闻养亲殡葬之事"；大理院四年（1915）上字第1303号判例要旨肯定了"异姓义子得附葬祖坟"；大理院八年（1919）上字第325号判例要旨则称养子可以登入族谱，其"与异姓乱宗无涉"。② 大理院的解释例，则似乎走得更远，其设定了异姓养子承嗣的若干例外情形，即异姓养子承嗣之事实若历时较久，且未经告争权人主张无效，则其承嗣行为不得认为异姓乱宗。如大理院七年（1918）统字第814号解释例云：以异姓子为嗣，虽为律法所明禁，但历久未经告争权人主张其无效，消灭其身份，其子孙自可出继本姓他支。③ 大理院七年（1918）统字第853号解释例又再次重申：异姓子承继已久，未经告争权人主张其无效，消灭其身份，即不得谓为异姓乱宗。④ 大理院八年（1919）统字第966号解释例亦谓：随母再醮，改姓娶妻成家，迨其终身并未发生争执，自应认为承继确定。⑤ 由上可见，异姓养子之身份权，已有明显扩充。

至于异姓养子之财产权，大理院三年（1914）上字第1255号判例要旨称："义子归宗者，原则上所分得义父母之财产，不许携回。惟义子与其义父伙置产业，而以共有人之资格分得共有财产之一部，自与义子之分得财产不同，不应适用不准携回之规定。"大理院四年（1915）上字第2432号判例要旨谓："养子于立继前，得管理遗产。"大理院八年（1919）上字第750号判例要旨谓："以祀产收益之一部分划归义子，其契约不为无效。"大理

---

① 以上见郭卫编《大理院判决例全书》，吴宏耀等点校，中国政法大学出版社2013年版，第418—420页。
② 以上见郭卫编《大理院判决例全书》，吴宏耀等点校，中国政法大学出版社2013年版，第418—419页。
③ 参见郭卫编著《民国大理院解释例全文》，吴宏耀等点校，中国政法大学出版社2014年版，第697页。
④ 参见郭卫编著《民国大理院解释例全文》，吴宏耀等点校，中国政法大学出版社2014年版，第717—718页。
⑤ 参见郭卫编著《民国大理院解释例全文》，吴宏耀等点校，中国政法大学出版社2014年版，第785—786页。

院八年（1919）上字第988号判例要旨云："义子酌分财产，不能以普通赠与相绳。"① 上列判例要旨，虽仍坚持异姓养子仅可酌分遗产，而无财产继承权之禁条，但异姓养子之财产权支配权能已渐有提升。

总之，就民初的民间收养实践来看，收领异姓养子，甚至以之为嗣的现象依然较为普遍，其于礼法固所不取，然习惯风俗牢不可破。民初大理院以"司法兼营立法"之权能，采扩大解释或法律漏洞补充等解释方法，对异姓收养中的一些关键性问题予以回应。下面试结合大理院二则判例再作具体分析。在大理院七年（1918）上字第195号判例中，上告人程宝玉于三岁时为被上告人盛绍唐抱养。程宝玉称，乞养义女非法，故被上告人盛绍唐不得对其行使主婚权。大理院依据"现行律民事有效部分"关于"所后之亲与义男、女婿间之法律关系"的相关规定，认为所谓义男、女婿当然包括义女。上告人等谓乞养义女为法律所不许，殊有不当。故养父盛绍唐对于养女程宝玉，如无特别情事，自应享有主婚权。② 该判例将养女纳入"义男、女婿"之范围，显然采取的是扩大解释之方法。再如大理院五年（1916）上字第1123号判例，上告人刘有生称，被上告人刘朱氏系其继父刘心乡姘妇，刘朱氏曾与莫兰亭生子莫洪顺。刘心乡身故之后，刘朱氏称莫洪顺为刘心乡义子，应酌分财产。上告人认为莫洪顺实系其继父之干儿子。原判认为莫洪顺为刘心乡义子，并判令酌给财产，显属不当。大理院经审理后认为，现行律虽有异姓义子酌给财产之规定，但至于何为异姓义子，并未详加说明。所谓异姓义子，"当指抚养在家，已脱离其本宗者而言，自与习惯上所称干父、干儿子不同，不能即视干儿为义子"。并据此将案件发回原审更为审判。③ 就本判例而言，因"现行律民事有效部分"并未对"异姓义子"进行明确界定，大理院遂采用法律漏洞补充之解释方法，将异姓养子界定为"抚养在家，已脱离其本宗者"，并将其与习惯所称之干儿加以区别。此之界定思路，又与欧陆收养法例中的收养意义较为趋近。

---

① 以上见郭卫编《大理院判决例全书》，吴宏耀等点校，中国政法大学出版社2013年版，第419—420页。

② 参见黄源盛纂辑《大理院民事判例辑存·亲属编》上册，（台北）犁斋社2012年版，第313—314页。

③ 参见黄源盛纂辑《大理院民事判例辑存·亲属编》下册，（台北）犁斋社2012年版，第946—949页。

第四节　自由收养在《中华民国民法》中的最终确立

　　1927年6月，南京国民政府设立法制局，负责草拟及修订各项法律。鉴于亲属、继承事项皆因袭数千年之宗法遗迹，既与世界潮流相背驰，又与国民党政纲相抵牾，故决定先行起草民法"亲属""继承"两编草案。1928年10月，由燕树棠草拟之《亲属法草案》告成，随后呈送国民政府移付立法院核议，是为中国近代第四次"亲属法草案"。然因当时立法院尚未成立，草案旋被搁置。该草案共分7章，计82条，其编制兼采大陆、英美两法系之长，并仿最新苏俄、瑞士等国民法先例。[①] 草案第四章"父母与子女之关系"部分设置5个条文对收养关系加以规定。第45条谓："收养他人之子女为子女时，其收养者称为养父或养母，被收养者称为养子。养子视为嫡子。"第46条规定收养须具备以下条件：一是收养人须年满40岁以上；二是被收养人至少须年满10岁以上；三是被收养人若与收养人有亲属关系，须辈分尊卑相当；四是收养人有配偶时，收养他人须得其配偶同意；五是未成年人被他人收养，须得其亲生父母同意。第47条规定收养关系可依当事人协议解除，协议不成时，双方均可请求法院判定。第48条前项规定无子女者可用遗嘱方式选立嗣子，同时后项还规定，立嗣之条件，参照前述之收养条件。第49条规定嗣子视为所嗣人之嫡子。[②] 由是可见，该草案仍仿民国《民律草案》，将收养关系析为一般意义上的收养与立嗣两个方面分别加以规定。细察上述条文可以发现，其关于收养的相关规定，受该时期苏俄《婚姻亲属及监护法》和瑞士民法典影响甚深。草案明定被收养人被收养时，须得到其亲生父母或其监护人同意，收养人有配偶时，收养子女应得其配偶同意，上述规定在起草时主要参照了苏俄《婚姻亲属及监护法》第61条和第62条，以及瑞士民法典第265条和第266条；关于收养人须年满40岁以上之规定，则仿自瑞士民法典第264条；关于收养关系解除之规定，亦仿自瑞士民法典第269条。[③] 此外，该草案虽然基于对固有法的关照，对嗣子问题仍设有明文，但仅区区两个条文，而且规定嗣子之设立条件，参照一

　　[①] 参见谢振民编著《中华民国立法史》下册，张知本校，中国政法大学出版社2000年版，第749—750页。
　　[②] 参见中国台湾"司法行政部"编《中华民国民法制定史料汇编》下册，1976年印行，第357页。
　　[③] 参见东北政委会司法部编译《苏俄婚姻亲属及监护法》，东北新华书店1949年印行，第13页；《瑞士民法（九、一〇）》，《法律评论（北京）》1936年第14卷第9—10期合刊。

般意义上的收养，其主次关系一目了然。该草案的部分条文，为之后的《中华民国民法》所吸收。

1930年7月，立法院院长胡汉民等提请中央政治会议核定《民法》"亲属""继承"两篇立法原则。嗣后该两编立法原则经中央政治会议第236次会议议决通过，其中《继承法》立法原则第一点明确规定："宗祧继承无庸规定。"① 不久立法院又将《民法》"亲属""继承"两编立法原则形成报告，交由民法起草委员会遵照起草。该会经详密研讨，审慎草订，先后开会30余次，乃议定民法《亲属编草案》和《继承编草案》，均经立法院会议讨论通过。国民政府亦于1930年12月6日公布，定于1931年5月5日施行。《中华民国民法》"亲属编"共设通则、婚姻、父母子女、监护、抚养、家、亲属会议7章。在第三章"父母子女"部分，关于收养问题，鉴于"继承编"已废除宗祧继承，故舍弃了旧律及历次草案中的嗣子规定，仅设12个条文对"养子"问题详加规定。综观其关于"养子"部分的相关条文，同时将其与大陆法系主要国家民法典中的收养条文加以比较，可推知其在起草时，对于上述诸国的收养立法例多有参酌。

表6-1 　　《中华民国民法》中的收养条文及其与法德日瑞民法典相关条文比较②

主要内容	《中华民国民法》之收养条文	法、德、日、瑞民法典相关条文	备注
养父、养母及养子、养女之名称	第1072条：收养他人之子女为子女时，其收养者为养父或养母，被收养者为养子或养女		收养关系之称谓

---

① 谢振民编著：《中华民国立法史》下册，张知本校，中国政法大学出版社2000年版，第749—787页。

② 参见吴经熊主编《中华民国六法理由判解汇编》第2册，上海会文堂新记书局1948年版，第962—966页；李浩培、吴传颐、孙鸣岗译《拿破仑法典（法国民法典）》，商务印书馆1997年版，第51—54页；朱德明译《德意志民法》，司法公报发行所1921年版，第294—298页；[日]梅谦次郎《日本民法要义·亲族编》，陈与荣译述，上海商务印书馆1913年版，第156—193页；《瑞士民法（九、一〇）》，《法律评论（北京）》1936年第14卷第9—10期合刊。后文涉及的相关法条，均出自兹处，不再一一赘列出处。

续表

主要内容		《中华民国民法》之收养条文	法、德、日、瑞民法典相关条文	备注
收养的要件	实质要件	第1073条：收养者之年龄，应长于被收养者二十岁以上	法民第343条 德民第1744条 日民第837—838条 瑞民第264条	法民规定无婚生子女或直系卑血亲，年满50岁以上者方可收养，且收养者须长于被收养者15岁以上；德民规定年满50岁以上者方可收养，且收养者须长于被收养者18岁以上；日民规定成年人方可立养子，且不得以尊亲属或年长者为养子；瑞民规定无嫡出直系卑亲属，年满40岁以上方可收养，且收养者须长于被收养者18岁以上
		第1074条：有配偶者收养子女时，应与其配偶共同为之	法民第344条2项 德民第1746条 日民第841—842条 瑞民第266条第1项	法民仅规定有配偶者收养子女须经配偶同意；德瑞民法规定有配偶者收养和被收养时，均应征得配偶同意；日民规定有配偶者欲为他人养子，须与配偶共同为之，若欲收养子女，仅需配偶同意即可
		第1076条：有配偶者被收养时，应得其配偶之同意		
		第1075条：除前条规定外，一人不得同时为二人之养子女	法民第346条 德民第1749条 瑞民第266条第二项	法德瑞民法之规定与《中华民国民法》第1075条略同
	形式要件	第1079条：收养子女，应以书面为之。但自幼抚养为子女者，不在此限	法民第353—359条 德民第1748、1750条 日民第847—850条 瑞民第267条	法德瑞日民法均要求收养须以书面形式为之，且须得到法院或官厅许可，或则须履行登记手续
收养的效力		第1077条：养子女与养父母之关系，除法律另有规定外，与婚生子女同	法民第350条 德民第1757条 日民第860条 瑞民第268条	法民规定被收养人对于收养人遗产，有与婚生子女同等权利；德日民法均规定养子之地位同与婚生子；瑞民除规定养子地位同与婚生子，同时规定被收养人不因被收养而丧失本家继承权
		第1078条：养子女从收养者之姓	法民第347条 德民第1758条 瑞民第268条第1项	法民规定收养者之姓加以被收养者本姓之上；德瑞民法规定养子从养父之姓

续表

主要内容		《中华民国民法》之收养条文	法、德、日、瑞民法典相关条文	备注
收养关系之终止	因双方合意终止	第1080条：养父母与养子女之关系，得由双方同意终止之。前项终止，应以书面为之	德民第1768条 日民第862条 瑞民第269条1项	德民第1768条、日民第862条及瑞民第269条与《中华民国民法》第1080条同；日民第866条与《中华民国民法》第1081条略同；瑞民第269条第2项仅规定若有重大事由存在，收养关系可依另一方当事人声请而终止，但未对重大事由进行列举
	由法院判决宣告终止	第1081条：养父母、养子女之一方，有下列各款情形之一者，法院因他方之请求，得宣告终止其收养关系：一、对于他方为虐待或重大侮辱时；二、恶意遗弃他方时；三、养子女被处二年以上之徒刑时；四、养子女有浪费财产之情事时；五、养子女生死不明已逾三年时；六、有其他重大事由时	日民第866条 瑞民第269条2项	
收养关系终止之效力		第1082条：收养关系经判决终止时，无过失之一方，因而陷于生活困难者，得请求他方给与相当之金额		德民第1772条、日民第875条与《中华民国民法》第1083条略同；瑞民第269条第3项仅概括规定收养关系终止后，其收养效力归于消灭
		第1083条：养子女自收养关系终止时起，回复其本姓，并回复其与本生父母之关系。但第三人已取得之权利，不因此而受影响	德民第1772条 日民第875条 瑞民第269条3项	

由表6-1可知，《中华民国民法》摹仿大陆法系各国民法典，已构建起一个在立法体系上较为完备的收养制度，其对养父、养母及养子、养女之名称，收养的要件、收养的效力、收养关系之终止及终止后之效力等核心问题，均予以明确规定。当然，较之于固有法，其最显著的变化是：一方面废止宗祧继承，取消前几次草案关于嗣子的立法规定；另一方面在摹写欧陆民法典和参酌我国民间异姓乞养习惯及收养现实的基础上，在法律上明确了自由收养原则，彻底实现了异姓收养的合法化。以下结合具体条文，下面试将其主要内容分述如次：

第一，收养的实质要件。

其一，收养者应长于被收养者20岁以上。关于收养者与被收养者之年龄间隔，我国立嗣旧制以不失昭穆为要件，至于年龄则无明确要求。大理院三年（1914）上字第447号判例云："无后立嗣，但须昭穆相当，不失次序，虽年长于被继承人者，亦可有效。"①惟在事实上，长幼失序，未免失当，故《中华民国民法》第 1072 条规定收养者之年龄须长于被收养者 20 岁。此项立法，亦参照了域外相关立法例。如法国和德国民法均规定收养者须年满 50 岁以上，不过前者规定收养者须长于被收养者 15 岁以上，后者规定收养者须长于被收养者 18 岁以上；日本民法规定成年人方可立养子，且不得以尊亲属或年长者为养子；瑞士民法规定收养者须年满 40 岁以上，且收养者须长于被收养者 18 岁以上。《中华民国民法》博采各国立法之长，不设收养者是否有婚生子女或直系卑血亲属之限制，仅规定收养者年龄应长于被收养者 20 岁以上。

其二，有配偶者收养子女应与其配偶共同为之；有配偶者被收养时应得其配偶之同意。就该两项实质要件而言，考之其时域外相关立法例，法国民法仅规定有配偶者收养子女须经其配偶同意；德瑞民法则规定有配偶者收养子女或被收养时，均应征得其配偶同意；日本民法规定有配偶者欲收养子女，须与配偶共同为之，若欲为他人之养子女，仅需配偶同意即可。日本民法作如是规定，主要基于该国习惯，"无论以他人之子为养子，或为他人养子，均须夫妇共之""故不以养父妻为养母，或不以养母之夫为养父，终为日本风俗之不许也"②。日本民情风俗与我国相类，故为保全夫妻情感，维持家庭和平，《中华民国民法》第 1074 条和第 1076 条，仿日本民法第 841 条和第 842 条立法例，亦作如是规定。

其三，一人不能同时为两人之养子女。我国固有法许独子兼祧，一人可后两人，考虑到宗祧继承已废，《中华民国民法》第 1075 条从法、德、瑞士立法例，规定除一人可为配偶两人之养子外，不能同时为其他人之养子，以免亲子关系趋于复杂化。

第二，收养的形式要件。

《中华民国民法》第 1079 条规定了收养的形式要件，即原则上收养须用书面形式为之，但"自幼抚养为子女者"除外。我国固有法认为立嗣并非要式行为。依据"现行律户役立嫡子违法条例""继单并非继承成立之要件，苟有立继之事实，即无书据，亦不得无故否认"③。大理院九年（1920年）统字第 1376 号解释例亦称：查立继行为，并不以书据为要件，若有事

---

① 史尚宽：《亲属法论》，中国政法大学出版社 2000 年版，第 598 页。
② [日]梅谦次郎：《日本民法要义·亲族编》，陈与荣译述，上海商务印书馆 1913 年版，第 160 页。
③ 朱采真：《宪法新论》，上海世界书局 1929 年版，第 17 页。

实证明，虽无书据及人证，尚非无效。①然创设亲子身份之行为至关重要，近代各国法例，多认其为要式法律行为。德国、瑞士、法国均规定收养须以公文书为之，且须经官厅核准，②日本民法亦规定须呈报户籍吏方生法律效力。③《中华民国民法》一方面强调收养应以书面形式为之，另一方面为便俗计，又规定自幼抚养为子女者，收养事实已足资证明，毋须另立书据。此条规定，不若他国所采方式之繁杂，可谓折中之立法。④

第三，收养之效力。

《中华民国民法》第1077条和1078条分别规定，收养行为成立后发生以下效力：一是养子女取得养亲之婚生子女身份，即养子女与养父母之关系，除法律另有规定外，与婚生子女同。所谓法律另有规定者，如《中华民国民法》第1142条第2项规定："养子女应继分，为婚生子女二分之一。"此其与婚生子女地位不同之处。二是收养异姓者，养子女应从养亲之姓。德国、瑞士民法典均作如是规定。我国旧制，禁止收养异姓以乱宗族，即乞养三岁以下遗弃小儿，可从收养者之姓，但不得立之为嗣。盖在宗法社会，异姓乱宗，为法之大禁。《中华民国民法》废除宗法遗制，认为收养同姓或异姓子女，均属当事人之自由。惟收养异姓者，养子女应从养亲之姓，此为维持家制应有之义。又外国法例，如法国民法第351条规定养子保留其本姓，而冠以养亲之姓，在我国，则只能易姓，以免冠姓之冗长。

第四，收养关系的终止及终止后之效力。

《中华民国民法》第1080条和第1081条分别规定收养关系因双方合意终止和由法院判决宣告终止两种情形。第1082条和第1083条还分别规定收养关系终止后，其发生以下两种法律效力：一是无过失之一方，因而陷于生活困难者，可请求他方给与一定金额的经济补偿；二是养子女自收养关系终止时起，回复其本姓，并回复其与本生父母之关系。

综上可知，《中华民国民法》所规定之收养要件，与旧法之立嗣旨趣各异，而养子之法律地位，又与旧法之养子（义子）略有不同，盖合旧制之嗣子与养子而熔为一炉。此外，其对于收养者与被收养者之身份、国籍亦毫

---

① 参见郭卫编著《民国大理院解释例全文》，吴宏耀等点校，中国政法大学出版社2014年版，第1044—1045页。
② 参见德国民法第1741条、瑞士民法第267条、法国民法第353条至第359条。
③ 参见日本民法第847条。
④ 参见曹杰《中国民法亲属论》，上海会文堂新记书局1946年版，第195—196页。

无限制。① 总体而言，其关于收养事项，在立法技术上已臻完备。不过亦有学者对其提出批评，如赵凤喈曾言："最近法例，倾于社会救济政策，有明定被收养者限于未成年人，且以专为被收养者之福利为目的。惜我民法仍守往昔之遗规，而忽视收养制度之社会意义也。"② 陶汇曾亦有如下訾评："关于养子制度之内容，虽比之旧律，已大进步，然犹狃于遗习，重其继承作用而忽视其社会政策的意义，故被收养者不限于未成年人，不为收养关系应基于被收养者利益之规定，实大缺点也。"③

第五节　南京国民政府最高司法机关调和新收养法与旧习俗的努力

南京国民政府时期，随着立法事业的推进，大理院"司法兼营立法"之时代遂告终结。该时期司法审判机关所适用之法源，较之民初已发生显著变化，即新编纂的"六法全书"成为司法裁判的主要成文法渊源，而《中华民国民法》"亲属编"中之"养子"一部，亦成为收养案件裁判的主要法律依据。

新收养法施行后，关于终止收养关系的家事纠纷及相关讼事的报道，作为新闻趣事在上海一隅之报章屡屡可见。兹列举两例以窥一斑。1935年7月，51岁的龚子青延请律师具状上海第一特区地方法院，请求判令与28岁的养子龚瑞生终止收养关系。其诉状称：养子龚瑞生，自幼螟蛉，抚育成人并为其娶妻室。无奈瑞生甘趋下流，先后浪费家财达二百万余金，屡诫不悛，父子之情，可谓恩断义绝，惟有请求判决与养子瑞生终止收养关系。④ 1937年3月，寓沪粤人梁杏卿及其妻陈佩琼，因养女李秀珍（时年19岁，被收养时仅5岁）窃取家中物件潜逃，延请律师具状上海第一特区地方法院，请求依据民法第1081条判令终止与李秀玲的收养关系。开庭时

---

① 如南京国民政府1929年公布实施的《国籍法》第3条规定："外国人得为中国人之养子。"吴经熊主编：《中华民国六法理由判解汇编》第1册，上海会文堂新记书局1948年版，第467—468页。

② 赵凤喈：《民法亲属编》，国立编译馆、正中书局1947年版，第160—161页。

③ 陶汇曾：《民法亲属论》，上海会文堂新记书局1937年版，第170—171页。曹杰亦表达了相同的观点，其称："英国与苏俄所采之收养制度，以养子之福利为前提""独吾犹狃于遗习，重视其继承作用，而忽略其社会政策的意义，此学者不免引为遗憾"。曹杰：《中国民法亲属论》，上海会文堂新记书局1946年版，第179页。

④ 参见《养子甘作下流，养父欲终止收养》，《时事新报（上海）》1935年7月7日，第3张第2版。

李秀玲携律师戴继恩到庭，声明对于终止收养并无异议，惟骤失所依，生活陷入困难，要求原告酌给生活费若干。经法庭劝解，原告夫妇同意给付李秀珍生活费20元，双方当庭签立解除收养关系的协议。① 由上可以略见，当时部分当事人在律师的帮助下，已知晓援用新收养法来解决收养纠纷。但从另一视角观之，一般民众受宗法观念熏陶既久，民间的立嗣行为并不因新法废弃宗祧继承而根绝。如1935年4月发生于上海的一起终止收养纠纷案中，施高氏因子早故，膝下乏嗣，故于1932年间收养施金发为嗣孙，翌年为其讨取施陆氏为妻。② 1936年9月，上海奉贤县县民管才根，仅生一女，为续嗣计，于1932年凭媒螟蛉附近乡民朱才生之弟朱光明，俟其长成再将女许配为妻。③ 该两起收养事例均发生于《中华民国民法》"亲属编"施行以后，究其实质，前者系代已故之子领养异姓孙续嗣，后者则为招婿承嗣。岭南大学社会学系刘耀荃于1948年对广州近郊鹭江村的社会调查结果显示，该村异姓嗣子的人数约有30人左右。④ 以上似乎表明，剥离于新收养法之外的立嗣旧制，已衍化为另一种形式的习俗。此外，民间的收养行为，多数情况下仍处于一种自发的事实收养状态，普通民众并未严格按新收养法规定的收养要件收养子女，而各地因历史原因积淀而成的异姓乞养习惯，仍在相当程度上继续支配着人们的收养观念和收养行为。

南京国民政府时期，最高法院依照法定程序作成的判例和司法院大法官会议作出的解释令，⑤ 成为该时期成文法典的重要补充，它们可以对成文法加以补充解释或进行实质意义上的修正。《中华民国民法》"亲属编"颁布后，为配合新法之施行，斯时之最高法院也结合具体个案之裁判，著成与收养相关判例18例，司法院亦有相关解释令11例，其判解要旨涉及收养关系及其称谓、收养关系成立之实质要件与形式要件、收养之效力、收养关系的终止及终止后之效力等，下面试将其表解如下：

---

① 参见《请求终止收养当庭和解成立》，《时事新报（上海）》1937年3月19日，第3张第2版。
② 参见《终止收养案》，《茸报》1935年4月19日，第3版。
③ 参见《终止收养》，《茸报》1936年9月17日，第3版。
④ 参见刘耀荃《鹭江村的权力结构》，载程焕文、吴滔主编《民国时期社会调查丛编》（第三编中册），福建教育出版社2014年版，第62页。
⑤ 1927年国民政府奠都南京后，大理院改称最高法院，其作为全国最高审判机关，除行使民刑案件之终审权外，还行使着统一解释法律之权。自1927年12月15日起至1928年11月20日止，最高法院共解释法令245则。1928年11月，司法院成立，自此，法律解释之权限，统归司法院所属，最高法院不再拥有法律解释之权。参见方乐《民国时期法律解释的理论与实践》，北京大学出版社2016年版，第274、283页。

表 6-2 南京国民政府最高法院和司法院涉及收养之判例和解释令要旨一览①

序号	判例号/解释例号	判例和解释例要旨	所涉内容及收养法条
1	二十年（1931）院字第550号解释令	民法上并无所谓宗桃继承，至收养他人子女，无论被收养者是否异姓，均无不可	
2	二十二年（1933）院字第907号解释令	虽有亲生子女者，得收养他人之子女为养子女，但将来遗产之继承，依民法第一一四二条第二项规定，养子女之应继分为婚生子女之二分之一	
3	二十二年（1933）上字第1734号判例	民法并无宗桃继承之规定，惟许收养人子女为子女在亲属编第一千零七十二条定有明文，此种收养关系自可由收养人之一方与被收养人之一方依法为之，无他人干涉之余地	
4	二十三年（1934）上字第4823号判例	养子女与养父母之关系，须收养者有以他人之子女为子女之意思而收养之，始能发生。若仅有育之事实，而无以之为子女之意思，则被养育者自不能取得养子女之身份	收养关系及其称谓（民法1072条）
5	二十六年（1937）上字第486号判例	收养他人之子女为子女，惟本人始得为之，若本人业已死亡，则不得由其配偶为之收养。故夫死亡后，由妻为之收养者，不能认为夫之养子女	
6	二十六年（1937）上字第495号判例	收养他人之子女为子女，依民法第一千零七十二条以下之规定，并无收养者与被收养者必须同宗之限制，收养者虽无子女，而其收养异姓之人为子女，不收养同宗之人，自非收养者之侄辈所得干涉	
7	二十九年（1940）上字第702号判例	民法亲属编施行后，无子者于其生前以他人之子为子，合于民法上收养他人子女之规定者，虽当事人不称为养子而称为嗣子，亦不得谓非民法上所称之养子	
8	二十九年（1940）上字第903号判例	被上诉人之年龄，仅少于上诉人十余岁，虽与民法第一千零七十三条之规定不符，但上诉人之立嗣，既在民法亲属编施行以前，依该编施行法第一条，当然无民法第一千零七十三条之适用	收养关系成立的实质要件一：收养者与被收养者有一定年龄间隔（民法1073条）

---

① 本表参见民国最高法院判例编辑委员会编《最高法院判例要旨（1927—1940）》上册，上海大东书局 1946 年版，第 106—108 页；陈顾远编著《民法亲属实用》，上海大东书局 1946 年版，第 155—169 页；郭卫编辑《司法院解释例全文》，上海法学社 1946 年版，第 152 页及以下。

续表

序号	判例号/解释例号	判例和解释例要旨	所涉内容及收养法条
9	二十二年（1933）院字第907号解释令	收养子女应由收养者本人为之，亲族及配偶不能于其身后代为收养；但其配偶人得自为收养	收养关系成立的实质要件二：收养子女须收养者与配偶共同为之（民法第1074条）
10	二十一年（1932）院字第761号解释令	一人不得同时为二人之养子女，法律已有明文禁止，而独子独女之为他人养子女，既无禁止明文，即可任凭当事人间之协议。收养关系未终止以前，养子女与其本生父母之关系未能回复，自无所谓兼充	收养关系成立的实质要件三：被收养者不得同时为二人之养子女（民法第1075条）
11	二十九年（1940）上字第532号判例	甲收养被上诉人之父乙为子，系在民法亲属编施行之前，依民法亲属编施行法第一条不适用民法第一千零七十九条之规定。其收养纵未以书面为之，亦不得谓无效	收养关系成立的形式要件：原则上须用书面形式为之，但自幼抚养者为例外（民法第1079条）
12	二十九年（1940）上字第1817号判例	收养年已十九岁之人为子，未以书面为之，既于民法第一千零七十九条所定之方式，有未具备，依民法第七十三条之规定，即属无效，自不能发生收养关系	
13	三十一年（1942）院字第1079号解释令	民法第一○七九条但书之所谓幼，指未满七岁者而言	
14	二十一年（1932）上字第57号判例	族谱载有异姓不得乱宗之例者，系以当时法律不认收养异姓之子与养父间有亲子关系为前提，自民法施行后，依该法第一○七七条，养子与养父母之关系，除法律另有规定外，与婚生子女同，婚生子女既应入谱，法律上视同婚生之养子，自不得更援谱例，拒绝入谱。惟养子之法律上地位，于另有规定时，亦非与婚生子全然同一，故养子入谱，应依其谱例之本旨，载明为养子，以别于真正之婚生子	收养之效力一：养子女取得养亲之婚生子女身分（民法第1077条）
15	二十一年（1932）上字第2907号判例	现行民法无所谓异姓乱宗之禁令，故养异姓之人为子者，其与养子之关系，除法律另有规定外，固与婚生子同。惟登入族谱之资格，依族规之所定，其族规禁止此种养子登入族谱者，仍不得登入族谱	
16	二十一年（1932）院字第761号解释令	惟养子女之关系，原则上既与婚生子女相同，则旁系血亲在八亲等以内，旁系姻亲在五亲等以内，辈分不相当者，自不得为养子女，以免淆乱	

第六章 "朝为路人，暮为骨肉"：传统中国的异姓收养及其在近代的衍变　161

续表

序号	判例号/解释例号	判例和解释例要旨	所涉内容及收养法条
17	二十二年（1933）院字第883号解释令	养子女与婚生子女同，以亲属法上或继承法上有明文者为限。至若选充族职并非养子女养父母间之关系，自得依该族规约办理	收养之效力一：养子女取得养亲之婚生子女身份（民法第1077条）
18	二十五年（1936）院字第1442号解释令	民法第1077条所谓养子女与婚生子女同者，仅就养子女与父母之关系而设之规定。乙男丙女虽均为甲之收养子女，但并非同法第九六七条所称之血亲，则乙丙结婚，自不受同法第九八三条之限制	
19	二十五年（1936）院字第1602号解释令	养子女从收养者之姓，既为民法第一〇七八条所明定，则养子女自不得兼用本姓。如以本姓加入姓名之中，其本姓只能认为名字之一部，而不得视为复姓。至兼承两姓宗祧，虽无禁止明文，但参照同法第一〇八三条之趣旨，仍不生法律上之效力	收养之效力二：养子女应从养亲之姓（民法第1078条）
20	二十八年（1939）上字第1723号判例	养父母与养子女之关系，依民法第一千零八十条，固得由双方以书面终止之，但所谓双方，既指养父母与养子女而言，则同意终止之书面，自须由养父母与养子女，依民法第三条之规定作成之始生效力	收养关系终止情形一：因双方合意以书面形式终止（民法第1080条）
21	二十年（1931）上字第2020号判例	鸨母对于所蓄之妓女，虽不能既谓有养亲养女关系，而养亲若以养女为娼妓，其养女不反对者，亦不能遽谓其养亲女之关系因而终止	
22	二十二年（1933）上字第748号判例	旧律关于废继之规定，已因民法亲属编之施行失其效力。在民法亲属编施行后，请示终止嗣子关系，应依民法关于请示终止收养关系之规定办理	收养关系终止情形二：因法院判决宣告终止（民法第1081条）
23	二十八年（1939）上字第843号判例	嗣子意图使嗣父受刑事处分，而为虚伪之告示，经检察官为不起诉处分后，复声请再议，自系民法第一千零八十一条第六款所谓重大事由	
24	二十八年（1939）上字第1525号判例	收养关系之终止，除由养父母与养子女双方依民法第二千零八十条之规定为之者外，若仅一方对于他方为终止意思之表示，纵令他方有同条所列各款情形之一，其收养关系亦不因而终止	

续表

序号	判例号/解释例号	判例和解释例要旨	所涉内容及收养法条
25	二十九年（1940）上字第 2027 号判例	养子无故将其养母锁在门内一日，不得谓非对于养母有虐待，依民法第一千零八十一条第一款之规定，养母自得请求法院，宣告其收养关系之终止	收养关系终止情形二：因法院判决宣告终止（民法第 1081 条）
26	二十九年（1940）院字第 1174 号解释令	民法亲属编施行后所发生之废继事件，既无法律可资援引，即应依民法总则第一条以终止养子女收养关系之法条，作为法理采用	
27	二十二年（1933）上字第 2385 号判例	民法第一千零八十二条所谓无过失之一方，系指养父母或养子女本身，若养子女之配偶及其子女，并不包含在内	收养关系终止效力一：无过失一方，因陷于生活困难得请求他方给与相当之金额（民法第 1082 条）
28	二十年（1930）上字第 2305 号判例	养子与养亲之关系，以有收养关系为前提，在收养关系未经两愿或判决终止以前，则对于养子之权利义务，当然应由养父母行使并负担，而无其本身父母置喙之余地	收养关系终止效力二：养子女自收养关系终止时起，回复其本姓，并回复其与本生父母之关系（民法第 1083 条）
29	三十年（1941）院字第 2120 号解释令二	嗣子女与本身父母之关系如何，应依民法所定养子女与本身父母之关系决之。民法第一〇八三条但书，所谓第三人已取得之权利，即为养子女因收养关系之发生，而丧失之权利。以子女之身所能取得之权利，既因为他之养子女而丧失，则以子之身所应负担之义务，自亦因为他人之养子女而消灭	

综览表 6-2 可知，最高法院和司法院所为之判例要旨和解释令要旨，一方面重申《中华民国民法》"亲属编"废止宗祧继承和嗣子制度，收养不以同宗同姓或男子为限之立法本旨；另一方面，也对简要的立法条文予以充分释明或补充解释，以增进其适用效果。不过对上述判解要旨的相关内容细加揣读，亦可发现，其主要目的，实为缓和新收养法与旧的收养秩序之紧张关系。

其一，进一步明确了养子女与嗣子的界限，揭示了收养的法律性质。

最高法院二十二年（1933）上字第 1734 号、二十三年（1934）上字第 4823 号、二十六年（1937）上字第 486 号和上字第 495 号、二十九年（1940）上字第 702 号判例要旨，以及司法院二十年（1931）院字第 550 号、二十一年（1932）院字第 761 号、二十二年（1933）院字第 907 号、二十五年（1936）院字第1442号解释令要旨，将养子女与旧制之嗣子进行了明确的界分，并就收养的法律性质，作了更充分的释明。嗣子以继承宗祧为目的，仅限于同宗同姓之男性卑亲，除本人可立嗣子外，夫亡后妻或其他宗族成员亦可为其代立嗣子；养子女则与身份继承无涉，无论同宗与否，同姓抑异姓、男子或女子均无不可，但收养者应具备以他人之子女为子女之意思表示，收养行为仅其本人始得为之，他人无权代为收养亦无权加以干涉。质言之，收养的意义，在于形成一种法律上的拟制亲子关系。在最高法院二十二年（1933）上字第1734号判例中，上诉人汪地霆、被上诉人汪地霈及汪地霭系同胞兄弟，汪地霈无子，故抱养次兄汪地霭之子为子。上诉人诉称，其为长兄，依宗祧旧例，汪地霈应先抱养其子，并诉请确认被上诉人之收养行为无效。最高法院经审理后认为，现行民法并无宗祧继承之规定，收养人与被收养人依法成立收养关系，他人无权干涉，并据此驳回上诉人之上诉。① 由此判例可知，最高法院实际上以新法为据，就收养与立嗣之区别进行了严格界分，并明确表达了保护收养人收养自由的观点。

其二，对立嗣旧制进行适度包容，并将立嗣行为纳入新收养法的框架内进行调整。

首先，将立嗣的若干要件，巧妙融入新创立的收养制度之中。《中华民国民法》第1073条仅概括性规定收养者之年龄应长于被收养者20岁以上，其"只有年龄之限制，而无尊卑之限制，自属立法疏漏"②。为弥补此疏漏，司法院二十一年（1932）院字第761号解释令，基于伦理考量，补充规定八亲等以内之旁系血亲、五亲等以内之旁系姻亲，辈分不相同者，不得为养子女。此项解释，与立嗣要件中的"不失昭穆"大抵无异。

其次，对新法施行前所为立嗣行为的法律效力，仍予以确认。在最高法院二十三年（1934）上字第3992号判例中，被上诉人刘邢氏系刘元璋之妻，刘元璋于1922年身故无子，刘邢氏择立刘一升为嗣子。上诉人刘延璋起而诉争，要求确认收养关系无效。最高法院经审理认为，虽然宁津县政府批示错误，认为被上诉人代夫立嗣之行为为收养契约，然其真实意图实为代夫立继，该立继行为系在民法继承编施行之前，故依法不应适用民法收养子

---

① 参见《汪地霆与汪地霈因请求确认收养无效事件上诉案》，《法令月刊》1934年总第214期。
② 曹杰：《中国民法亲属论》，上海会文堂新记书局1946年版，第1856页。

女之规定。① 最高法院二十九年（1940）上字第 903 号判例要旨之见解，与上略同。

再次，对新法施行后民间之立嗣行为，并不严行禁止，如符合收养要件，仍援新法所定收养法律关系加以认定。在最高法院二十二年（1933）上字第 621 号判例中，被上诉人武李氏之夫武建铭于 1931 年 5 月病故，被上诉人因无子择立武忍柱为嗣子。该立嗣行为系在民法继承编施行之后。上诉人武鸿章藉词阻挠，双方因此肇讼。最高法院经审理认为，因民法继承编已废除宗祧继承，故被上诉人择立嗣子之行为，虽无宗祧继承之可言，但仍应视为收养关系，此种以立嗣为名之收养关系的成立，属于当事人之自由，他人无权干涉。② 最高法院二十九年（1940）上字第 702 号判例要旨，则对上述见解予以再次重申。

最后，将新法实施后的废继行为，视同为解除收养关系。在最高法院二十二年（1933）上字第 748 号判例中，上诉人黄海昌与被上诉人黄袁氏因请求废继事件涉讼，上诉人为被上诉人故夫之嗣子，被上诉人因上诉人将其租谷擅自收去，致生活无着，故请求废继。最高法院经审理认为，民法亲属编施行前所立嗣子，如于民法亲属编施行后请求废继，自应适用新法关于终止收养关系之法理予以判定。③ 司法院二十九年（1940）院字第 1174 号解释令，其见解与上述判例要旨如出一辙。

其三，衡诸固有法和民间异姓乞养惯习，对养子之权利施加一定限制。

就固有法而言，异姓义子既无身份继承权，亦无财产继承权，仅在为"所后之亲喜悦"时，可酌分养亲财产。前已述及，《中华民国民法》虽原则上规定养子女可视同为亲生子，但其"继承编"第 1142 条第 2 项，又明定养子女在继承养父母之遗产时，其应继分仅为婚生子女之二分之一。司法院二十二年（1933）院字第 907 号解释令，亦对此再加重申。揣其用意，或为不使新创设之收养制度与固有法疏离过远，爰为折衷，虽赋予养子女财产继承权，但仍对其施加一定限制。此外，关于乞养之异姓子是否可登入族谱，各地习惯不一，不同宗族依其族规亦各有别。最高法院之判例，仍在一定程度上尊重了各地既有之习惯。在最高法院二十一年（1932）上字第 57 号判例中，上诉人阮清璧与被上诉人阮五芳因登谱涉讼，安徽高等法院适用

---

① 参见《刘延璋与刘邢氏等因确认收养关系不成立事件上诉案》，《司法公报》1936 年第 91 号。
② 参见《武鸿章与武李氏因请求确认继承事件上诉》，《司法公报》1933 年第 81 期。
③ 参见《黄海昌与黄袁氏因请求废继事件上诉案》，《司法公报》1933 年第 82 期。

《中华民国民法》第 1077 条之规定，认为阮道隆纵为被上诉人阮五芳的异姓养子，作为阮姓修谱总理的上诉人阮清璧，仍不得拒绝将其登入族谱。最高法院终审则认为，原审法律上之见解固无不当，惟阮道隆作为被上诉人收养的异姓子，其登入族谱时应载明"养子"字样，不能作为真正婚生子登入。[1] 最高法院二十一年（1932）上字第 2907 号判例，又再作委婉退让，强调养子登入族谱之资格，依该族族规而定，若其族规禁止异姓养子入谱，仍不得登入。至于异姓养子是否可以担任族长，司法院二十二年（1933）院字第 883 号解释令称：选充族职并非养子女、养父母间之关系，应依该族规约办理。由上可知，最高法院为顾全旧俗，采取了一种相对消极的姿态，将涉及异姓养子宗族管理的事项，委诸于各地习惯予以调整。因此，异姓养子在宗族管理事务中的相关权利，事实上仍在一定程度上被限制。

小　　结

中国传统社会家族主义盛行，基于承祭祀、绵血食之宗法传统，无子之家多收养他人之子以为后嗣，而嗣子之选立，又以宗亲中直系男性卑亲为限。凡乞养异姓以乱宗族者，斥为"异姓乱宗"。但是，在民间收养实践中，为补无子之憾，乞养异姓蓄为义子，甚至立之为嗣者仍不鲜见。故此，"禁止收养异姓与忽视这种禁令，构成中国古代收继中的核心矛盾"[2]。清末以迄民国，在中国亲属法的近代变革过程中，经由立法者的持续努力，一个现代意义上的收养制度在《中华民国民法》中得以最终确立，而传统社会立嗣以外的，作为事实存在的恩养性的异姓收养关系，亦被纳入新的收养法中予以调整。这种立法上的新变化，构成改变传统社会收养格局并使之向现代化发展的重要驱动力量。当然，这种制度变革，除借助立法上的妥适安排外，民初大理院，以及南京国民政府最高法院和司法院在司法实践中所创制的系列判例和解释例（令），亦居功甚伟。前者在弛缓异姓收养之禁和扩充异姓养子权利方面，进行了诸多有益的尝试；后者则采取一种务实的策略，对行之既久的立嗣旧制进行适度包容，并衡诸固有之异姓乞养习俗，对养子

---

[1] 参见郭卫、周定枚编辑《最高法院民事判例汇刊》第 5 期，上海法学书局 1934 年版，第 44—46 页。

[2] ［美］安·沃特纳：《烟火接续：明清的收继与亲族关系》，曹南来译，浙江人民出版社 1999 年版，第 43 页。

之权利施加一定限制，借此弥合新法与旧俗之张力。概而论之，南京国民政府时期的收养法制，实际上是以实现异姓收养的合法化为目标，将欧陆各国收养法例，与传统中国的立嗣制度和异姓乞养习俗冶为一炉，从而成为中国近代亲属法转型过程中新法与旧俗交合互融的一个成功范例。

第七章

中国的已嫁女财产继承权：固有传统及近代变革之难局

中国民法近代化过程中，固有法与继受法之紧张关系一直伴其始终，且在亲属法和继承法领域表现得尤为明显。就继承法领域而言，以宗祧继承与女子继承权问题最具典型意义。而中国近代女子继承权之变革，又以已嫁女财产继承权最滋聚讼。我国固有法尊男卑女，对于已嫁女之财产继承权，在一般意义上采排斥取向。迨至南京国民政府成立前后，由于西方个人主义和男女平权思想的浸染，兼受国民革命和女权运动之促动，已嫁女最终与男子一样在立法层面获得了完整意义上的财产继承权。然而，在此法律变革过程中，固有法排斥已嫁女财产继承权之规则，其在形式上被旁置之后，究竟以何种实态与中国近代的民事立法和民事司法，以及普通人民之法律生活和法律观念发生关联？此问题是我们理解中国近代继承法变迁的一条重要线索。

关于中国历史上的女子财产继承及其近代变革问题，前贤学者已进行过或详或略的探讨，且留下了若干重要成果。[①] 上述成果，多从性别史视角切入，或对中国传统法中女子财产继承之相关立法和司法判例进行细致考论，或在对中国近代女子继承权之变革进行宏观论说时，对已嫁女财产继承之立法嬗递和司法实践有一定触及，但仍然存留以下问题值得进一步探讨：中国固有法在一般意义上排斥已嫁女的财产继承权，支撑这种制度设计的内在文化逻辑为何？清末民初如何在立法和司法实践层面为后世已嫁女财产继承权的确立拓展出空间？南京国民政府赋予已嫁女财产继承权，该项立法措置之

[①] 代表性成果可参见［美］白凯《中国的妇女与财产：960—1949》，刘昶译，上海书店出版社2003年版；李长莉《五四的社会后果：妇女财产权的确立》，《史学月刊》2010年第1期；徐静莉《民初女性权利变化研究——以大理院婚姻、继承司法判解为中心》，法律出版社2010年版；王新宇《近代女子财产继承权的解读与反思》，《政法论坛》2011年第6期；郑全红《民国时期女子财产继承权变迁研究》，法律出版社2013年版；温慧辉《传承与嬗变：中国近代女性财产继承权的变迁》，法律出版社2015年版；等等。

促发因素有哪些？中国近代之已嫁女财产继承权作为一种浸透着革命浪漫主义情结的制度安排，其在法律实践层面最终陷入困局，并给社会秩序和普通人的生活带来困扰，这种困扰甚至延续至今，其深层次缘由为何？以上诸问题，学界置喙不多，即便有若干摭及，亦乏细致和深入。

任何制度的存在都有其历史的正当性，法律历史有时并不朝着精英阶层刻意建构起来的制度目标直线发展。学者之任务，乃在结合本民族之"生活形态"和"社会经验"，在法律与社会生活的互动中发现法律存在或变革的正当理由。本章旨在从一个非女权主义的视角，借用语境论[①]等相关解析工具，将中国的已嫁女财产继承权问题，纳入法律的社会生活史中作相关性考察，并对前述诸问题作一学理阐发。当然，有必要加以强调的是，本章之研究，并非是要表达笔者的反女权主义立场，仅是基于一种解释论的进路，以已嫁女财产继承权为例，揭橥某个特定历史结构或社会结构中的法律制度需求问题，进而为理解近代以来中国民事领域的法制转型提供一种多元的解读思路。

第一节　固有法排斥已嫁女财产继承权之法制形态及其文化逻辑

一　固有法对已嫁女财产承受规定的一般与例外

夏商两代，继承制度集中体现为以王位继承为代表的身份继承，财产和土地之继承均依附于身份继承。[②] 周代一仍如故，且宗法制度盛行，其恃以承家敬宗收族者，厥维宗子。并在此基础上形成了以男子居于绝对支配地位的祭祀继承（宗祧继承）、地位继承（封爵继承）、家族共财管理权继承为基干的继承制度。[③] 故上古三代，难觅女子财产继承之相关载述。洎至汉代，因宗法废弛，斯时之文献和简牍资料，已出现有关女儿承受父产的早期记载。要而言之，汉代女儿承受父产，主要体现为以下两端：其一，有男嗣

[①] 语境论是与文本论相对应的一种研究方法。文本论研究的是法律文本（text），即通过教义学方法解释法律文本，将其纳入统一的法学秩序中。语境论研究的是法律产生与变迁的背景、即法律文本的语境或脉络（context）。它把法律作为社会生活之一部，并把发现历史与现实生活中之法律作为永恒的法学任务。参见谢鸿飞《法律与历史：体系化法史学与法律历史社会学》，北京大学出版社2012年版，第234页。

[②] 参见胡留元、冯卓慧《夏商西周法制史》，商务印书馆2009年版，第158、244页。

[③] 参见胡留元、冯卓慧《夏商西周法制史》，商务印书馆2009年版，第500—502页。

之家女儿出阁时通过妆奁间接受财。《后汉书·列女传》载:"(鲍)宣尝就少君父学,父奇其清苦,故以女妻之,装送资贿甚盛。"① 以妆奁赠女,在豪富之家并不鲜见。如卓文君再嫁司马相如时,除了"嫁时衣被财物"外,其父还分给她"僮百人,钱百万"②。其二,无男嗣户绝之家的已嫁女可以承受部分遗产。《二年律令·置后律》规定:"女子为父母后而出嫁者,令夫以妻田宅盈其田宅。宅不比,弗得。"③ 即谓在无男嗣的户绝之家,已嫁女可将与已毗邻之父母田宅归入丈夫名下,若不毗邻,则否。另,在2006年长沙市文物考古研究所和中国文物研究所公布之长沙东牌楼7号井出土简牍中,亦有一件《李建与精张净田自相和从书》。该份文书大意略谓:精宗有女无子,且并未从子侄等近宗亲属中择立后嗣。精宗之女妌嫁于长沙郡罗县人李升。精宗死后成为户绝之家。最终,其田产分作两份,四分之一归其弟精张,四分之三由出嫁女妌的嫡长子李建代为承受。④

至唐宋时期,关于女儿承受父产之相关法律规定开始增多。唐开元年间颁布之《户令》规定:"诸应分田宅及财物,兄弟均分""其未娶妻者,别与娉财;姑姊妹在室者,减男娉财之半"⑤。此令即明确在室女可依法获得未婚兄弟聘财之半作为妆奁。但若属户绝者,已嫁女亦可承受部分父母遗产。唐开元年间《丧葬令》规定:"诸身丧户绝者,所有部曲、客女、奴婢、店宅、资财,并令近亲转易货卖,将营葬事及量营功德之外,余财并与女。"⑥ 唐开成元年(836)的一道敕令云:"自今后,如百姓及诸色人死绝无男,空有女,已出嫁者,令文合得资产。"⑦ 宋代关于女儿承受父母遗产之法律规定至为丰富。关于在室女之遗产承受,《宋刑统》沿袭唐令,其《户令》规定:"诸应分田宅者,及财物,兄弟均分……其未娶妻者,别与聘财。姑姊妹在室者,减男聘财之半。"⑧ 即明确规定在分割父母遗产时,在室女可取得相当于儿子一半份额的遗产作为妆奁。及至南宋,则出现了在

---

① (南朝宋)范晔:《后汉书》,中华书局1965年版,第2781页。
② (汉)司马迁:《史记》,中华书局1959年版,第3001页。
③ 张家山247号汉墓整理小组:《张家山汉墓简牍》,文物出版社2001年版,第284页。
④ 参见王素《长沙东牌楼东汉简牍选释》,《文物》2005年第12期。
⑤ [日]仁井田陞:《唐令拾遗》,栗劲等编译,长春出版社1989年版,第155页。
⑥ [日]仁井田陞:《唐令拾遗》,栗劲等编译,长春出版社1989年版,第770页。
⑦ 《宋刑统》卷12"户婚律·户绝资产"所引唐开成敕令。参见(宋)窦仪等《宋刑统》,吴翊如点校,中华书局1984年版,第198页。
⑧ (宋)窦仪等:《宋刑统》,吴翊如点校,中华书局1984年版,第197页。

室女与养子均分遗产之习惯和司法判例。① 此外，南宋还颁有"女继父分法"："在法，父母已亡，儿女分产，女合得男之半。"② 至于已嫁女的遗产承受，宋代与唐代亦大抵相类，规定户绝之家的已嫁女可以承受父母财产之三分之一。《宋刑统》规定："请今后户绝者，所有店宅、畜产、资财，营葬功德之外，有出嫁女者，三分给与一分，其余并入官。"③ 宋代关于女子（含已嫁女）承受家财之相关法令及司法判例甚多，限于本章主旨和篇幅，兹处不作过多展开。④

元代关于户绝之家已嫁女承受遗产之规定，与宋略同。《元典章》载有至元八年（1271）以下一则案例：刘涉川死后成为户绝之家，其两个已嫁女阿刘、刘二娘因遗产发生讼争。后司法官"将刘涉川抛下应有财产躯婢，依例以三分为率，内一分与刘涉川二女……二分官为拘收"⑤。即两个已嫁女获得了遗产的三分之一份额，三分之二没官。《大明令·户令》亦有户绝之家由亲女（不论已嫁未嫁）承受遗产之规定："凡户绝财产，果无同宗应继者，所生亲女承分。无女者，入官。"⑥《大清律例》"卑幼私擅用条例"一仍如旧。⑦ 不过清律较之于元明两代的规定稍有变化，即绝户财产不再强制入官。⑧

另，固有法之民事规范，如田土、户婚及继承等事项，大抵渊源于习惯。揆诸民初民事习惯调查相关文献，可发现不少关于女儿（含已嫁女）承受户产之习惯规则。此类习惯通常在对未嫁女的妆奁作出一些前置性安排后，遵循诸子均分原则进行分割，但排除已嫁女的财产继承权。如江苏昆山县习惯："查富家子女各二人，子娶而女未成年，未嫁时提议分产，

---

① 《名公书判清明集》所载范西堂审理"女合承分"案之判词云："假使父母无遗嘱，亦自当得，若以他郡均分之例处之．二女与养子各合受其半。"中国社会科学院历史研究所宋辽金元史研究室点校：《名公书判清明集》上册，中华书局1987年版，第290页。

② 中国社会科学院历史研究所宋辽金元史研究室点校：《名公书判清明集》上册，中华书局1987年版，第277页。

③ （宋）窦仪等：《宋刑统》，吴翊如点校，中华书局1984年版，第198页。

④ 关于宋代女儿承受家财之相关研究及司法判例分析，可参见［美］白凯《中国的妇女与财产：960—1949》，刘昶译，上海书店出版社2003年版，第8—37页；柳立言《宋代分产法"在室女得男之半"新探》，载《宋代的家庭和法律》，上海古籍出版社2008年版，第408—494页。

⑤ 陈高华等点校：《元典章》卷19《户部五·家财》"户绝家产断例"条，天津古籍出版社2011年版，第683—684页。

⑥ 怀效锋点校：《大明律》，法律出版社1999年版，第242页。

⑦ 参见田涛、郑秦点校《大清律例》，法律出版社1999年版，第187页。

⑧ 参见［美］白凯《中国的妇女与财产：960—1949》，刘昶译，上海书店出版社2003年版，第38页。

惟有酌提二女之奁产或嫁费，余归二子均分。"① 满铁调查报告曾载述以下一则对华北农民的调查对话：

（父母死亡之际）"妹嫁到别人家时，她什么都得不到吗？＝得不到。""不分给父母所有的衣服吗？＝不分给土地与财产，分给衣服。""除此之外，不分给什么吗？＝分给装饰品。"……"父母通过遗言，可以自由地决定将其一半财产给已嫁到别人家的女儿吗？＝不可以。""那样的遗言，余下的儿子不遵守吗？＝是的，俗话说'儿受家产女受柜'。"②

当然，习惯调查中，涉及较多的仍是户绝之家已嫁女的遗产承受问题，而各地之做法，又互有参差。展开而言，约有以下几种情形：其一，绝对排斥者。如直隶省清苑县习惯："户绝财产，只有充公办法，而无亲女分析遗产之权。"湖北汉阳、五峰、麻城三县习惯："凡无子有女者，如同宗内并无昭穆相当之人可为立嗣，除被承继人曾以女招赘承嗣者得承受全部遗产外，若其女已经出嫁，即不得再行承受全部遗产。"③ 其二，完全承受者。如黑龙江省海伦县习惯："无子之人所遗产业，有由亲女承袭，无亲女者，归亲族承袭。"巴彦县习惯："无论已字未字（按：即已嫁未嫁）之女，均有接受遗产之权利，非亲生之女，则不在此限。"④ 其三，部分承受者。如甘肃省东乐县习惯："无继承人之遗产，除提出常年祀田外，余则尽归其女或孙女承受。"热河承德县习惯："承继有近支全无应继之人，而由远支无服者入嗣。如本支有亲生女，无论已嫁未嫁，与入嗣者平分遗产。"⑤

由上可知，固有法无论是在国家法层面还是在民间习惯层面，其关于遗产分割，主要遵循诸子均分原则，在一般意义上排斥已嫁女之财产继承权。唯其又存在以下两种例外情形：第一，无论父母在世与否，女儿出阁时通常

---

① 前南京国民政府司法行政部编：《民事习惯调查报告录》下册，胡旭晟等点校，中国政法大学出版社2000年版，第855页。
② 转引自［日］滋贺秀三《中国家族法原理》，张建国、李力译，法律出版社2003年版，第354页。
③ 前南京国民政府司法行政部编：《民事习惯调查报告录》下册，胡旭晟等点校，中国政法大学出版社2000年版，第762、957页。
④ 施沛生编：《中国民事习惯大全》，上海书店出版社2002年影印版，第五编"继承"第一类"继承之习惯"，第11页。
⑤ 前南京国民政府司法行政部编：《民事习惯调查报告录》下册，胡旭晟等点校，中国政法大学出版社2000年版，第1047、1057页。

可以获得一笔数额不等的妆奁费，借此方式间接从父母处承受资财；第二，户绝之家的已嫁女，在无同宗应继之人时，可以承受部分或全部遗产。但以上两种情形，均与近现代民法意义上的财产继承大异其趣。前者若发生于父母在世时，在法律性质上属于民事赠与行为，父母的这种民事赠与，一则为保障女儿出嫁的准备不至于变得太寒怆，二则有着维持其最基本的生存需要之目的，这其实也是父亲的义务。若在父母亡故后发生，女儿虽然可以得到适当或少量的随嫁财产，但本意并非分配遗产，而是儿子承继了父亲的一切权利义务，家产的权利主体仍是兄弟，他们负担了原本属于父亲的打发其姐妹体面出嫁的义务，姐妹不过是作为来自家产的附带受益者。总之，陪嫁妆奁是依存于父亲、兄弟的定夺而并非作为当然的权利所确定下来之财产。至于后者，即户绝之家的已嫁女承受户产，其关涉的主要是户绝财产的归属和处置问题。在承继人系列之外，已嫁女作为与户绝之家存有密切关系之人，在对承继人的权利没有产生显著损害的范围内可能获得一部分财产，但其本意亦非分配遗产。而且在用语上，这种获得遗产的行为仍是使用"承受"一语而非"承继"。① 此外，这种情形下已嫁女承受遗产的概率也极小，"一曰户绝，再曰无同宗应继之人，其限制的苛严，直和无继承权相等"②。

二 固有法排斥已嫁女财产继承权的文化逻辑

一种制度得以长期且顽强地坚持和维系，必定有其语境化的合理性。固有法在一般意义上排斥已嫁女之财产继承权，表面观之是对女性权利的压抑，但若回到传统社会的具体历史语境中，我们却可发现，固有法的这一制度安排，有其独特的文化逻辑内蕴其中。

1. 宗祧继承之限制

我国传统社会家庭生命之延续，全赖男系血统之维持。所谓敬宗、收族种种古训全靠血统不斩才得奉行，所以尤为重视血嗣宗祧之观念。宗祧继承之目的，"全在上奉祖先的祭祀，下续男子的血统，故女子绝对无宗祧继承

---

① 参见［日］滋贺秀三《中国家族法原理》，张建国、李力译，法律出版社2003年版，第357、365页。滋贺氏还进一步指出：传统中国在私法上将继承作为人格的继承来把握。固有的中国话语中，采用更多的是"承继"一词而不是"继承"。"继的目的语是个人，所继的是人"。承继涵盖三层关系："第一是继人（人的后）的关系（继嗣），第二是承担祭祀（承祀），第三是承继财产（承业）。这三者决不是各自分开的事态。"参见［日］滋贺秀三《中国家族法原理》，张建国、李力译，法律出版社2003年版，第94—95页。

② 宗惟恭：《民法继承浅释》，上海法学编译社1932年版，第11页。

权"①。宗祧继承的心理是社会的全体心理，况且要使家庭的生命永久延续，势必维持一家生活所系的家产。于是宗祧继承在观念上又渐趋与遗产继承混合为一。负有绵延宗祧之权利（也是义务）就享有继承遗产的权利，此亦为情理所许。在中国传统社会，财产继承以宗祧继承为前提，且视财产继承为附属问题。因女子在一家中绝对无宗祧继承之资格，职是之故，"后世财产继承，女子仍不能与男子共同分析者，其理由亦在此"②。

2. 家文化和家产制的羁束

中国传统社会结构中最重要而特殊的构成要素是"家"。在传统中国，"家"作为社会的核心，"不只是一个生殖的单元，并且还是——社会的、经济的、教育的、政治的，乃至宗教、娱乐的单元。它是维系整个社会凝结的基本力量"③。传统中国家庭财产制度的设计是围绕着"家"而展开的。"家"之构成人员，包括家父、妻，以及自然的或拟制的直系子女。"家"之主干关系体现为父子一体或夫妻一体这样一种独特的人际结构。夫妻、父子对于家产拥有所有权、持分权、承继期待权或者属于丈夫的这些权利的代位权。④ 女儿未出嫁前虽然属于"家"之一分子，但在家庭结构中处于边缘或从属的地位，自然无法享有上述财产权益。且"一个女子一旦成婚，因其已离开了本家而变成丈夫家庭的一员"，"因此理所当然地丧失要求分割原来家庭财产之权利"⑤。倘若女儿"在父亲去世时已出嫁，由于此时她已经不具有原来的家庭成员身份，故当然无权要求承继父亲的遗产"⑥。质言之，女儿因出嫁这一行为，而断绝了与娘家家产的关系。

3. 维持小农经济生存条件的需要

传统社会排斥已嫁女的财产继承权，还与社会经济结构中的一些核心要素有着微妙的关联。这主要集中于以下几点：其一，我国自古以小农生产方式为主，一般人民大多业农，财力不阜，如果已嫁女也要与兄弟平分遗产，

---

① 宗惟恭：《民法继承浅释》，上海法学编译社1932年版，第9页。
② 赵凤喈：《中国妇女在法律上之地位（附补编）》，（台北）稻乡出版社1993年版，第4页。
③ 金耀基：《从传统到现代》，中国人民大学出版社1999年版，第24页。
④ 参见［日］滋贺秀三《中国家族法原理》，张建国、李力译，法律出版社2003年版，第353页。
⑤ G. Jamieson, *Chinese Family and Commercial Law*, Shanghai: Kelly and Walsh Limited, 1921, p. 17、p. 25.
⑥ Robert T. Bryan, *An Outline of Chinese Civil Law*, Shanghai : the Commercial Press Limited, 1925, p. 30. 费孝通谈及此点时也指出：中国的家扩大的路线是单系的，就是只包括父系这一方面。在父系原则下女婿和结了婚的女儿都是外家人。参见费孝通《乡土中国 生育制度》，北京大学出版社2008年版，第39页。

势必将家产带往夫家,一方面对本家后嗣之生存造成不利;① 另一方面,"财产必愈分析而愈细微,利用上的效能",势必"随之而愈减少"②。其二,若嫁出之女儿可携走遗产,接进之儿媳能接受遗产,"两相比较,实有若无。不如无承继权较为简切"③。其三,已嫁女即便继承父产,其所继之产,大抵多为作为必备生存资源的农田地宅,其本身不易分割,已嫁女携夫继承,因百姓大多聚族而居耕,异姓楔入,田土犬牙,生产生活均感不便,且易滋纠葛。一言以蔽之,传统社会排斥已嫁女之财产继承权,亦隐含维持小农经济生存条件之现实考量。

4. 权利义务均衡配置之考量

就传统社会子女之权利和义务的配置关系而言,已嫁女虽无遗产继承之权利,但较之于男子甚至在室女,其相应的义务亦明显减轻。这主要体现如下:其一,就民事上的义务而言,代父偿债之义务主要由儿子承担,女儿则否,更遑论已嫁女。如《樊山判牍》卷二"批雷昌五禀词"曰:"俗语云:欠债还钱。又云:父债子还。乃是一定之天理"④。另,女儿一旦出嫁,仅与父母保留情感上的联络关系,并不承担在经济上赡养父母之义务。此外,已嫁女在民法上之服制关系,比之在室女照例减轻一等服制。⑤ 其二,从刑事义务观之,已嫁女有别于儿子,即便较之于在室女,亦大为减轻。民国未成立以前,刑法上连坐之罪,在室女有时不能免,而出嫁女自三国曹魏正始年间即不从坐。⑥

第二节 清末民初已嫁女财产继承权之立法和司法端绪

《大清民律草案》制定时,"亲属""继承"两编大多因袭旧律,故财

---

① 参见刘郎泉《我国女子取得财产继承权的经过》,《妇女杂志》1931年第17卷第3号。
② 廖熙:《男女平等声中的我国女子财产继承权》,《西风》1935年第2期。
③ 寿胡祥:《女子继承权在农村实施的困难》,《现代农民》1948年第11卷第2期。
④ (清)樊增祥:《樊山批判》"卷二",载杨一凡、徐立志主编《历代判例判牍》第11册,中国社会科学出版社2005年版,第145页。
⑤ 赵凤喈:《中国妇女在法律上之地位(附补编)》,(台北)稻乡出版社1993年版,第74页。
⑥ 中国古来刑罚,犯罪者不特罚及其身,亦且诛累其族,即所谓族诛主义。族诛之制,始于商之季世,后世屡除屡复。直至清末修改刑律,始除缘坐之条。按之族诛之制,则一家中之父兄犯罪,其女或姊妹均不免于诛累。秦汉之世,不问女子许嫁或出嫁已否,均加诛戮。及魏正始中毋丘俭伏诛,始改令女出嫁者不坐。至许嫁女之不从坐,或自晋代始。唐宋明清律关于许嫁女不从坐,均有明文。参见赵凤喈《中国妇女在法律上之地位(附补编)》,(台北)稻乡出版社1993年版,第14—15页。

产继承权原则上仍定为男子所专有。该草案第 1466 条规定："所继承人之直系卑属，关于遗产继承人，以亲等近者为先；若亲等同，则同为继承人。前项规定，与直系卑属系嗣子，适用之。"惟草案第 1468 条又补充规定：无继承人者，依下列次序定应承受遗产之人：（1）夫或妻；（2）直系尊属；（3）亲兄弟；（4）家长；（5）亲女。① 由上可见，该草案已对"继承"和"承受"两个概念予以明确界分。第 1468 条之立法理由则对两者之本质区别进行了详尽沥述："夫继承云者，不惟承接其产业，实即继续其宗祧。故惟所继人之直系卑属为有继承权。若其人并无子孙，则第处置其遗产，与嗣续问题无涉，故不曰继承而曰承受。"②《大清民律草案》撷取前清旧律使用之"承受"一语，将其作为脱离祭祀关系取得财产之各种场合的泛称，并将其作为"继承"的对立概念，其实是在人格的连续里寻求继承的本质，从而将"继承"和"承受"加以明确区分。③ 此种区分，"已隐示宗祧继承与遗产继承之区别"④。这种立法技术上的新尝试在当时颇具开创意义，并且在 1926 年完成的民国《民律草案》中得到维持。⑤ 不过按照上述两个草案之规定，亲女，尤其是已嫁女承受遗产，仍属绝无仅有的机会。但这种将宗祧继承与遗产继承别为二途的立法措置，却为其后已嫁女财产继承权的立法推进开启一端绪。

　　就司法层面而言，民国肇建后，因新法未有颁布，其关于继承事项仍援用"大清现行律例"，故女子仍无财产继承权之可言。"现行律民事有效部分"作为民初的"实质民法"，"它虽无民法典或民事法之名，然实为民事有效的实定法规范"，且"位阶高于习惯法及条理"⑥。民初大理院关于已嫁女财产继承权之判例要旨，多沿袭其规定。如大理院七年（1918）上字第 1042 号判例要旨云："遗产之继受，除被承继人生前有遗赠行为外，以宗祧

---

① 参见杨立新点校《大清民律草案 民国民律草案》，吉林人民出版社 2002 年版，第 187—188 页。
② 中国台湾"司法行政部"编：《中华民国民法制定史料汇编》上册，1976 年印行，第 949 页。
③ ［日］滋贺秀三：《中国家族法原理》，张建国、李力译，法律出版社 2003 年版，第 101—103 页。
④ 胡长清：《中国民法总论》，中国政法大学出版社 1997 年版，第 24 页
⑤ 民国《民律草案》对于宗祧继承与遗产继承各设专章加以规定，而于宗祧继承规定尤为详尽。其第 1339 条关于无继承人时遗产继承次序之规定，也几乎与《大清民律草案》第 1468 条完全雷同。参见杨立新点校《大清民律草案 民国民律草案》，吉林人民出版社 2002 年版，第 377—382 页。
⑥ 黄源盛：《民初大理院与裁判》，（台北）元照出版有限公司 2011 年版，第 163 页。

继承为先决问题。"① 大理院四年（1915）上字第1176号和第843号判例要旨亦引用现行律"户役门卑幼私擅用财条例第二条"分别云："同宗无应继之人，始得将遗产归亲女承受"；"已经出嫁之女，除其母家为绝户外，在法无承继母家遗产之权"。② 大理院十年（1921）统字第1475号解释例要旨则进一步指出：户绝之家的亲女有权承受遗产，"对于无权占有遗产之人，自可出为告争"③。可见民初大理院在司法实践中原则上仍将宗祧继承作为财产继承的前置条件，排斥已嫁女的财产继承权；对于绝户之家的已嫁女，亦援前例肯定其有承受父母遗产之权。

惟民初大理院鉴于其时男女双方财产继承法律地位之悬殊，又以特别判例希图加以补救。大理院三年（1914）上字第299号判例要旨谓："宗祧承继非必即承继遗产之全部。"④该判例要旨为无宗祧继承资格之人分割遗产埋下伏笔。后大理院三年（1914）上字第304号判例要旨又规定："义男、女婿苟为所后之亲所喜悦，无论所后之亲或存或亡，均有分受遗产之权利。"⑤依照上述判例要旨，义男、女婿虽不许其为嗣，但亦可酌分遗产。

嗣后，大理院又对此点作了进一步发挥，将无承嗣之权但可酌分遗产之人推及亲女。大理院三年（1914）上字第669号判例要旨谓："义男女婿为所后之亲喜悦，犹许酌分财产，则依当然类推之解释，亲女苟为亲所喜悦，应酌分财产，毫无疑义。惟酌分之标准，现行律内既未载及，则依习惯及条理，自应依父母之意思定酌分之标准。"⑥大理院七年（1918）上字第761号判例要旨则进一步明确："女为亲所喜悦者，其母于父故之后得以遗产酌

---

① 郭卫编：《大理院判决例全书》，吴宏耀等点校，中国政法大学出版社2013年版，第457页。
② 郭卫编：《大理院判决例全书》，吴宏耀等点校，中国政法大学出版社2013年版，第458—459页。这一点在基层司法实践中，也得到很好遵行。如于清末民初在江苏句容县担任行政主官之许文濬发布的一则"通告"中云："户绝财产，亲女得承受也。例称：户绝财产，果无同宗应继之人，所有亲女承受。无女者，听地方官厅详明酌拨充公等语。按西俗，世爵遗财，法律上无应继之人，应求其最近之血胤而付予之。杜纷争，泯隐憾，山陬海澨，心理皆同。宪典煌煌，允宜遵守。"许文濬：《塔景亭案牍》，俞江点校，北京大学出版社2007年版，第23页。
③ 郭卫编著：《民国大理院解释例全文》，吴宏耀等点校，中国政法大学出版社2014年版，第1106页。
④ 郭卫编：《大理院判决例全书》，吴宏耀等点校，中国政法大学出版社2013年版，第456页。
⑤ 郭卫编：《大理院判决例全书》，吴宏耀等点校，中国政法大学出版社2013年版，第457页。
⑥ 郭卫编：《大理院判决例全书》，吴宏耀等点校，中国政法大学出版社2013年版，第458页。

给，但须较少于应分人数均分之额。"该判例所涉具体案情如下：胡忠禄之妻胡唐氏出立付约，将忠禄遗产田44亩付与已嫁女叶胡氏，据称该项付与系出于其故夫忠禄之遗嘱。上告人胡忠禄之弟胡忠桂称无此遗嘱，且所付田产之价额又满按应分遗产之人数均分之额。大理院经审理认为：胡贺氏等此项付田于女之举，与上告人并无直接之利害关系，上告人自无争告之权。并据此驳回了上告人之上告。①

另有大理院十四年（1925）上字第2447号判例要旨，对此问题亦有细致说明。本案案情大略为：上告人常颂椿之嗣母常张氏，因被上告人陈伊萃之妻，系其亲女且素喜悦，于其故夫遗产田地64亩内，酌给30亩与亲女。上告人认为常张氏仅有遗产管理权，并无处分权，其酌给已嫁亲女田亩之行为，未经作为嗣子之上告人同意，请求大理院废弃原判另为判决。大理院经审理认为：嗣母对于喜悦之亲女酌给财产，为其法律上应有之权利，该项酌给，若并未超出法定范围，即无庸得嗣子之同意或追认，而其酌给时期亦无一定之限制，并据此驳回上告人之上告。大理院通过此判例所归纳之判例要旨为："母于亲女酌给财产，系法律上应有之权利，其数额苟未轶出法定范围，即无庸得嗣子之同意或追认。"②

以上判例要旨，为亲女得酌分遗产之始。其一方面明确了包括已嫁女在内之亲生女若为母所喜悦，可以酌分一定份额之遗产；另一方面，亦将此项财产酌给认定为母亲在法律上应有之权利。已嫁女的这种财产分得，虽然在法律性质上仍不属于财产继承，而是父母高兴时的赠与，然在法理层面却至少昭示了以下两层意义：其一，适应个人主义和男女平权思想渐次发达之世界大势，对当时男女继承遗产之法律地位显失公平的势态予以补救；其二，借助民初大理院之"司法兼营立法"的特殊功能，对"现行律民事有效部分"之相关规定进行一定突破，但又并未走得太远，既赋予已嫁女酌分遗产之权，亦结合其时之习惯民情和社会心理加以一定限制。总之，民初大理院推事诸君，以判例要旨的形式对继承领域之固有法规则加以调整，使之适应其时已经发生变化的社会情形。这种权衡既是基于一种对朴素的生活逻辑的关切，也为之后的女子财产继承权立法拓展出一定的立法空间。后民国《民律草案》则删去喜悦条件，并许女子关于遗产之酌给，有主动请求之

---

① 黄源盛纂辑：《大理院民事判例辑存·承继编》下册，（台北）犁斋社2012年版，第612—615页。
② 黄源盛纂辑：《大理院民事判例辑存·承继编》下册，（台北）犁斋社2012年版，第636—642页。

权。该草案第 1340 条规定:"所继人之亲女,无论已嫁与否,于继承开始时,得请求酌给遗产归其继承。"① 此项规定,较之大理院判例,已更进一步。

第三节 南京国民政府时期已嫁女财产继承权之变革

一 南京国民政府时期已嫁女财产继承权确立之沿革

1926 年 1 月,《中国国民党第二次全国代表大会妇女运动决议案》第 9 条明确指出:在法律方面要"制定男女平等的法律""规定女子有财产继承权"②。其成为之后女子享有财产继承权的主要根据。承认女子财产继承权之后,关于已嫁女的财产继承权问题,各地司法机关在实践中仍疑议不断。1928 年 2 月 28 日,南京国民政府最高法院发布第 34 号解释令,谓"女子之继承权""应指未出嫁女子与男子同有继承权,方符合法律男女平等之本旨。否则女已出嫁,无异男已出继,自不适用上开之原则"③。此解释一出,不惟各省妇女协会纷请国民党中央党部纠正,学界亦一片哗然,学者相率撰文予以抨击。

1929 年 2 月 23 日,国民政府司法院又发布院字第 11 号解释令,承认离异后居于父母之家的已嫁女享有继承权。该解释令云:"女子与夫离异,居留于父母之家,如遗产未经分析,或另有遗留财产,仍得享有继承财产权。"④ 1929 年 4 月 27 日,国民政府司法部召集最高法院院长及各庭庭长,重新议决"女子不分已嫁未嫁,与男子有同等的继承权",并依据上项议决案,拟定《已嫁女子追溯继承财产施行细则》十一条,于 1929 年 8 月 19 日由国民政府公布施行。⑤ 国民党中央政治会议亦于此项见解之下,在《继承

---

① 杨立新点校:《大清民律草案 民国民律草案》,吉林人民出版社 2002 年版,第 383 页。
② 《第二次全国代表大会妇女运动决议案》,载戴渭清编《女子继承法令汇解》,上海民治书店 1930 年版,第 4 页。
③ 《最高法院之女子继承权解释令——解释一》,载戴渭清编《女子继承法令汇解》,上海民治书店 1930 年版,第 3 页。最高法院嗣后所作出的 10 余个相关解释令,亦沿袭此一思路,明确排除出嫁女的继承权。郁嶷认为,当时最高法院作出此等解释,主要基于我国女子向无继承权,如卒然予之,过于急进。因此排斥出嫁女的继承权,爰为折衷之法,以期迎合新旧之观念。参见郁嶷《女子继承权问题》,《法律评论(北京)》1929 年第 6 卷第 27 期。
④ 《司法院之女子继承权解释令》,载戴渭清编《女子继承法令汇解》,上海民治书店 1930 年版,第 1 页。
⑤ 参见刘郎泉《我国女子取得财产继承权的经过》,《妇女杂志》1931 年第 17 卷第 3 号。

法先决各点审查意见书》第二点规定："法定继承人除配偶外依左列顺序定之：一、直系卑亲属；二、父母；三、兄弟姊妹；四、祖父母。"第四点规定："第一顺序之法定继承人，不问性别，以亲等近者为先。"①嗣后《中华民国民法》第1138条，遂几乎完全依照上述第二点的规定，明定直系卑亲属之女子得有遗产继承权。关于该条之解读，蔡企文认为：

  直系血亲卑亲属，就是从己身所出的血亲。不问男系的子、孙、曾孙、玄孙以下；或女系的女、孙女、外孙女、曾孙女、孙女的子女、外孙子女的子女以下，都包括在内。女子的已嫁未嫁，或已嫁而离异等情形，也是在所不问。②

此后，南京国民政府最高法院和司法院，又通过一系列判例和解释令，对已嫁女之财产继承权，作了进一步的申扬。如最高法院十九年（1930）上字第1501号判例要旨谓："现行法令女子有继承财产之权，与宗祧继承无关。"③司法院二十年（1931）院字第416号和二十一年（1932）院字第747号解释令要旨亦分别称："被继承人之遗产，应由子女平均继承"；"开始继承在民法继承编施行后者，已嫁女子同为遗产之法定继承人，并不因出嫁年限之远近，及当时已否取得财产继承权而生差异。"④不过基于权利义务均衡配置之考量，南京国民政府最高法院第48号解释令复规定："女子既有承继财产权，依权义对等之原则，应负抚养亲属之义务。"⑤《中华民国民法》第1153条亦规定："继承人对于被继承人之债务，负连带责任。"关于该条文，南京国民政府司法院二十年（1931）院字第405号解释例作如下释明："女子既有财产继承权，对于被继承人之债务，如非为限定之承继时，应与其兄弟负连带责任。"⑥至此，中国的已嫁

---

 ①《政治会议通过亲属法继承法先决各点审查意见书》，《法学季刊》1930年第1卷第1号，第235页。
 ② 蔡企文：《民法继承详解》，上海会文堂新记书局1937年版，第16页。
 ③ 吴经熊主编：《中华民国六法理由判解汇编》第2册，上海会文堂新记书局1948年版，第1145页。
 ④ 吴经熊主编：《中华民国六法理由判解汇编》第2册，上海会文堂新记书局1948年版，第1112—1113页。
 ⑤《最高法院之女子继承权解释令——解释五》，载戴渭清编《女子继承法令汇解》，上海民治书店1930年版，第12页。
 ⑥ 吴经熊主编：《中华民国六法理由判解汇编》第2册，上海会文堂新记书局1948年版，第1122—1123页。

女财产继承权,在民法制度层面得以最终确立。

二　促成已嫁女财产继承权确立之诸因素

已嫁女财产继承权作为一种有选择的制度创造,其在南京国民政府时期得以最终确立,绝非偶然性现象。究其缘由,主要是以下因素促成之结果:

第一,国民党团结女性同胞参与国民革命之政治需要。女子财产继承权和其他女权一样,其基础乃建立于男女平等原则之上。而男女平等原则,早为国民党所确认,并努力使其实现。如1923年1月1日之《国民党宣言》中即有"确认妇女与男子之地位平等,并扶助其均等的发展"[①]之誓言。随后1924年1月的《国民党第一次全国代表大会宣言》又进一步声称:"于法律上、经济上、教育上、社会上,确认男女平等之原则,助进女权之发展。"[②] 国民党大力扶植女权,是基于当时国内革命形势所采取的一种政治策略。1926年1月16日通过之《中国国民党第二次全国代表大会妇女运动决议案》,在阐述国民党今后应特别注意妇女运动之理由时强调:"自五卅惨案发生以来,中国妇女的革命运动渐渐有发展之势。本党为扩大革命势力起见,应趁此时期,向妇女群众中去,从事组织与训练,并团结此种力量在本党旗帜之下,从事革命的活动。"[③] 由上可知,包括已嫁女在内的女子财产继承权能够在立法层面最终确立,有其独特的政治背景。质言之,它是国民党旨在壮大自身实力,吸收女性同胞参与其领导之国民革命的政治需要。

第二,女权运动之促动。进入近代以来,与"西学东渐"相伴,西方的女权思想开始渐次传入中国。"戊戌维新"前后,维新派即开始广泛宣传西方的男女平权思想。辛亥革命时期,则涌现了如秋瑾等一批杰出的女革命家,她们对男女平权思想之宣扬,居功至伟。邹容在《革命军》一书中疾呼:"凡为国人,男女一律平等,无上下贵贱之分。"[④] 到了民初,又掀起了一场以争取女子参政权为主要内容的女权运动。"五四运动"之后,经新文

[①] 中国社科院近代史所等编:《孙中山全集》第7卷(1923.1—1923.6),中华书局2011年版,第4页。

[②] 中国社科院近代史所等编:《孙中山全集》第9卷(1924.1—1924.3),中华书局2011年版,第124页。

[③] 中国台湾"司法行政部"编:《中华民国民法制定史料汇编》下册,1976年印行,第317页。

[④] 张梅编注:《邹容集》,人民文学出版社2011年版,第49页。

化运动的洗礼，民国女性的法律意识得以进一步激发。① 在此背景下，女性要求财产继承权之呼声，亦开始在立法和司法层面得以体现。如 1926 年 7 月 1 日国民政府司法行政委员会通令广东高等审检两厅函云："案据本党广东南路代表大会来呈内称，钟竹筠同志提议请中央执行委员会令司法行政委员会从速制定男女平等法律，在未制定颁布以前，速饬司法机关，凡关于妇女诉讼，应根据本党第二次全国代表大会妇女运动决议案为原则。当经当场一致通过。"② 事实上，正如民国学者所指出的那样，女子财产继承权，"可谓为妇女运动中要求男女平等所得的结果""是由男女平等呐喊声中产生的"③。

第三，欧陆近代遗产继承立法的示范和牵引。就欧洲各国继承法之发展来看，罗马法的法定继承采均分继承原则，"当继承人有数人时，按照他们同被继承人之间亲等的亲疏顺序，依次继承。同一亲等的，不分男女老幼，按人分配，一律平均分配遗产"④。迄至罗马末叶，家属制度始渐衰微。中世纪的欧洲盛行长子继承制，女子无财产继承权之可言。法国在大革命前，地产由长子继承，南部因受罗马法的影响，实行各子均分制。德国在 1896 年公布民法典前，也实行长子继承地产制。19 世纪之后，在"天赋人权"理念的引领下，人格平等、性别平等的观念逐步融入大陆法系各国民法典之中。1804 年的《法国民法典》第 8 条规定："所有法国人均享有民事权利。"第 745 条规定："子女或其直系卑血亲，不分性别及长幼，亦不论其是否出于同一婚姻，得继承其父母、祖父母或其他直系尊血亲的遗产。"⑤ 1896 年颁布的《德国民法典》则进一步明确了"子女等额继承"的遗产分配原则，其第 1924 条规定："第一位次之法定继承人为所继人之直系卑属⋯⋯子女各继承同一之部分。"⑥ 1898 年制定的《日本民法典》，其第 994 条亦明定直系卑亲属为第一序位遗产继承人，且继承序位优先于配偶。日本法学家梅谦次郎解读该法条时特别指出：凡遗产继承，"兄弟姊妹之

---

① 关于清末民初中国女权运动的一般概况，可参见温慧辉《传承与嬗变：中国近代女性财产继承权的变迁》，法律出版社 2015 年版，第 104—107 页。
② 《审判妇女诉讼案件应根据妇女运动决议案之原则令》（1926 年 7 月 1 日国民政府司法行政委员会通令），载司法院参事处编《增订国民政府司法例规》中册，南京国民政府司法院参事处 1931 年印行，第 827 页。
③ 廖熙：《男女平等声中的我国女子财产继承权》，《西风》1935 年第 2 期。
④ 周枏：《罗马法原论》下册，商务印书馆 1994 年版，第 475 页。
⑤ 李浩培、吴传颐、孙鸣岗译：《拿破仑法典（法国民法典）》，商务印书馆 1997 年版，第 2、113 页。
⑥ 朱德明译：《德意志民法》，司法公报发行所 1921 年版，第 327 页。

间，无所区别，不因男子嫡庶长幼及在一家与他家而异其序位"①。1912年1月正式生效的《瑞士民法典》也确立了配偶、子女同等的法定继承权利。上述规定为女儿继承权的回归奠定了制度基础。另需特别指出的是，宗教因素对欧西各国女子继承权的确立亦产生过重要影响。"欧美各国之古代法律，亦视女子为男子之所有物，嗣以基督教之力而认女子为人格者。自封建思想崩坏以后，女子在继承上之地位，始于男子一致"②。《中华民国民法》在制定过程中，由于对德国、瑞士、日本等大陆法系诸国相关立法例多有参酌，故在继承领域的立法上也走向了一个男女平等的方向。

第四，法学界诸君的鼓与呼。南京国民政府最高法院于1928年2月28日发布第34号解释令排除已嫁女财产继承权时，法学界非议不断。学者郁嶷曾撰文指出其失当之处有四：一为比拟不当。女子以出嫁为原则，以不嫁为例外；男子则以出继为例外，以不出继为原则。另，男子出继后可取得所嗣父母财产之继承权，故丧失对其本生父母财产之继承权；而女子出嫁并未取得任何人之财产继承权。二为立论不公。此项解释认为出嫁女子不得与男子同有继承权，有违法律上男女平等之本旨。盖女子之嫁人与男子之娶妻相同，男子既不因娶妻而丧失其继承权，女子亦不可因其嫁人而丧失其继承权。三为阻碍婚期。女子因担心出嫁丧失继承权，必延长婚期，而婚期过迟又影响生殖。四为奖励非行。此项解释令将鼓励部分女性为达到继承遗产之目的，而想方设法规避正式婚姻。③ 施沛生对于最高法院的上述解释令，则指摘其"名虽男女平等""实则已把女子的权利，剥夺得干干净净"。一方面已出嫁女子的财产继承权被完全剥夺，另一方面，未嫁出的女子虽有财产继承权，"但一到出嫁挈往夫家""一定要得到父母或同父兄弟或嗣子的同意""还是和没有继承权一样"④。汪澄之则从学理层面对该解释令予以责难，其谓："亲生的女子不能继承他的父母的财产，不独违反现代男女平权之原则，又且在情理上也说不过去。"⑤ 种种非议，是促使南京国民政府司法院最终变更此项解释令的重要因由。

---

① [日]梅谦次郎：《日本民法要义·相续编》，全泯澜译述，上海商务印书馆1913年版，第55页。
② [日]中岛玉吉：《读中华民国法制局亲属法及继承法草案》，惠予译，《法学季刊》1936年第1卷第1号，第109页。
③ 参见郁嶷《女子继承权问题》，《法律评论（北京）》1929年6卷第27期。
④ 施沛生编：《最新编辑女子继承权详解》，上海中央书店1929年版，第11页。
⑤ 汪澄之编：《女子继承权诠释》，上海民治书店1929年版，第13页。

第四节　中国近代已嫁女财产继承权变革之难局

　　1926年国民党第二次全国代表大会通过之《妇女运动决议案》赋予女子财产继承权后，即通令凡隶属国民政府各省均应以此作为妇女继产诉讼之审判原则。随后出现一系列已嫁女向法院告争继产之诉讼案件。首起为当时轰动全国的"盛氏案"。该案原告盛爱颐为晚清实业巨子盛宣怀已出阁之女。盛宣怀于1916年去世，留有遗产一千二百余万两白银。盛宣怀死时留有遗嘱，将遗产之半数拨给五个儿子，半数拨充愚斋义庄。时至1927年，江苏省政府命令盛家将愚斋义庄十分之四之资产充作军需，盛氏兄弟则趁此机会将愚斋义庄余下之十分之六产业在五房之间平均分析。盛宣怀除育有盛恩颐等五子外，还育有爱颐、方颐两女。由于斯时女子财产继承权已获当局的认可和保护，所以盛爱颐对此遗产分配方案极力反对，并委托律师在上海公共租界临时法院对其胞兄及侄儿等提起诉讼，要求依法重行分配父亲的部分遗产。上海公共租界临时法院经审理后判决原告胜诉。被告盛恩颐等不甘服又提起上诉，结果仍遭败诉。① 除此案外，还有以下几起在当时具有广泛社会影响的已嫁女继产诉讼案件：孙询刍之女胡孙氏在上海临时法院起诉其胞兄孙钟尧，控请分析故父孙询刍之遗产；② 上海富商戴耕莘被已出阁之妹翠弟在上海特区地方法院控告，要求继承其父戴连来之遗产；③ 步宝玉、步满玉、步生玉三姊妹（均为已嫁女）在上海法租界会审公廨起诉胞兄步广勋等，要求重新分析故父步稷丞之遗产；④ 等等。上述案件，最后无论是以判决还是调解形式结案，均支持了原告的诉求，确认了已嫁女的财产继承权。

　　《中华民国民法》"继承编"及其配套的《民法继承编施行法》于1931年5月5日正式实施后，《中华民国民法》第1138条关于女子无论已嫁未嫁均有权继承遗产之规定，在司法实践中得到较好的体现。如最高法院就上海方心安诉方绍娥遗产继承案所为二十七年（1938）民事上字第3333号判决载："被继承人方自安于民国二十一年九月病故，是其继承开始系在民法继

---

① 参见施沛生编《最新编辑女子继承权详解》，上海中央书店1929年版，第57—70页。
② 参见《已嫁女子请析五十余万遗产》，《申报》1930年3月17日。
③ 参见《已嫁女戴翠弟控追母家遗产》，《申报》1930年6月4日。
④ 参见《步氏三姊妹争产案胜诉》，《申报》1930年7月18日。

承编施行之后，依照民法继承编规定，女子自有继承其父遗产之权。"① 河北高等法院 1934 年民事上字第 274 号判决，甚至支持了已嫁女郑昭金对已故兄长郑昭融（无直系血亲卑亲属）的遗产继承权。② 但需要强调的是，《已嫁女子追溯继承财产施行细则》第 3 条第 2 项对已嫁女请求继承遗产所设定之 6 个月诉讼时效，③ 以及《民法继承编施行法》第 1 条和第 2 条关于继承开始于民法继承编施行以前，或继承开始之日其所属省份尚未隶属于南京国民政府，继承诉讼不适用民法继承编之规定，④ 仍在相当程度上制约了已嫁女财产继承权的实现。如最高法院就浙江陈金有妹诉金祖德遗产继承案所为二十一年（1932）民事上字第 112 号判决，虽根据《已嫁女子追溯继承财产施行细则》第 3 条第 1 项，认为已嫁女陈金有妹有权继承分割故父遗产，但又以其提起诉讼时已逾前述实施细则第 3 条第 2 项所规定之 6 个月诉讼时效为由，驳回了其上诉。⑤ 最高法院就河南张郭氏诉郭维馨遗产继承案所为二十三年（1934）民事上字第 3161 号判决，依据《民法继承编施行法》第 1 条，以被继承人（张郭氏之父郭寿昌）亡故于民法继承编施行日期之前为由，驳回了已嫁女张郭氏要求继承遗产之上诉。⑥ 最高法院就四川罗朱氏诉朱庆云遗产继承案所为二十一年（1932）民事上字第 1826 号判决，以及该院就山东黄邱氏诉邱云梅遗产继承案所为二十二年（1933）民事上字第 1081 号判决，均依据《民法继承编施行法》第 2 条，以被继承人（该两案上诉人各自之生父）死亡，即继承开始时当事人所属省份尚未隶属于南京国民政府为由，驳回了已嫁女要求遗产继承权的上诉。⑦

---

① 最高法院民事判决 27 年上字第三三三三号，南京第二历史档案馆。转引自赵宏《民国时期妇女财产继承权的变动》，硕士学位论文，南京师范大学，2006 年。

② 参见《河北高等法院民事判决（二十三年度上字第二七四号）》，《河北高等法院公报》1935 年第 14 期。

③ 该施行细则第 3 条规定："已嫁女子应继承之财产已经其他继承人分析者，该女子得向原分析人请求重新分析。前项请求，应于本细则施行后六个月内为之。"郭卫编：《袖珍六法全书》，上海法学编译社 1933 年版，第 707 页。

④ 该施行法第 1 条规定："继承在民法继承编施行前开始者，除本施行法有特别规定外，不适用民法继承编之规定。"第 2 条规定："继承开始虽在民法继承编施行前，而在左列日期后者，女子对于其直系血亲尊亲属之遗产亦有继承权：一、中国国民党第二次全国代表大会关于妇女运动决议案经前司法行政委员会民国十五年十月通令到达之日；二、通令之日尚未隶属国民政府各省其隶属之日。"吴经熊主编：《中华民国六法理由判解汇编》第 2 册，上海会文堂新记书局 1948 年版，第 1181、1204 页。

⑤ 参见《陈金有妹与金祖德因确认遗产继承权涉讼上告案》，《司法公报》1932 年第 24 期。

⑥ 参见《张郭氏与郭维馨因请求继承遗产事件上诉案》，《司法公报》1935 年第 82 期。

⑦ 参见《罗朱氏与朱庆云因请求继承遗产事件上诉案》，《司法公报》1932 年第 56 期；《黄邱氏与邱云梅因请求确认遗产继承权事件上诉案》，《司法公报》1933 年第 90 期。

须特别指出的是，上述争讼案件主要发生于都市，且多肇启于殷实之家，对于南京国民政府时期已嫁女财产继承权总体层面的实践而言并不具有普遍意义。如其时学者所指出：南京国民政府赋予女子继承权之后，虽相关法律"已行九载有奇"，但"实行尚属微弱"。"一般人民，意存观望，不肯遵行者甚多；而乡间人民，根本不明了所谓女子继承权者，亦比比皆是；甚至女子本身，亦泥于旧习，以争取法律所赋予之继承权为可耻。"① 赵凤喈谈及此点亦坦称：

> 今法律承认妇女有财产继承权，除都市中开明人士分析家产，给妇女以相当或应得之财产外，乡间教育未普及……每遇分析家产之时，墨守成规，男子均沾，妇女无分。就女方失权言，则属民事，不告不理，就男方侵占言，亦须告诉乃论，亲友无可干涉，官厅不能检举。妇女中即受过近代教育者，如婚姻问题获得满足，或曾为旧伦理观念所熏陶，亦不屑或不愿因财物而兴讼，与兄弟男侄辈，相争于法庭。就个人所知，乡间妇女，能依法取得家产者，为数极少；城市中教育纵较普及，亦未必每一妇女能享此法益。……故关于男女平等继承财产之法文，在社会上推行之程度如何，因无关于分析家产之精密统计，无从妄断。依事势测之，妇女中依法取得家产者，在现时或占百分之一二耳。②

南京国民政府赋予包括已嫁女在内的女儿享有财产继承权，虽有学者盛赞此举"实开我国空前未有之局"③，但亦有诅咒者谓其"将使全国之民有子女有资产者，无一家不以骨肉相见于法庭"④。国民党所倡导的国民革命，为想象和创造包括女子财产继承权在内的男女平等法律制度提供了契机。南京国民政府力图通过立法并借助国家司法机器来执行已嫁女财产继承权制度，但其并未进一步深入普通大众的生活空间。这种继承领域的变革事实上陷入一种难局，而究其原因不外以下数端：

首先，社会经济结构中的传统性元素阻隔已嫁女继承权的实践空间。

---

① 丘志彪：《中国女子继承权论》，《民钟季刊》1936年第2卷第1期。
② 赵凤喈：《中国妇女在法律上之地位（附补编）》，（台北）稻乡出版社1993年版，第195—196页。
③ 郭冈畴：《女子继承财产》，《燕大月刊》1929年第4卷第1期。
④ 赵凤喈：《女子财产继承权之过去与将来》，《东方杂志》1947年第43卷第6号。

南京国民政府时期，虽然随着工商业的发展，社会经济结构中已经注入了诸多新的元素，但以农业经济为主的社会经济格局并未发生大的改变。20世纪30年代沪江大学师生对上海杨树浦附近4村50户农家的一项社会调查结果显示：这50户农家中，每家全年平均收入为646.86元；拥有房产者为35家，房产估值80元至1200元者计16家，其余19家房产平均估值约各为574元；50家中占有地产者计24家（占48%），该24家平均每家占地亩数为9.04亩。① 处于繁华都市的上海杨树浦邻近农户之家庭财产状况尚且如此，全国其他各地便可想而知。凡此种种，皆直接限制了已嫁女财产继承权的实践空间。当南京国民政府就1929年8月19日公布之《已嫁女子追溯承继财产施行细则》向各省咨求意见时，山东省政府主席陈调元即忧虑重重地呈称：

> 此种法律，如果实行，骨肉之讼争，将相寻无已；社会之秩序，必陷于纠纷。……吾国社会现状，富厚者少，贫乏者多。原分析人往往于住宅外，一无所有。若已嫁女子得要求将住宅依时价以金钱计算分析，势非变卖房宅不可，在已嫁女子所得无几，而原分析人已流离失所矣，似非保护民生之道。②

此外，民国学者胡寿祥亦指出：由于我国农业经济的根本属性未有大的改变，农村人口仍居于绝对多数，加之又大多聚族而居，故已嫁女财产继承权之实施，"在都市对于动产的处分尚无多大问题，但在农村不特无益，且百弊丛生"。已嫁女欲继承分析母家田地，"双方均感耕居不便，诸多牵绊""若经营则必掣肘，势必出卖，如直系血统有力顾全固佳，否则又一外姓插入，往往兴讼不休。……近年各处因此讼累败家者日有所闻"。他甚至大声疾呼："如此病民弱国之法律，若不即早改革，前途弊端，更不堪设想。"③

其次，深植于本土的强固的社会文化心理抑制了"超前立法"的社会实效。

---

① 参见李文海主编《民国时期社会调查丛编 乡村社会卷》，福建教育出版社2005年版，第245页。
② 中国台湾"司法行政部"编：《中华民国民法制定史料汇编》下册，1976年印行，第329—330页。
③ 寿胡祥：《女子继承权在农村实施的困难》，《现代农民》1948年第11卷第2期。

南京国民政府关于女子继承权之立法，作为其时激荡之革命浪潮和立法摹仿的产物，事实上属于一种"超前立法"，或曰"超文化立法"。王伯琦在谈到中国近代的"超前立法"问题时曾云："非长成的或创造的法律，假以时日，亦未始不能在社会大众的意识上生根，而长成而开花结果。""早熟的立法，在其一时的效力方面，或许要打些折扣，但在启迪人民意识方面，却有极大的作用。"[①] 但是我们亦应明确以下一点：法律并非一个超越社会的孤立存在，一项法律最终取得社会实效，离不开社会文化心理的支撑。前已述及，法律制度其实可以析分为技术规范性内容和社会文化性内容两个层次。其中法的技术性规范性内容能够相当容易地被立法者植入或剥离于新的法律体系之外，但法的社会文化性内容则不然，其承载着特定人群的意志、价值取向和偏好等内容，体现为特定社会共同体的一种"共识"，并深嵌于特定的社会秩序之中。[②] 南京国民政府时期赋予已嫁女财产继承权的立法努力，因与民间排斥已嫁女继承权的社会文化心理相抵牾，遂难以与普通人民之法律生活发生关联，最终仅能停留于法典层面。

最后，固有法衍化为一种习惯力量继续支配着人们的思维方式和行为模式。

固有法作为一种文化基因，其在近代乃至当代社会的留存依恃的是各种无形的和有形的结构，包括心性结构和社会结构。由于社会文化心理的支持，加之社会结构中传统性元素的顽强存续，固有法的规则在立法层面被旁置后，极易积淀为一种民间"习俗"并对人们的行为发挥着超越法律的支配功能。这在民事继承领域表现得尤为明显。如宗祧继承在《中华民国民法》中虽被废止，但中华民国继承法施行了10余年之后，其仍"与实际社会情形，尚有扞格，各地司法人士，颇多病其不合国情，主张修改"[③]。就女子财产继承权而言，亦如民国学者金石音所指出：

> 女子不得享有继承权，数千年来习惯相沿，已几为自然。一旦反其道而行之，不特独为继承主体底（的）男子，强者怒于言，懦者怒于色；就是新为继承主体底（的）女子，也将不信其所见，不信其所

---

① 王伯琦：《近代法律思潮与中国固有文化》，清华大学出版社2005年版，第74页。
② 马克斯·韦伯认为，在人类的大多数时代里，绝大部分基于"共识"的秩序，都未曾考虑国家法强制的可能性，甚至连一般的强制可能性都未加以考虑。参见［德］马克斯·韦伯《法律社会学》，康乐、简美惠译，广西师范大学出版社2005年版，第148页。
③ 李宜琛：《现行继承法论》，上海商务印书馆1947年版，第14页。

闻。……不特乡村中一般非知识阶级，惶惶然手足无措，就是都市上那些知识阶级，也将愕愕然莫知所云。①

1946年7月6日，部分学者和律师在上海震旦大学法学院召开了一次"关于分家析产的问题"的座谈会。刘墨圣律师在座谈会中称：《中华民国民法》"继承编""有许多是和传统观念不能调和。譬如直系血亲卑亲属，不问男女，继承权一律平等，这与我国向来女子无继承权的习惯，彼此冲突，更足增加纠纷"。李光华亦称：就女子财产继承之实际状况来看，"河北省乡村间，不单没有实行这一点，并且也几乎没有人知道"②。

小　结

在中国民法近代化进程中，继承法领域新旧制度之嬗替非常明显。中国继承领域的固有法，受历史文化滋养甚深，其维护家族利益之色彩极为浓厚，并与近代以来欧西各国基于个人主义和男女平权基础之上的财产继承规则形成了鲜明的对比。清末以迄民国，由于社会经济结构的变化，兼受西方个人主义和男女平权思想的浸染，在各种社会经济和政治法律因素的促动下，中国近代的知识精英和立法者费尽周折，最终在立法层面确立了已嫁女的财产继承权。但是，早先的社会记忆和传统却与域外移植而来的法律规则产生了紧张和对峙。男女平权问题在继承法领域的贯彻一直是一个长期困扰理论研究者和司法实践者的难题。

已嫁女财产继承权问题，绝非只停留于过去的那部分中国，其在实践层面的困境，一直延续至今。这在我国台湾和大陆地区的财产继承领域，均是一个备受瞩目的焦点。如在2002年，"在台湾有六个女儿在争取法律上给予她们的继承权时，导致母亲被控告伪造文书的案件，媒体称呼她们是'不孝的女儿'"③。就大陆地区而言，早在20世纪40年代中国共产党领导的抗日根据地，针对女子的财产继承权问题，曾颁布过一系列法令。这些法令均在坚持男女平等原则的基础上，肯定了已嫁女的财产继承权，但亦作了某些适应习惯和社会情形的变通。如《晋察冀边区行政委员会关于女子财产

---

① 金石音：《女子继承权之认识》，《妇女共鸣》1930年第22期。
② 《关于分家析产的问题（座谈会）》，《圣心报》1946年第60卷第8期。
③ 参见陈惠馨《传统个人、家庭、婚姻与国家——中国法制史的研究与方法》，（台北）五南图书出版股份有限公司2006年版，第88页。

继承权执行问题的决定（1943年6月15日）》第四点规定："被继承人仅有一子一女，或一子数女，他的儿子在他死亡后，就占有他的财产，而有继承权的已嫁女子，截至本决定公布之日止，并未提出分割遗产的要求者，其继承权视同抛弃，不能要求回复。"①《山东省女子继承暂行条例（1945年3月16日）》第七条规定："已嫁女子之嫁妆费，应在重行分析时，于其应得之数目内扣除之。但已超过应得之数者，原继承人不得请求返还其超过之数目。"第八条规定："对已嫁女子，应分得之财产，以金钱为之。"②《冀鲁豫行署关于女子继承等问题的决定（1945年5月31日）》则明确规定：

> 遗产继承女子与男子有平等之权利，唯中国一般社会情形多系男子与父母同财共居，以家庭为经济单位，因而在遗产分配上，应按各该家庭情况，参照男女双方在家庭中所尽之义务与所享之待遇，具体确定其分配比例，不应一律平均，以符合男女真正平等之精神。如女子夫家较富，娘家较穷，分配遗产时女子于自愿之原则下，得对其兄弟等加以照顾，其甘愿抛弃继承者，政府亦不加干涉。③

1985年新中国颁布的首部《继承法》，在强调"男女继承权平等"原则下，规定女儿与儿子属于同一继承顺位，且不分已嫁未嫁。该规定一直适用至今。但是，2016年7月笔者在中部J省C县X镇进行的一项"已嫁女财产继承问题"访谈调查结果显示：50名被访谈者中，认为自己家庭不存在已嫁女儿继承父母遗产的竟有48人，占被访谈者总数的96%，认为存在已嫁女继承了父母遗产的2名女性，皆来自家中有女无兄弟之家（即乡间所称"纯女户"）。绝大部分被访谈者表示：若父母家境殷实，通常会通过陪嫁或赠与等形式给予已嫁女一定数量的金钱，但已嫁女不应享有与兄弟均等继承父母遗产的权利，事实上这种情形也很少出现。2017年1月笔者在东部F省S市T县和J县两个基层法院的调研中也发现：近5年T县法院共受理已嫁女起诉兄弟要求继承父母遗产的案件3起，J县法院则仅受理了此类案件2起，而且此5起诉讼案件皆因父母旧房拆迁补偿问题而起，其中又

---

① 中华全国妇女联合会、妇女运动历史研究室编：《中国妇女运动历史资料（1937—1945）》，中国妇女出版社1991年版，第667页。
② 中华全国妇女联合会、妇女运动历史研究室编：《中国妇女运动历史资料（1937—1945）》，中国妇女出版社1991年版，第824—825页。
③ 中华全国妇女联合会、妇女运动历史研究室编：《中国妇女运动历史资料（1937—1945）》，中国妇女出版社1991年版，第822页。

有 2 起缘于兄弟姐妹不睦因意气肇讼，其实际目的并非争财。值得玩味的是，此 5 起案件最后皆在兄弟给与已嫁姐妹象征性经济补偿之后以调解形式结案。由是可见，就今日大陆地区已嫁女财产继承权的实践状况而言，其与立法者所预设的立法目标，仍相去甚远。

其实，在中国近代以来的法律变革过程中，许多民事固有法的规范性内容虽然被后来的立法者剥离于法律体系之外，但其社会文化性内容却极易衍化为一种习惯性力量。这种习惯性力量传递着自身所具有的地方意义，并构建起普通民众识别和判断他们所认可之行为模式的认知系统。支撑这种认知系统更多的是源自传统的信仰、情感和某些象征性符号，而不是理性的选择和深思熟虑的辩论。已嫁女财产继承权在近代中国的实践困境似为上述理论逻辑的一个极好的注脚。

第八章

遗嘱处分财产限制：固有传统及其向近代特留分制度的转型

所谓遗嘱，系指财产所有人在生前以遗言方式，就自己的遗产在死后之处分进行安排的一种法律行为。遗嘱制度的法制萌芽，可远溯至公元前1700多年前的《汉穆拉比法典》。[①] 到古希腊时期，公元前6世纪的梭伦改革，第一次确立了较为完整的遗嘱制度。"梭伦规定一个人如无子女，可以立下遗嘱来处理自己的财产。"[②] 及至古罗马时代，以成文法为载体的遗嘱继承制度初具雏形。公元前5世纪的《十二铜表法》第五表"监护法"第3条规定："凡在自己临终时对有关自己家产或有关（隶属他的人）的监护权所作的处理，不得违反。"[③] 后世有学者认为，此为遗嘱自由原则的最早表达。[④] 由于斯时民风敦厚，家长一般情况下仍会依循习惯，在遗嘱中为子女预留一定份额的遗产，以尽自己的养育之责。然至共和国末期，家长滥用遗嘱自由权之风日盛，甚至出现被继承人立下遗嘱将所有遗产遗赠外人之现象。于是法律基于近亲的慈爱义务，创设了"义务分制度"（legitima pars），规定在遗嘱侵害义务分的情况下，遗嘱人的近亲可提起"遗嘱逆伦之诉"（querela inofficiosi testamenti），请求撤销遗嘱，恢复其法定应继分。[⑤] 学界一般认为，罗马法上的"义务分制度"，是近代继承法中特留分制度的重要

[①] 该法典第150条规定："倘自由民以田园房屋或其它[动]产赠与其妻，而给她以盖章之文约，则其夫死后，其子女不得对她起诉，作任何请求；母亲得将其身后之物授予其所钟爱之子，唯不得以之授予其兄弟。"第165条规定："倘自由民以田园房屋赠与其所喜爱之继承人，且给他以盖章之文书，则父死之后，兄弟分产之时，此子应取其父之赠物，此外诸兄弟应均分父家之财产。"洪永宏、严昌编：《世界经典文献》，北京燕山出版社1997年版，第53、55页。
[②] [美] 摩尔根：《古代社会》，杨东莼等译，中央编译出版社2007年版，第167页。
[③] 《世界著名法典汉译丛书》编委会编：《十二铜表法》，法律出版社2000年版，第17页。
[④] 参见董史生《民事法律行为》，中国人民大学出版社1994年版，第13页。
[⑤] 参见 [罗马] 查士丁尼《法学总论——法学阶梯》，张企泰译，商务印书馆1984年版，第113页；周枬《罗马法原论》下册，商务印书馆1996年版，第485页。

渊源。此外，史尚宽还认为，日耳曼法上的所谓"自由分权"（Freiteilrecht），亦与近代特留分制度有着密切的渊源关系。按照日耳曼法的规定，家长的遗嘱处分权，起初受到继承人之继承期待权的拘束，后来因教会奖励施舍，逐渐又认可遗产处分。但是在日耳曼根深蒂固的家产制下，为了家之维持，又规定被继承人须将遗产的主要部分保留于法定继承人，即被继承人之遗产处分权，不得超过一定限额。[①]

这种通过法律对被继承人的遗嘱处分权进行限制的举措，后来被大陆法系各国民法典普遍继受。然而无论是继受于日耳曼法"自由分权"的法国模式，还是继受于罗马法"义务分制度"的德国模式，皆着意于通过限制被继承人的遗嘱自由，保证遗产尽量留归配偶、血亲，而不至外流。其目的是"通过对特定近亲属的继承期待权的保护，维护亲属身份的伦理价值，保护近亲属的继承权益，从而维护家庭的稳定，实现家庭养老育幼的功能"[②]。经由近代以来大陆法系各国民法典的继受和阐发，这种对被继承人遗嘱自由进行必要限制的制度，逐步发展成为继承法中的特留分制度。

在前近代的中国，在民众的法律生活中，亦存在一种事实意义上的遗嘱。其虽与近代欧日各国民法意义上的遗嘱存在些许耦合，然就法律性质而言，与后者仍大异其趣。我国传统社会的遗嘱，亦称"遗命""遗言"或"遗令"，其含义较之现代更为宽泛，除涉及家产处分等财产问题，还包括爵位、继嗣等身份事项。基于中国独特的社会伦理和家族主义传统，法定继承在继承法中居于绝对的主导地位，被继承人通过遗嘱处分身后财产之行为，受到了较为严格的限制。清末法律变革以来，经由欧日各国继承立法的示范和引领，中国开始引入大陆法系民法典中的遗嘱制度，以及对遗嘱自由进行必要限制的特留分制度。《大清民律草案》最初将这种必须特留于继承人的遗产份额，称之为"特留财产"，民国《民律草案》因之，其意义与日本民法中的"遗留分"大抵相类，"即法律使被继承人以其遗产之一部，特留于其继承人不得自由处分之谓"[③]。南京国民政府法制局编订的第三次继承法草案，则改称为"特留分"，并为之后正式颁布的《中华民国民法》所袭用。一言以蔽之，随着中国近代民法法典化的告成，立法者在继承法中植入了源自于大陆法系民法典的特留分制度，通过该制度对被继承人订立遗嘱

---

① 参见史尚宽《继承法论》，中国政法大学出版社2000年版，第607页。
② 夏吟兰：《特留份制度之伦理价值分析》，载陈苇主编《中国继承法修改热点难点问题研究》，群众出版社2013年版，第94页。
③ 李谟：《民法第五编继承新论》，上海大东书局1932年版，第120页。

之意志进行强制性引导，以实现被继承人的遗嘱自由与其近亲属继承利益和社会利益的平衡。

关于中国传统社会的遗嘱制度，前人学者考论甚详。其在对所涉各朝代的遗嘱制度进行探讨时，就传统中国限制遗嘱处分的相关立法和司法实践，亦有一定涉及。[①] 对于中国近代特留分制度的生成，学界相关论著虽有零星摭及，然尚乏专论。至于中国传统社会遗嘱处分财产限制与近代基于摹写欧日范本所构建之特留分制度的历史关联，就管见所及，更是鲜有学者置喙。本章旨在初步勾勒传统中国遗嘱处分财产限制的制度框架，描述其实践样态，揭橥其内在的文化意蕴，然后再梳理中国近代特留分制度的生成进路，最后在一个纵深的历史脉络中，详尽考察遗嘱处分财产限制之固有法传统与近代特留分制度之关联，并以此为切入点探讨中国继承法从传统到近代嬗替过程中，人伦亲情如何对遗嘱处分财产产生制约作用。

第一节　传统中国的遗嘱与遗嘱处分财产限制

一　传统中国的遗嘱及其民间实践

殷商时期，由于财产继承完全依附于身份继承，加之对继承人的选立缺乏法定惯例，因此王侯贵族阶层可能会通过"遗令""遗命"等来确定自己的继承人，或则对身后事务进行安排。其虽不涉及财产分割内容，但可视为遗嘱的早期形态。通说认为，中国古籍所见之最早的遗嘱继承实例，出现在春秋末期，即《左传·哀公三年》所载以下事例：

> 秋，季孙有疾，命正常曰："无死！南孺子之子，男也，则以告而立之；女也，则肥也可。"季孙卒，康子即位。即葬，康子在朝。南氏生男，正常载以如朝，曰："夫子有遗言，命其圉臣曰：'南氏生男，

[①] 参见杨剑虹《从〈先令券书〉看汉代有关遗产继承问题》，《武汉大学学报》（社会科学版）1988年第3期；冯卓慧《汉代民事经济法律制度研究》，商务印书馆2014年版，第132—137页；李润强《唐代家庭遗产的法律继承和遗嘱继承》，载《李润强集》，甘肃人民出版社2014年版，第124—129页；吕志兴《宋代法制特点研究》，四川大学出版社2001年版，第155—158页；姜密《中国古代非"户绝"条件下的遗嘱继承制度》，《历史研究》2002年第2期；王沛《论中国传统社会中的遗嘱继承制度》，载何勤华、王立民主编《法律史研究》第2辑，中国方正出版社2005年版，第33—45页；邢铁《家产继承史论》，云南大学出版社2012年版，第125—154页；郭建《中国财产法史》，复旦大学出版社2018年版，第78—82页；等等。

则以告于君与大夫而立之。'今生矣，男也，敢告。"遂奔卫。康子请退，公使共刘视之，则或杀之矣。乃讨之。召正常，正常不反。①

以上事例，究其实质内容，与前述殷商时期王侯贵族通过遗嘱选立继承人之方式并无根本区别。进入汉代，摆脱身份继承而纯粹以财产继承为目的的遗嘱已初步显现。《张家山汉墓竹简·二年律令》载：

> 民欲先令相分田宅、奴婢、财物，乡部啬夫身听其令，皆参辨券书之，辄上如户籍。有争者，以券书从事；毋券书，勿听。所分田宅，不为户，得有之，至八月书户，留难先令，勿为券书。罚金一两。②

以上律文，以法律形式明确了百姓可预立"券书"处分身后田宅、奴婢、财物等，但"券书"须登入户籍。日后发生家产纷争，皆依"券书"处理。此即汉代通过遗嘱预先处分遗产的"先令券"制度。《汉书·景十三王传》亦载："病先令，令能为乐奴婢从死。"颜师古注曰："先令者，预为遗令也。"③ 其谓"先令"即"遗令"，今可直译为遗嘱。江苏仪征胥浦汉墓出土的以下一则西汉"先令券书"，详细记载某妪通过先令券书处分遗产的事例：

> 元始五年九月壬辰朔辛丑亥，高都里朱凌：卢（庐）居新安里，甚接其死，故请县乡三老、都乡有秩、左里师田谭等，为先令券书。
> 凌自言：有三父（夫），子男女六人，皆不同父。[欲]令子各知其父家次：子女以君、子真、子方、仙君，父为朱孙；弟公文，父吴衰近君；女弟弱君，父曲阿病长宾。
> 妪言：公文年十五去家，自出为姓，遂居外，未尝持一钱来归。妪予子真、子方自为产业。子女仙君、弱君等贫，毋产业。五年四月十日，妪以稻田一处、桑田二处，分予弱君；波（陂）田一处，分予仙君，于至十二月。公文伤人为徒，贫，无产业。于至十二月十一日，仙君、弱君各归田于妪，让予公文。妪即受田，以田分予公文。稻田二

---

① 陈戊国点校：《四书五经》下册，岳麓书社2014年版，第1206页。
② 张家山二四七号汉墓竹简整理小组编：《张家山汉墓竹简》，文物出版社2006年版，第54页。
③ （汉）班固：《汉书》，中华书局1999年版，第1847页。

处，桑田二处，田界易如故。公文不得移卖田予他人。

时任知者：里师、伍人谭等，及亲属孔聚、田文、满真。

先令券书明白，可以从事。①

另如《史记·郦生陆贾列传》亦载：

（陆贾）乃病免家居。以好畤田地善，可以家焉。有五男，乃出所使越得橐中装卖千金，分其子，子二百金，令为生产。陆生常安车驷马，从歌舞鼓琴瑟侍者十人，宝剑直百金，谓其子曰："与汝约：过汝，汝给吾人马酒食，极欲，十日而更。所死家，得宝剑车骑侍从者。一岁中往来过他客，率不过再三过，数见不鲜，无久恩公为也。"②

由上可知，在汉代，已出现通过遗嘱处分财产的相关规定与实践。及至唐代，法律明确规定户绝之家可以通过遗嘱处分身后遗产。唐《户令》云："诸身丧户绝者，所有奴婢、客女、部曲、资财、店宅，并令近亲将营葬事及功德外，余并还女；无女，均入近亲，官为检校。亡人在日有遗嘱处分，处分分明者，不用此律。"③宋初的《宋刑统·户婚律·户绝资产》于此一袭如故，其谓："诸身丧户绝者……余财并与女，无女者，均入以次近亲，无亲戚者，官为检校。若亡人在日，自有遗嘱处分，不用此令。"④北宋天圣四年（1026）制定的"户绝条贯"则再次重申："户绝之家""若亡人遗嘱，证验分明，依遗嘱施行"⑤。上述规定，均将遗嘱处分财产限定于户绝之家。然需特别指出的是，虽然唐宋法律规定仅户绝者可以订立遗嘱处分遗产，但在民间的遗嘱实践中，即使不属于户绝之家，仍存在制作遗嘱对将来之遗产进行处置的事例。《旧唐书·刘弘基传》载："弘基遗令给诸子奴婢各十五人、良田五顷，谓所亲曰：'若贤，固不藉多财；不贤，守此可以免饥冻。'余财悉以散施。"⑥刘弘基事实上突破了法律的规定，用遗嘱对将来之遗产进行预先处分。其在给予诸子相同数额财产前提下，将"余财"施予法定继承人之外的他人。既体现了遗嘱人对遗产拥有一定的自由处分权，

---

① 张传玺主编：《中国历代契约会编考释》上册，北京大学出版社1995年版，第28页。
② （汉）司马迁原著，（清）蒋善辑：《史记汇纂》，商务印书馆2017年版，第381页。
③ ［日］仁井田陞：《唐令拾遗》，栗劲等编译，长春出版社1989年版，第771页。
④ 参见（宋）窦仪等《宋刑统》，吴翔如点校，中华书局1984年版，第198页。
⑤ （清）徐松辑：《宋会要辑稿》第6册，中华书局1957年版，第5902页。
⑥ （后晋）刘昫等撰：《旧唐书》，中华书局1956年版，第357页。

又充分保障了法定继承人对遗产的继承期待权,某种程度上已具有现代特留分的意义。宋人袁采亦言:"父祖有虑子孙争讼者,常预为遗嘱之文。"① 以上似乎表明,宋代订立遗嘱处分遗产亦不限于户绝之家。有时候即使有养子甚至有亲生子,也可以把部分家产遗嘱给他人,主要是赘婿。如南宋绍兴三十二年(1162),权知沅州李发的奏言中就提及"遗嘱财产,养子与赘婿均给"②的专门规定。宋代遗嘱继承之实例颇多,因后文多有引用,兹处不赘。

我国传统社会关于遗嘱的相关律令,唐宋两代规定甚详,迄至元明清时期,有关遗嘱之规定在律例中尽付阙如,但作为一种民间惯行,明清时期有关遗嘱继承的案例仍不鲜见,其时之遗嘱大多采用书面形式,下面引述清代遗嘱文约一则如下:

> 立遗嘱江阿胡,阿夫江志福因子嗣维艰,于康熙年间搬一义男,名唤连生,阿夫抚养,情同亲生。于雍正十二年,夫外经商,不幸死在河口,货本尽折。义男闻信,随即揭借盘费,往外搬柩,回家居丧守制,衰麻执杖,哀痛迫切,如同生父,族内共见。阿夫所遗田园,俱是义男辛勤种作,门户事务,亦是义男竭力支持。至于侍奉供给,内诚外敬,从无违阿之意。
>
> 今阿年老,央凭亲族眼同,愿将承祖所阄家产屋宇等业,尽行批与侄长祖、长聚名下。其阿夫新置田业,内取十砠批送芳公会;内又取三十五砠,批与侄长起兄弟;又取三十五砠,与侄长发兄弟,候阿百年之后交侄管业。
>
> 除批过,仍存前后三间新屋一所并田园等业,尽行与义男连生管业。日后永无异说。倘有此情,听从义男执墨鸣公理论。今欲有凭,立此遗嘱,永远存照。
>
> 乾隆十六年正月　日
> 立遗嘱江阿胡(押)(下略)。③

在上述遗嘱文约中,妇人江阿胡,邀集族亲,将其夫所遗田园房屋等,

---

① (宋)袁采:《袁氏世范》卷一"遗嘱之文宜预为",中华书局1985年版,第22页。
② (清)徐松辑:《宋会要辑稿》第6册,中华书局1957年版,第5906页。
③ 转引自阿风《明清时代妇女的地位与权利——以明清契约文书、诉讼档案为中心》,社会科学文献出版社2009年版,第78页。

第八章 遗嘱处分财产限制：固有传统及其向近代特留分制度的转型 197

除部分遗赠给侄辈外，也将新屋一所并田园等业遗赠给义子，这表明即使是寡妻，亦可通过遗嘱对所承夫产进行适当处分。

另，雍正年间名臣徐士林亦记载一起因遗嘱导致纠纷的案例。张眉有兄弟三人，上有长兄张言万和次兄张含万。张眉饶有家资，但与其妻江氏仅育三女而无子，遂立长兄张言万之次子张永彪为嗣子。张眉顾念女儿，去世前订立遗嘱，将其属庄田三处分别给予三女，其余三处庄田给予嗣子张永彪。然张眉的两位兄长不满其将部分庄田分与女儿，不肯在张眉的遗嘱上画押。张眉甫一去世，其两兄长就霸占了所有的庄田及谷物。张眉之妻江氏遂控告其伯。徐士林受理此案后判决："江氏所有之产，悉照遗嘱议单管业，张永彪仍归江氏为子，毋得听唆忤逆。"① 此外，据清代光绪年间居士杨仁山所立一份遗嘱可知，他虽有儿子三人，但却在遗嘱中将自置"屋宇一所"捐施给刻印佛经的刻经处，"永远作为流通经典之所，三房均不得认为己产"②。这似乎又表明，在遗嘱中将部分财产进行捐施的现象，在民间亦偶或有之。

二 传统中国对遗嘱处分财产的限制

1. 法律层面的限制

首先，对遗嘱人和受益人的范围进行限制。前已述及，唐代《户令》和宋代《宋刑统》及相关法令均明确规定遗嘱处分财产仅限于户绝之家，非户绝者的遗产必须留给承分人——法定继承人。③ 这事实上对遗嘱人的范围构成一种封闭性限制。到南宋时，又将能够从遗嘱中获赠财产之人进一步限缩为内外缌麻以上亲。《名公书判清明集》"卷九"一则判语引南宋《户令》云："诸财产无承分人，愿遗嘱与内外缌麻以上亲者，听自陈，官给公凭"，但"有承分人不合遗嘱"④。以上规定至少包含以下两层意义：其一，在有合法继承人的情况下，遗嘱人必须保证法定继承人的优先继承权，不能通过遗嘱将其继承权无故剥夺，而将财产遗赠他人；其二，即使在户绝之家，遗嘱人亦仅享有相对的遗嘱处分自由，遗嘱受益人的选择，仍受到严格

---

① （清）徐士林：《徐公谳词》，齐鲁书社2001年版，第163页。
② 杨仁山：《杨仁山大德文汇》，华夏出版社2012年版，第514页。
③ 郭建认为，在南宋时，由于女儿也有权获得财产，故亦属于承分人。因此南宋的遗嘱人实际上还把有女户排除在外。参见郭建《中国财产法史稿》，中国政法大学出版社2005年版，第182页。
④ 中国社会科学院历史研究所宋辽金元史研究室点校：《名公书判清明集》，中华书局1987年版，第141—142页。

的限制，即遗嘱人不能完全凭个人意愿随意选择遗产受益人，受益人不能超出女儿、女婿或本家近亲的范围。近亲系指缌麻以上亲，即同宗不出"五服"之人，主要是亲兄弟的儿子辈。律令作此等限制，其目的在于防止财产流出本家族，归属他姓。就此以言，户绝之家的遗嘱继承与户绝立嗣的方式极为相近，甚至可合二而一。① 明清时期，伴随着社会和观念的多重变迁，立嗣制度得以普遍推行，户绝之家的遗嘱继承与户绝立嗣的方式逐渐融为一体。如在明清时期的徽州，鲜见单独的过继文书，一般均是与遗嘱合璧，称为"遗嘱立继文书"②，这也在一定程度上印证了此点。不过仍需强调的是，两者在具体实践中也存在些许差别，立嗣须严格遵照亲疏远近之序，但通过遗嘱处分财产则相对自由一些，有时可突破亲疏之序，越过作为本宗服亲的同姓晚辈，将遗产遗赠给作为异姓服亲的外甥外孙等。

其次，对遗嘱的形式要件有着较为严格的要求。在宋代，通常情况下，遗嘱须经官府印押确认后方被视为有效。如《名公书判清明集》卷八"父子俱亡立孙为后"判词称："设果有遗嘱，便合经官印押，执出为照。"③《名公书判清明集》卷五"僧归俗承分"判词中，审官翁浩堂认为："缪氏母子不晓事理，尚执遗嘱及关书一本，以为已分析之证""不曾经官印押，岂可用私家之故纸，而乱公朝之明法乎？"④另，在《名公书判清明集》卷七"立继有据不为户绝"判词中，审官亦判定未经官府印押的遗嘱无效，其谓："若纸上之言，则必呈之官府，以直其事矣。"⑤ 在传统社会，订立遗嘱一般有约定的习俗和完整的程序，遗嘱上须由立遗嘱人、被遗嘱人和见证人签押，再经过族人同意，然后经官府盖印，方可作为继承遗产的凭证。遗嘱一经官府盖印，即表明其已获法律的承认和保护。

2. 司法官员借助司法裁判对遗嘱处分财产的限制

汉代及其之后的司法实践中，司法官员对遗嘱人的自由处分权加以限制的裁判，亦为数不少。《太平御览》曾引用《风俗通》中以下一则案例：

---

① 邢铁：《家产继承史论》，云南大学出版社2012年版，第129页。
② 阿风：《明清时代妇女的地位与权利——以明清契约文书、诉讼档案为中心》，社会科学文献出版社2009年版，第72页。
③ 中国社会科学院历史研究所宋辽金元史研究室点校：《名公书判清明集》，中华书局1987年版，第263页。
④ 中国社会科学院历史研究所宋辽金元史研究室点校：《名公书判清明集》，中华书局1987年版，第139页。
⑤ 中国社会科学院历史研究所宋辽金元史研究室点校：《名公书判清明集》，中华书局1987年版，第216页。

第八章　遗嘱处分财产限制：固有传统及其向近代特留分制度的转型　　199

> 沛中有富豪，家赀三千万。小妇子是男，又早失母。其大妇女甚不贤。公病困．恐死后必当争财；男儿判不全得。因呼族人为遗令。云悉以财属女，但以一剑与男，年十五以付之。儿后大，姊不肯与剑，男乃诣官诉之。司空何武曰："剑所以断决也。限年十五，有智力足也。女及壻温饱十五年，已幸矣！"议者皆服，谓武原情度事，得其理。①

审官何武在审理此案时，并未按亡者"遗令书"将全部家财断归女儿、女婿，而是衡诸情理，将遗产判令给儿子。无独有偶，南宋亦有一则相类似的案例。在该案中，司法官员结合人伦情理，借助"自由心证"解释遗嘱的含义，并对遗嘱人通过遗嘱处分遗产的行为加以限制。《宋史·张咏传》载：

> 有民家子与姊婿讼家财，婿言妻父临终，此子裁三岁，故见命掌赀产；且有遗书，令异日以十之三与子，余七与婿。咏览之，索酒酹地曰："汝妻父，智人也，以子幼故托汝。苟以七与子，则子死汝手矣。"亟命以七给其子，余三给婿，人皆服其明断。②

在本案中，审官张咏突破了遗嘱书面文义的拘束，判决将遗产的十分之七归子，十分之三归婿。事实上，如果法定继承人认为遗嘱对其合法权益有所损害，亦可提起告诉，而司法官员有权撤销遗嘱中不合理、侵犯法定继承人合法权益的内容。如《名公书判清明集》卷五"继母将养老田遗嘱与亲生女"判词载：蒋森死后遗下田地若干，其后妻叶氏将田地一分为三，给蒋森前妻之子蒋汝霖170硕，叶氏自留养老田57硕，给叶氏与前夫所生之女归娘陪嫁31硕。其后，叶氏又以遗嘱将养老田留给女儿归娘，蒋汝霖遂状告继母。审官翁浩堂认为："已分之田""官司难以更与厘正"，只能对叶氏养老田依法限制。"今既有蒋汝霖承分，岂可私意遗嘱，又专以肥其亲生之女乎？"最后依法判定遗嘱无效。③ 以上案例表明，宋代司法官员虽在一定程度上认可遗嘱的效力，但仍会综合各种情形，对遗嘱人的遗嘱处分自由

---

① （宋）李昉等：《太平御览》第4册，中华书局1960年影印版，第3736—3737页。
② （元）脱脱等：《宋史》第28册，卷二九三"张咏传"，中华书局1977年版，第9800—9801页。
③ 中国社会科学院历史研究所宋辽金元史研究室点校：《名公书判清明集》，中华书局1987年版，第141—142页。

施加一定的限制。

在明清两代的司法实践中,亦不乏司法官员对遗嘱处分财产行为予以限制的裁判。如明代李清所撰《折狱新语》载有一则案例:杜云"年暮无儿,曾出谷六百斤,典孀妇刘氏为妾",然"同衾十载",刘氏"终不往侍",并未迁入杜家。杜云身故,刘氏"竟不移足柩前"。分割遗产时,刘氏持杜云遗嘱,言分给田四十亩。审官判曰:"此嘱果真,亦当碎系逝波耳。"最后将该遗嘱"涂抹附卷"①。审官李清将该份遗嘱认定为无效,一则因刘氏虽为杜云之妾,既未在杜云生前入户恭行义务,亦未在夫亡故后举哀尽孝,有悖人伦情理;二则表明法律不承认无限制的遗赠,遗嘱受益人原则上仍限制在宗亲范围之内。

另,巴县档案所载乾隆四十八年(1783)"卢祥麟遗产纠纷案"中,卢祥麟早年娶寡妇张氏为室,张氏携其与前夫所生之子马之贵过户。嗣后卢祥麟与张氏仅生一女卢氏,马之贵亦更名卢聚奎过继卢祥麟。卢氏甫六岁,卢祥麟身故,生前立有遗嘱,须择婿入赘,并将所遗房产留给女儿作为嫁妆。及卢氏年长,禀生龚锡禄入赘卢家。多年后,张氏及其子卢聚奎与龚锡禄因所遗房产涉讼。龚锡禄出具卢氏所立,实际上系其笔拟之遗嘱一份,称按该遗嘱房产应归其与卢氏所生诸子。县批:"龚锡禄系读书人,何得以遗嘱委之妇女?明系希图女家遗业。"最后判将所遗房产由作为嗣子之卢聚奎与作为赘婿的龚锡禄共同酌分。此案中,巴县知县认为该两份遗嘱均侵害了嗣子卢聚奎的合法继承权,故未认可其法律效力。②

三 传统中国限制遗嘱处分财产的因由

在传统中国,就唐宋时期的法律和各朝之司法裁判来看,遗嘱处分自由实际上受到了严格限制,被继承人在通过遗嘱处分身后遗产时,须对亲生子女、嗣子等法定继承人的遗产份额予以切实保障。固有传统对遗嘱处分财产采取一种限制性立场,究其因由,不外以下几端:

其一,传统中国父子一体的亲缘逻辑使然。在中国传统社会,父子关系是一种特殊的存在,正所谓"父子至亲,分形同气"③"父子一气,子分父

---

① (明)李清:《折狱新语》,吉林人民出版社1987年版,第145—146页。
② 参见四川省档案馆编《清代巴县档案汇编》(乾隆卷),档案出版社1991年版,第301—305页。
③ 邱汉平:《历代刑法志》,商务印书馆2017年版,第170页。

之身而为身"①。传统观念实际上视父之身为子之生命的本源，视子之身为父之生命的接续，从而不加区分地视二者为一个生命的延续。② 这构成了传统中国普通民众的一种基本人生观，并进而衍化为继承领域中的一个核心理念。此外，个人的人格为家庭和家族所吸收，父之死亡并非仅意味着个体生命的完全终结，其人格借助子孙后代的繁衍仍可得以延续，而财产的继承又依附于这种人格继承。在这种亲缘逻辑和继承观念的支配下，个人对遗产的处分要受到直系男性卑亲利益的根本性制约，即任何个人不能通过遗嘱随意剥夺法定继承人——儿子的财产继承权。正如密拉格利亚所言："古时社会的权利占优势，个人的权利则不重视。那时唯一盛行的权利，是表示家庭权利卓越的法定继承，而不是个人行为的遗嘱继承。"③ 同样，嗣子作为法律拟制之子，对于乏嗣之家而言，由于在嗣父亡故后有权继承其人格，故与亲子无异，当然享有对嗣父财产的继承权。

其二，维系家族存续和血缘亲情的需要。传统社会受生产力所限，物力维艰，有限的家庭财产不可避免地要服从于家族相续这一需要，而遗嘱人在进行财产处分时，不可完全弃家族利益于不顾。宋人袁采在家训中曾告诫后人："遗嘱之文皆贤明之人为身后之虑。然亦须公平，乃可以保家。"④ 此外，"同居共财"的家庭格局，使得家成为家庭财产的真正主体，个人实际上不能获得现代意义上的纯粹财产所有权，而只能获得一种共同所有权，故家长作为家庭财产的管理人，实际上不具有遗嘱处分财产之自由。若出现户绝导致共有关系的其他共有人都不存在，共有关系才转化为单纯的个人所有。然而当户绝者通过遗嘱处分其财产时，基于对祖先的义务，其遗嘱处分行为的受益人又往往囿于同宗——祖先或其本人的祭祀者。当然，由于血缘情感以及对死后获得祭扫的欲求，遗嘱人也可能将财产留给出嫁女等血缘较近的亲人。因此，亲属团体固定地对被继承人的遗嘱处分财产行为形成了一种限制性的力量，进而保障被继承人的遗产仅在其最亲密的血亲之间传递而不至外流，这既有利于家族的繁荣和繁衍，又契合维系血缘亲情这一需要。

其三，维护生存伦理和社会公益的考量。从生存伦理角度观之，逝者与其直系卑亲属、直系尊亲属及妻子等，不仅为关系至为密切之人，而且在现

---

① （明）黄宗羲：《明夷待访录》，中华书局1981年版，第5页。
② 参见［日］滋贺秀三《中国家族法原理》，张建国、李力译，法律出版社2003年版，第17页。
③ ［意］密拉格利亚：《比较法律哲学》，朱敏章等译，李秀清勘校，中国政法大学出版社2005年版，第542页。
④ （宋）袁采：《袁氏世范》卷一"遗嘱公平维后患"，中华书局1985年版，第21页。

实生活中往往还与后者形成了一种抚养关系。基于生存的客观需要，这些家庭成员也会对逝者的遗产心存期待。若逝者不留下部分遗产作为此类最亲近之人的抚养费用，既与传统道义相背离，亦为社会人情所谴责。此外，从社会公益角度来看，由于传统中国并无现代意义上的社会保障制度，若许遗嘱人随意处分遗产，侵及孤幼权益，必将致其另觅他人抚养或流离失所，从而有碍社会公益，是亦为传统社会对滥用遗嘱自由处分财产之行为进行限制的一个重要因由。

第二节 清末民初"特留财产"的立法引入及司法因应

《大清民律草案》借鉴日本民法典中的"遗留分"制度，首次将大陆法系之特留分制度引入中国。其后，民国《民律草案》大体沿袭了前次草案的相关规定，但亦对部分条文予以进一步细化和补充。以上立法创制，在立法层面奠定了中国近代特留分制度的基础性框架。不过由于该两部草案并未在真正意义上付诸实施，民初大理院则通过对"现行律民事有效部分"的"立嫡子违法条"进行扩大解释的方式，对草案关于"特留财产"之部分立法精神进行了适度申扬，在司法实践中实现了"特留财产"与固有法限制遗嘱处分财产传统的某种衔接。

一 清末民初"特留财产"在"民律草案"中的引入

《大清民律草案》"继承编"共分总则、继承、遗嘱、特留财产、无人承认之继承、债权人或受遗人之权利六章。该继承法草案一方面在糅合中国固有遗嘱传统基础上吸纳了大陆法系以"个人主义"为本位的遗嘱制度，另一方面又借鉴日本民法典"遗留分"之规定，设"特留财产"一章对遗嘱人的财产处分权加以一定限制。[①] 其第四章"特留财产"部分共设有 13 个条文。民国《民律草案》亦分八章，分别为总则、宗祧继承、遗产继承、继承人未定及无人承诺之继承、遗嘱、特留财产、无人承认之继承、债权人或受遗人之权利。第六章"特留财产"部分计有 21 个条文，其条文数较之前草

---

① 日本法学家梅谦次郎曾云："遗留分者也，被相续人（被继承人）不可不遗留于其相续人（继承人）之财产之部分。"日本从来之惯习，并无此制。然由于立法上已经明确了继承制度，"则家督相续人，不可无维持家名之方法，故为维持家名必要之财产，当遗之家督相续人"。此外，就财产继承而言，"被相续人死亡之后，其近亲有饥饿之忧，亦须有遗留分"。[日] 梅谦次郎：《日本民法要义·相续编》，全泯澜译述，上海商务印书馆 1913 年版，第 241 页。

案增加不少，然揆其实质内容，与前草案并无显著区别。由于该两部草案涉及"特留财产"之条文对域外相关立法例多有参酌，甚至是直接复制而来，故列表8-1，将其主要内容表解如下，并与域外相关立法例互为参照。

表 8-1　两部"民律草案"中"特留财产"一章法条及域外相关立法例①

主要内容			《大清民律草案》相关条文	民国《民律草案》相关条文	法德日瑞民法典相关条文
"特留财产"权利人的范围及份额			第1542条	第1489条 第1490条	法民第913—915条；德民第2303条；日民第1130—1131条；瑞民第470—471条
特留财产的算定方法			第1543条 第1544条	第1491条 第1492条 第1493条	法民第918、922条；德民第2310—2315条；日民第1132—1133、1135条；瑞民第475—476条
特留财产之提减	提减权及行使顺序与方法	提减权	第1545条	第1494条	法民第920—921、926—927条；德民第2305—2306条；日民第1134条；瑞民第522—524条
		行使之顺序	第1546条	第1495条	法民第923—924条；德民第2322条；日民第1136、1138条；瑞民第532条
		行使之方法	第1547条 第1548条	第1496—1501条 第1504条	法民第928条；德民第2316—2322、2325—2328条；日民第1137、1139、1141条；瑞民第527、530条
	提减之效果	对受赠人无资力者之保护	第1549条	第1506条	德民第2329条第2项；日民第1140条
		对正当所有人之保护	第1550条 第1551条	第1502条 第1503条	法民第929—930条；日民第1142—1143条；瑞民第528条
		对受遗人或受赠人之保护	第1552条	第1505条	法民第919条；日民第1144条；瑞民第525条第2项、526条
		对债权人之保护		第1509条	瑞民第524条
提减之时效			第1553条	第1507条	法民第2262、2265—2266条；德民第2332条；日民第1145条；瑞民第533条
财产继承规定之准用			第1554条	第1508条	日民第1146条

---

① 参见潘维和《中国历次民律草案校释》，（台湾）汉林出版社1982年版，第358—360、565—568页；杨立新点校《大清民律草案 民国民律草案》，吉林人民出版社2002年版，第197—198、403—405页；[日]梅谦次郎《日本民法要义·相续编》，全泯澜译述，上海商务印书馆1913年版，第241—256页；朱德明译《德意志民法》，司法公报发行所1921年版，第395—403页；李浩培、吴传颐、孙鸣岗译《拿破仑法典（法国民法典）》，商务印书馆1997年版，第140—143、368页；《瑞士民法（十四）》，《法律评论（北京）》1937年第14卷第14期；《瑞士民法（十五、十六）》，《法律评论（北京）》1937年第14卷第15、16期合刊。后文涉及的相关法条，均出自以上文献，不再赘列出处。

结合表 8-1，可将两部"民律草案"关于"特留财产"之规定概括如下：

第一，"特留财产"权利人的范围及份额。

《大清民律草案》第 1542 条规定："所继人以其财产之半，作为特留财产，给与继承人。无继承人者，给与夫或妻，或直系尊属。"该条将"特留财产"之份额限定为遗产之半数，并将特留权利人限定为继承人，无继承人时，则以夫或妻，或直系尊属作为特留权利人，但是将亲女、亲兄弟及不为尊亲属之家长排除在外。究其立法本意，则如该条立法理由所云："继承人夫或妻，或直系尊属与所继人情谊较挚，故应特留财产之半维持其生活""亲兄弟、家长、亲女不许得特留财产者，以亲兄弟或家长义应自立，不应特留财产限制所继人之自由处置权。亲女虽与所继人分属亲子，然于继承之事本无权利，即在承受之列所处地位，亦居最后，亦不能受特留财产"[1]。民国《民律草案》第 1489 条基本沿袭此规定，但将作为权利人的"继承人"改为"直系卑亲属"，实际上将亲女纳入其内。第 1490 条又补充规定，妻作为被继承人时，"应以其财产之半，作为特留财产，给与其夫。无夫者，给与直系卑属，再次给与直系尊属"。从法条的继受渊源上看，上述条文均仿照日本民法典第 1130 条和第 1131 条。关于特留份额之确定，其时之欧日各国立法例不尽相同，大致归纳，主要有以下两种办法：其一，全体特留主义（或称全体保留主义），即确定遗产的若干比例作为全体继承人的特留份额，如法国民法典第 913 条和第 914 条、日本民法典第 1131 条；其二，各别特留主义（或称各别保留主义），即特留财产为各继承人分别保留，而其计算标准，依各继承人法定继承份额的一定比例加以确定，如德国民法典第 2303 条、瑞士民法第 471 条。[2] 该两部"民律草案"皆从日本立法例，采全体特留主义。

第二，"特留财产"的算定方法。

《大清民律草案》第 1543 条规定："特留财产"之算定："以被继承人死亡时所有遗产，及赠与之价额，除去所负之债算定之。[3] 但赠与系在六个月以前，赠与人及受赠人均无恶意者，不得算入""遗产中权利若附有条件

---

[1] 商务印书馆编译所编：《中华六法（三）民律下》，上海商务印书馆 1922 年版，第五编"继承"，第 62 页。

[2] 参见郑国楠《中国民法继承论》，上海中华书局 1945 年版，第 135—136 页。

[3] 此处之债务，不限于私法上之债务，即公法上之债务，如租税等亦包括之。参见陈滋镐编《民律继承编》（朝阳大学法律科讲义），朝阳大学 1920 年版，第 40 页。

或期间长短不确定者，其价额应以亲属会估价定之"。民国《民律草案》第1491条和第1493条第1项与上大抵无异，唯其第1491条添入丧葬费亦不得算入，并将原草案关于亲属会估价不确定"特留财产"，改为由法院选定鉴定人进行估价确定。第1492条则补充规定因宗祧继承所得之权利，其价额不应算入遗产之列。① 第1493条第2项仿各国立法例，明确慈善施舍或习惯上之馈赠，不得算入"特留财产"之中。以上立法规定，与德国民法典第2315条、法国民法典第922条、日本民法典第1132条、瑞士民法典第475条和第476条之规定大抵相类。然由于两部"民律草案"均已明确嗣子为法定继承人或卑亲属，故事实上其上述规定，均隐含了对固有法中嗣子之"特留财产"权利的一种特别关照。

第三，"特留财产"提减权。

1. 提减权之行使

《大清民律草案》第1545条和民国《民律草案》第1494条均规定："应得特留财产人，若因被继承人以财产赠与或遗赠他人，致其特留份额受损时，可按其不足之数请求提减赠与或遗赠。"至于提减之顺序，《大清民律草案》第1546条规定："先提减遗赠，次及赠与。先提减后之赠与，次及前之赠与。"该条立法理由云：

> 盖赠与之物早归受赠人所有，若遗赠则当算定特定财产时，其物尚在继承财产中，故应先提减遗赠，次及赠与也。至同一赠与，后赠与应先提减者，以前之赠与，受赠与得物已久，后之赠与其期较短，两者相衡，应使前之受赠人特享优胜之利益也。②

民国《民律草案》第1495条于上述规定一袭如故。关于提减之方法，《大清民律草案》第1547条和第1548条分别规定："同一遗赠或赠与无先后之别者，依各受遗人或受赠人所得价额，按份提减""若行提减，其估价须依该项所定方法提减后，若有余额，应归受遗人或受赠人"。鉴于以上规定略显粗略，民国《民律草案》除第1496条和第1497条沿袭上述规定外，

---

① 《大清民律草案》并未将祀产排除于遗产计算范围之外，民初有学者认为不妥。其谓：草案应规定祭扫财产不应纳入特留分计算的遗产之中，"盖以中国向视宗祀为重，全赖宗祧继承，鲜有死后以其全部财产遗赠他人者"。[陈滋镐编：《民律继承编》（朝阳大学法律科讲义），朝阳大学1920年版，第39页。] 民国《民律民律草案》则对此点予以补充规定。

② 商务印书馆编译所编：《中华六法（三）民律下》，上海商务印书馆1922年版，第五编"继承"，第65页。

又在参仿德、日、瑞士等国民法典的基础上，设第 1498 条至第 1500 条分别就以使用、收益权或定期金为遗赠或赠与、以免除义务为遗赠或赠与，以及赠与附有义务三种情况下"特留财产"之提减行使进行了补充规定。第 1504 条还规定受赠人或应受提减之人，应负返还孳息之义务。

2. 提减之效果

《大清民律草案》第 1549 条至 1552 条分别规定提减权之行使，发生以下三种效果：（1）对于无资力之受赠人提减不能时，由"特留财产"权利人自行承担；（2）应提减之赠与物，若已归他人所有，受赠人须偿应减之价额；（3）"特留财产"提减时，受遗赠人或受赠人可以仅偿还物价，免缴原物。民国《民律草案》第 1502 条、第 1505 条和第 1506 条之规定与上无异。上述规定与日本民法典第 1140 条至第 1144 条几乎如出一辙。但是，民国《民律草案》第 1509 条，又参照瑞士民法典第 524 条，补充了对债权人保护之规定，即"特留财产"权利人"经其债务人请求而不实行提减，致债权人生有损害时，该债权人以满足其债权为限度，得代应得特留财产人请求提减"。

3. 提减之时效

《大清民律草案》第 1553 条和民国《民律草案》第 1507 条，均规定提减遗赠或赠与的一般时效为 1 年，最长时效为 10 年。德国民法典第 2332 条所定之一般时效为 3 年，最长时效为 30 年。日本民法典第 1145 条和瑞士民法典第 533 条均规定一般时效为 1 年，最长时效为 10 年。《大清民律草案》采日本立法例①，民国《民律草案》因之。

第四，财产继承规定之准用。

《大清民律草案》第 1554 条和民国《民律草案》第 1508 条，皆参照日本民法典第 1146 条，规定"特留财产"准用财产继承之相关法条。

综上可知，《大清民律草案》关于"特留财产"之相关条文，悉数贩自日本民法典。由于日本民法典在制定时，对于德、法等大陆法系诸国民法典亦有一定参酌，故彼此间又存在诸多相似之处。民国《民律草案》除个别表达和条文顺序有所变易外，几乎对前草案中的"特留财产"相关条文加以全盘继受。但是，对于《大清民律草案》制定时有意无意忽略的日本民法典关于特留分提减行使之相关条文，则将其进一步充实其中，因此可谓是一个更加纯粹的日本版"特留财产"制。当然，需要指出的是，这两部

---

① 参见陈滋镐编《民律继承编》（朝阳大学法律科讲义），朝阳大学 1920 年版，第 42 页。

"民律草案",亦部分体现了对固有传统的尊重,体现了保障近亲属生活之需要,尤其是保护具有宗祧继承人身份的嗣子之"特留财产"的特别用心。

二 民初大理院涉及"特留财产"之司法裁判

民国初肇,因《大清民律草案》未颁布施行,司法机关于继承事项之裁判,仍援用"现行律民事有效部分"。然"现行律民事有效部分"并无"特留财产"之规定,但在民间的遗嘱实践中,又不乏被继承人依习惯或个人意愿,通过遗嘱将财产遗诸亲生子女或赠予他人之现象,甚或有因此肇讼者。民初大理院在裁处该类案件时,则借助民事判决例和解释例,结合固有法关于限制遗嘱处分财产之精神,并糅之以域外特留分之相关法理,折衷新旧,就遗嘱处分财产之限制,确定了若干裁判规则。民初大理院涉及"特留财产"之民事判决例共有6例[①],兹将其所涉主要内容归纳如下:

其一,对被继承人的遗产处分权进行适当限制。如大理院五年(1916)上字第1116号判例要旨称:

> 无子立嗣者,所遗财产应归嗣子承受。至所继人可否以遗产全部遗赠于人,现行律上虽无明文。但查该律"男女婚姻"条例载"招婿养老者,仍立同宗应继之人承奉祭祀,家产均分"等语。又"立嫡子违法条例"载"义男、女婿为所后亲喜悦者,听其相为依倚(中略),仍酌分财产"等语。可知,无子立嗣乃所以奉承祖宗禋祀,非仅为所继人之利益而设。故所继人自宜为之留相当财产,俾嗣子得维持生计,供奉祭祀。虽有情谊较亲,如招赘养老之婿及所喜悦之义男、女婿者,亦仅得分给财产之半及酌量给与,而不容举其全部以遗之。

大理院八年(1919)上字第737号判例要旨谓:"被承继人,不得舍弃被继之权,以其财产全部遗赠于人。"以上判例要旨,实际上对"现行律民事有效部分"相关条文进行了扩大解释,强调了被继承人不得无视继承人的继承期待权,通过遗嘱将遗产全部遗赠于他人或进行捐施。此外,大理院十年(1921)上字第722号判例最具典型意义,其直接引入"遗留分"这一概念,并将其作为裁判的依据。在本案中,张观法之嗣母张辛氏于光绪二十八年(1902)立有遗书,载有"同家侄、外甥照派均分(遗产)"等

---

① 参见郭卫编《大理院判决例全书》,吴宏耀等点校,中国政法大学出版社2013年版,第470—471页。下文所引大理院判例要旨,均出自此处。

语。大理院认为："按民事条理，遗留分须与得处分之财产不失均衡，故所继人只应于不害及应继遗留分之限度内为处分之行为。"然张辛氏之遗嘱处分，"已超过应继遗留分之限度，故依法不能认为有效"①。大理院六年（1917）统字第 732 号解释例，其见解与以上判例要旨略同，其云："家产由子出名置买者，如别无可认为父遗之根据，自系私产，其父非得子之同意，未便听其处分，即果系遗产，亦应于不害应继者之遗留分之限度内为处分之行为，否则不能对抗其承嗣之子。"② 以上判例和解释例，实际上将《大清民律草案》关于"特留财产"之规定援为"条理"直接加以适用，从而对被继承人通过遗嘱处分财产的权利，施加一定的限制。

其二，兼顾本国固有传统，对嗣子的"特留财产"予以特别保护。大理院五年（1916）上字第 661 号判例要旨谓："守志之妇，虽得于遗产中，酌提一部分给予亲生之女，然揆诸酌给之义，其所给予者，自不得超过嗣子所应承受之额数，且不得因而害及嗣子之生计。"在该案中，张准曾死后遗有房产一所，其无子，但有侄懋鼎可以兼祧。嗣后准曾之妻李氏立下遗嘱，将该房产作为亲生女懋定妆奁。原判将准曾遗产认定为户绝财产，谓应归懋定所有。杨毓燨系懋定之夫，则懋定所遗房产，即应归杨毓燨所有。上告人张源曾认为其胞弟准曾所遗房产并非绝产，决非亲女懋定所得承受。大理院据现行律"立嫡子违法条"，认为妇人夫亡无子守志者，须为夫立继，懋鼎既为准曾胞侄，即可继嗣，且居于继承人之最近顺位，可继承准曾遗产。准曾妻李氏虽可于遗产中酌提一部分给予亲女，但不得超过嗣子所应承受之额数，且不得因而害及嗣子之生计。故判令将杨毓燨所占有之准曾遗产，归还嗣子懋鼎。③ 此外，大理院七年（1918）上字第 1046 号判例要旨称："妇人合承夫分者""本有为夫立继之义务，不得置其夫之继嗣于不顾，而以遗产全部概行捐施于他人"。大理院八年（1919）上字第 928 号判例要旨规定："守志之妇不得以永不立继之意思，就遗产为生活上不必要之处分。"而前述大理院五年（1916）上字第 1116 号、十年（1921）上字第 722 号判例要旨，其维护承嗣制度、保护嗣子"特留财产"之意图亦甚为明显。上述判例要旨事实上是冶中国固有之承嗣制度与源于欧日民法典的"特留财产"

---

① 黄源盛纂辑：《大理院民事判例辑存·承继编》下册，（台北）犁斋社 2012 年版，第 843—844 页。

② 郭卫编：《民国大理院解释例全文》，吴宏耀、郭恒点校，中国政法大学出版社 2014 年版，第 677 页。

③ 参见黄源盛纂辑《大理院民事判例辑存·承继编》下册，（台北）犁斋社 2012 年版，第 829—832 页。

制于一炉，对嗣子的财产继承权进行特别保护。

第三节　南京国民政府时期特留分制度的生成

一　特留分制度的确立及其规则构造

南京国民政府成立之初，最高法院曾围绕父母遗产之处分问题，发布过两条解释令。如最高法院十七年（1928）解字第92号解释令云："女子未嫁分受之产为个人私产。若父母俱亡，并无同父兄弟，应酌留祀产及嗣子应继之分。""绝户财产，无论已嫁未嫁之亲女，有全部承继权，但仍须酌留祀产，并担负其父母应负义务。"[①] 最高法院同年发布的第163号解释令亦称："女子虽有财产承继权，并无宗祧承继权，其承受遗产，在未嫁前已有嗣子，固应与嗣子平分，即未立嗣亦应酌留其应继之分，不得主张全部承受。"[②] 以上两条解释令，仍沿袭民初大理院的裁判思路，在肯定宗祧继承的前提下，规定有女无子之家在处分遗产时，应酌留部分作为祀产，并应保障嗣子的遗产继承权。

1927年6月，南京国民政府设立法制局，并令其着手修订各项法律。该局于1928年先后完成"亲属""继承"两编草案，草拟继承法者为罗鼎。该继承法草案为我国近代第三次继承法草案，共分通则、继承人、继承之效果、继承人之应继分、遗产之分割、无人承认之继承、遗嘱、特留分八章，计64条。较之于前两次继承法草案，其变动之处颇多。该继承法草案所遵循之基本原则如下：其一，废除封建遗制之宗祧继承；其二，强调男女在法律地位上之完全平等；其三，除为遗族酌留生活费外，允许被继承人以遗嘱自由处分其财产；其四，继承人仅于所继财产之限度内对被继承人之债务负清偿之责任；其五，增加国库承受遗产之机会，以促进地方公益事业之发展；其六，配偶继承遗产之次序不后于直系卑亲属。[③] 由于该继承法草竣之时，立法院尚未成立，故其与同时编订完成之亲属法草案一并被搁置。第三次继承法草案第八章为"特留分"。该章名称在用语上，将前两次草案之

[①] 吴经熊主编：《中华民国六法理由判解汇编》第2册，上海会文堂新记书局1948年版，第1142—1143页。

[②] 国民政府文官处印铸局编辑：《国民政府公报》1928年第77—100期。

[③] 参见谢振民编著《中华民国立法史》下册，张知本校，中国政法大学出版社2000年版，第749—753页。

"特留财产"改为"特留分",并用9个条文对遗嘱处分遗产事项加以明确规定①,且基本贯彻了前述六项基本原则。下面将其主要内容分述如次:

第一,特留分权利人的范围及其份额。该草案第56条第1项规定:"被继承人有直系卑亲属及配偶者,应以其财产二分之一作为特留分给与之;仅有直系卑亲属者亦同。"第2项补充规定:"被继承人所遗留于其直系卑亲属及配偶之财产,不问何人,均达万元时,得不受前项之限制处置其财产。"第57条和第58条则分别规定:被继承人无直系卑亲属时,其配偶的特留分为遗产的三分之一,父母的特留分为遗产的六分之一。由上可知,该草案基于废除宗祧继承之立法本旨,不再将嗣子列入特留分权利人范围,而且从男女平等的原则出发,将作为直系卑亲属的女儿一并纳入特留分权利人范围。至于配偶,固有法和前两次草案均已明确,被继承人有直系卑亲属时,配偶并无与之共同继承遗产之权利。本草案则不拘成例,将配偶与直系卑亲属列为同一序位的特留分权利人。以上实属我国近代继承立法上的一大创举。关于特留分之份额,该草案虽仍仿日本立法例采全体特留主义,规定直系卑亲属和配偶的特留分份额为遗产的二分之一,但亦补充规定在被继承人无直系卑亲属时,配偶及父母的特留分份额分别为三分之一和六分之一。同时,为补救遗产制之弊端,该草案又规定各特留分权利人所应得之遗产,以一万元为限。其立法旨意,则如草案起草说明所云:

> 查多数国立法例,概设法定特留分之制,不问被继承人财产之多寡,均须照一定之法定比率,将其财产遗诸子孙。故设父为巨富,则子可席厚履丰坐享其成,长骄佚之渐,生依赖之心,流弊所及,殆有莫知其所底止者。纨绔子弟因不知创业之艰难,耽于声色狗马之好,终至戕其生命,毁其家室者,常有所闻;此亦遗产制弊害之一端也。……本草案一面规定被继承人应以遗产二分之一,遗留其直系卑亲属及配偶;一面复规定被继承人所遗留于其直系卑亲属及配偶之财产,倘任何人均达万元,则得自由处分其所余之财产,而不受二分之一之限制。此种规定,盖欲引导保有巨额资金之被继承人,使用其财产之大部分于社会公益事业,而减轻遗产制之弊害。②

---

① 参见中国台湾"司法行政部"编《中华民国民法制定史料汇编》下册,1976年印行,第375—376页。
② 中国台湾"司法行政部"编:《中华民国民法制定史料汇编》下册,1976年印行,第363页。

第二，特留分的算定方法。该草案第59条和第60条对特留分的算定方法进行了明确规定。其中第59条与前两次草案之规定并无显著差别，但第60条将前两次草案关于继承开始前六个月内所为赠与应算入遗产之规定，改为"继承开始前一年内"，若"赠与人及受赠人均系恶意，且为赠与时起尚未满三年者，亦应将其价额算入"。同时强调"对于公益事业所为之捐施及慈善施舍"，不应算入遗产范围。

第三，特留分的提减。该草案第61条和第62条仍规定了特留分的提减及提减的顺序与方法，第63条规定了提减时对无资力受赠与人的保护，其内容与前两次草案相似。第64条关于提减权行使时效的规定，除沿袭前两次草案将一般时效规定为1年外，又将10年最长时效，缩短为5年。

总体而言，第三次继承法草案关于特留分之规定，较之前两次草案，在条文设计上更为简要，在立法技术和具体内容上亦采取了诸多革新性举措，而其采用的"特留分"这一特定称谓，则一直为后世所沿用。

1930年7月，国民政府立法院院长胡汉民等提议中央政治会议核议《民法》"亲属""继承"两编立法原则，以便作为起草的依据。后该两编立法原则经中央政治会议第236次会议议决通过，并交付立法院查照办理。"继承编"立法原则共九点，关于特留分问题，其第八点原则谓："特留财产，应加规定。"第九点原则指出：特留财产之范围，依下列各款规定：(1) 各直系卑亲属与配偶之特留分为其应继分的二分之一；(2) 父母之特留分为其应继分的二分之一；(3) 兄弟姊妹之特留分为其应继分的三分之一；(4) 祖父母之特留分为其应继分的三分之一。据上可知，其关于特留分之计算标准，采取的是德、瑞等国的各别特留主义。[①]

"继承编"立法原则议决通过后，由立法院交付民法起草委员会遵照起草。该会经详密研讨、审慎草订，最后议定草案并提交立法院讨论通过。《民法继承编》于1930年12月22日公布，全编共三章，计88条。其第三章"遗嘱"分六节，第六节为"特留分"。该节仅设置三个条文，其主要内容如下：第1223条依据前述"继承编"立法原则第九点，将特留分权利人及其份额规定如下：(1) 直系血亲卑亲属、父母、配偶之特留分，为其应继分的二分之一；(2) 兄弟姊妹、祖父母之特留分，为其应继分的三分之一。第1224条前项规定特留分由应继财产除去债务额算定之。第1225条规定了特留分的扣减。该两条内容与之前三次草案之规定大体无异。但第

---

① 参见谢振民编著《中华民国立法史》下册，张知本校，中国政法大学出版社2000年版，第787—793页。

1224条后项补充规定，继承人在继承开始前因结婚、分居或营业已从被继承人处所获赠与财产之价额，加入应继财产之中。[①] 至此，特留分制度在《中华民国民法》中得以最终确立。其法律条文数无论是较之于之前的三次继承法草案，还是欧日各国民法典中的特留分相关条文，均更为简要。但是，其仍具有自身的鲜明特色，即特留分权利人的范围，较之欧日各国民法典更为宽广。

二 特留分制度的学理解释与裁判适用

特留分制度在《中华民国民法》中确立之后，当时的民法学界，也围绕着特留分之相关法条，从理论层面对该制度加以解释和阐发。下面将各学者所述要点撷述如下：

第一，特留分之概念。胡长清指出："特留分者，为遗产继承人，不可因被继承人之无偿处分而被剥夺之遗产部分。"[②] 郑国楠亦谓：所谓特留分，"乃指被继承人以遗嘱自由处分其财产之时，法律使被继承人不得自由处分其遗产，而必须为其继承人特留一部分之谓也"[③]。民国学者关于特留分之定义大同小异，兹不一一赘述。关于该概念所涉要点，李宜琛将其概括为以下几点：（1）特留分为法定继承人所享有之特权；（2）特留分为继承人所应承受的遗产上利益之数额；（3）特留分权利不因被继承人之遗赠而减损；（4）特留分并非直接限制遗赠。[④] 至于特留分与遗赠之关系，范扬指出："特留分规定之设，原所以限制被继承人之遗嘱处分，尤其对于他人之遗赠。"[⑤] 罗鼎亦认为，特留分制度以限制遗赠为主要目的，但这种限制为相对的限制，并非绝对的限制。[⑥]

第二，特留分设立之根据。郑国楠指出，设立特留分制度，主要基于被继承人亲属的抚养需求，"被继承人于生前对于其亲属既负有互相扶养之义务，则倘一旦亡故，而使此等藐孤寡妇，失其所依，不但有背道德，抑亦增加社会负担，殊欠允当"[⑦]。郁嶷则将设立特留分之根据归纳为以下几点：

[①] 参见吴经熊主编《中华民国六法理由判解汇编》第2册，上海会文堂新记书局1948年版，第1142—1143页。
[②] 胡长清：《中国民法继承论》，上海商务印书馆1936年版，第247—248页。
[③] 郑国楠：《中国民法继承论》，上海中华书局1945年版，第135页。
[④] 参见李宜琛《现行继承法论》，上海商务印书馆1947年版，第130—131页。
[⑤] 范扬：《继承法要义》，上海商务印书馆1935年版，第58页。
[⑥] 参见罗鼎《继承法要论》，上海大东书局1947年版，第184页。
[⑦] 郑国楠：《中国民法继承论》，上海中华书局1945年版，第135页。

其一，道义的根据。遗产之特留，"系由亲子自然情谊之流露，而法律本之以创制者""苟使被继承人举其财产付之他人，于继承人无所遗留，而任饥寒流离，匪特显违人情，亦大戾自然伦理之原则，而非道义所许"。其二，家族的根据。家族之维系，为我国数千年习俗所公认，"倘被继承人任意处分遗产，不为其子孙特留涓滴，则祖宗血食，将自此而斩，先人邱墓，有刍牧不禁之尤""故特留分制度之存在，不仅为继承人之利益，亦所以绵家族之遗泽"。其三，社会的根据。"人生生活安全，物质之供给充裕，必能渐溃礼仪，顾惜名义，为社会之健全分子"，唯有如此，方能实现社会秩序安定。[1]

第三，特留分之份额。郑国楠认为，特留分之份额计算采取各别特留主义，比全体特留主义更具合理性，其称："特留分之设，本在保护继承人之利益，今继承人既对之抛弃，自应仍归被继承人自由处分，且如此办法，对于其它继承人之利益，并无妨碍。"[2] 至于不同特留分权利人之份额为何作区别性对待，罗鼎作如下解释："盖以互相间之情谊既亲疏有差，而继承财产之必要程度，亦复不同。"[3] 陈懋森则强调，对特留分权利人之份额，有加以限制之必要，"特留分之规定，无非为维持继承人生活上之费用，若法定成数，超过生活之范围，有酌定限制之必要。既可匡救个人、启发意志，复可造福社会，而免畸形状态"[4]。

第四，特留分之立法缺失。《中华民国民法》对于特留分的相关规定，仅寥寥数条，故民国学者，多病其简单，认为至少存在以下立法缺失：首先，未对被继承人生前对他人所为无偿赠与行为施加必要限制。郑国楠指出，《中华民国民法》第 1224 条将各继承人因结婚、分居或营业已从被继承人处受有财产之赠与价额加入应继财产，"至赠与财产于他人者，则反而不算入，厚此薄彼，显属不平"[5]。胡长清亦谓："依此规定，则被继承人得为无限制之赠与藉以避免特留分规定之适用。其立法当否，当属问题。"[6] 范扬之批评则更为尖锐，其云："赠与财产于继承人者既须算入，赠与财产于他人者则否，轩疏轻亲，权衡失当，不平实甚""德法日法例，俱

---

[1] 郁嶷：《亲属法要论》，朝阳大学出版部 1934 年版，第 89—91 页；郁嶷：《特留分制度之根据》，《法律评论（北京）》1929 年第 6 卷第 51 期。
[2] 郑国楠：《中国民法继承论》，上海中华书局 1945 年版，第 136 页。
[3] 罗鼎：《继承法要论》，上海大东书局 1947 年版，第 186 页。
[4] 陈懋森：《民法特留分应否加以限制之研究》，《民报》1933 年 10 月 30 日。
[5] 郑国楠：《中国民法继承论》，上海中华书局 1945 年版，第 142 页。
[6] 胡长清：《中国民法继承论》，上海商务印书馆 1936 年版，第 252—253 页。

规定加入赠与计算,民法独具匠心,创此特例,冥意孤行,于势不顺"①。其次,特留分扣减权之行使,无时效规定。《中华民国民法》并未就特留分扣减权之行使,设有特别的时效规定,故适用时,仅得依照民法总则普通时效 15 年之规定。"各国法例,类多特设短期时效之规定,不适用普通之消灭时效",前三次继承法草案,均有扣减权消灭之时效规定,"盖所以免权利关系之久悬不决"。《中华民国民法》并未就此加以特别规定,"未免为立法之玷瑕"②。

《中华民国民法》施行后,其关于特留分之规定,开始适用于相关司法裁判。而当时司法实践所面临的一个棘手问题,即为被继承人生前所为遗赠或赠与应如何扣减。前已述及,《中华民国民法》关于特留分扣减之规定,仅设置了第 1225 条一个条文,而且明确遗赠应予扣减,赠与则否。此项规定,过于简赅,且与大陆法系诸国民法典关于扣减之规定大异其趣,在理论界亦聚讼纷纭。为统一该法条之理解和适用,南京国民政府司法院二十一年(1932)院字第 742 号解释令,又对此作了具体说明:"特留分之规定,仅系限制遗产人处分其死后之遗产,若当事人处分其生前之财产,自应尊重当事人本人之意思。"③ 最高法院二十一年(1932)民事上字第 724 号判例要旨亦谓:"按特留分为遗赠财产时所设之规定,如有所有权人在生时将全部家产分归各子承受或承值,系实行赠与,不生特留分与否之问题。"该案所涉具体案情如下:上诉人吴秉均生性游荡,纳妾柳氏后常住沪上,耗费甚多。其母吴徐氏于民国十二年(1923)因上诉人告争家产,与之商允将家产分作三股,以一股归其妻吴陶氏(即被上诉人)所生之子荫松承受,一股归吴秉均后纳之妾柳氏所生之子荫椿、荫桐承受,其余一股归荫松承值,并立有分拨遗产之遗嘱。上诉人请求被上诉人交付其代子荫松所管产业,两造因此兴讼。最高法院经审理后认为:吴徐氏将家产之全部,分归上诉人数子承受,应视为分别赠与,故不生特留分与否之问题,并据此驳回上诉人之上诉。④ 另如南京国民政府《司法行政部公报》第 32 号载:绍兴地方法院判决潘高凤仙与高嘉德因继承权涉讼一案,谓当事人之父于生前将其所有财

---

① 郁嶷:《继承法要论》,北平朝阳大学出版部 1934 年版,第 92—93 页。
② 招汉明:《民法继承论》,上海万公法律事务所 1939 年版,第 139—140 页。范扬之观点,与之略同,参见范扬《继承法要义》,上海商务印书馆 1935 年版,第 71 页。
③ 段绍禋编:《司法院解释院字、院解字、释字全文类编》,(台北)三民书局 1982 年版,第 104—105 页。
④ 刘笃编纂:《最高法院判例要诠》,成都亚光书局 1944 年版,第 183 页;郭卫、周定枚编辑:《最高法院民事判例汇刊》第 7 期,上海法学书局 1934 年版,第 125—128 页。

产分给诸子违反特留分之规定，依法不能有效。浙江高等法院再审时则认为，上述判决殊有未合，其理由以分书系属赠与之分据，亦无遗嘱之性质，故不能适用特留分之规定。① 此外，最高法院二十六年（1937）民事上字第660号判例要旨亦重申："民法第一千二百二十五条仅规定应得特留分之人，如因被继承人所为之遗赠，致其应得之数不足者，得按其不足之数，由遗赠财产扣减之，并未认特留分权利人有扣减被继承人生前所为赠与之权，是被继承人生前所为之赠与，不受关于特留分规定之限制。"② 以上判决和判例要旨，实际上对遗赠行为进行了扩大解释，且存在有意模糊遗赠与赠与之界限的嫌疑。然揣其用意，乃是借助裁判实践，对立法缺陷进行一种积极弥补，借此平衡各方利益诉求。

当然，在贯彻特留分之立法精神的前提下，南京国民政府最高法院也通过部分判例，肯定了作为继承人之女儿的特留分权利。如最高法院二十一年（1932）民事上字第2757号判例要旨称：被继承人于民法继承编施行前，以遗嘱处分遗产，虽依当时法令，并无所谓女子之特留分的规定，但被继承人在民法继承编施行后死亡者，依法享有继承权之女子，"仍得本其特留分之权利，行使遗赠财产之扣减权"③。最高法院二十二年（1933）民事上字第629号判例要旨亦谓："在民法继承编施行前，被继承人于不害及继承人特留分之限度内，得为处分之行为，而得处分之财产，只须与特留分不失均衡。"该案所涉案情如下：刘毓宝、刘毓璠、张刘氏兄妹三人因分析遗产涉讼。其父刘绶珊亡于民国十九年（1930）六月，依当时有效之《已嫁女追溯继承财产施行细则》第一条，张刘氏应有继承财产之权利。刘绶珊于生前在民国十八年（1929）六月间亲笔立下遗嘱处分身后遗产，除对于张刘氏仅予以日后养赡费外，其他所有一切财产，均分析于各子。张刘氏嗣后依据特留分之相关规定，要求析分遗产。最高法院经审理认为，该遗嘱所载张刘氏养赡办法以日后张家不能养赡为条件，与特留分之性质迥不相同，不得据此否认张刘氏有依特留分之规定享有分受遗产的权利。④ 该判决虽然沿袭

---

① 参见周子敦《生前赠与应否受特留分限制之商榷》，《法律评论（北京）》1933年第10卷第29期。
② 民国最高法院判例编辑委员会编：《最高法院判例要旨（1932—1940）》第二辑第1册，上海大东书局1946年版，第125页。
③ 民国最高法院判例编辑委员会编：《最高法院判例要旨（1932—1940）》第二辑第1册，上海大东书局1946年版，第125页。
④ 郭卫、周定枚编辑：《最高法院民事判例汇刊》第12期，上海法学书局1934年版，第86—89页。

了民初大理院的裁判思路，但事实上是依据《中华民国民法》关于特留分的规定，保障女儿的特留分权利。

小　结

在中国传统社会，在民间法律生活中，存在着各式各样的遗嘱，其虽与近代法律意义上的遗嘱存在实质意义上的区别[①]，但毋庸置疑，部分遗嘱也涉及家产或遗产分割等内容。唐宋两代，国家法律将遗嘱处分遗产限定于户绝之家，而在各朝代之司法实践中，审判官员斟酌情理，借助司法裁判对遗嘱人处分身后财产之行为加以限制之案例亦不鲜见。总体而言，传统中国的遗嘱处分财产限制虽然大多停留于概括的、抽象的原则层面，更似一种实践理性，但亦内蕴着注重亲情伦理，充分保障直系亲属日后生活安定等价值追求，其与近代欧日各国民法典中的特留分制度，在某种意义上存在暗合。近代以来，受大陆法系各国特留分制度的引领，《大清民律草案》首次在立法层面引入了"特留财产"制，民国《民律草案》对其稍加损益后予以承袭，《中华民国民法》复加以最后改造，并最终构建了一个以限制遗嘱人任意处分遗产为核心内容的特留分制度。

回溯遗嘱处分财产限制从传统到近代的衍进脉络，可以发现，近代中国的继承立法，一方面极力克服固有法中遗产强制分割主义之弊端，肯定被继承人的遗嘱处分自由；另一方面，亦借助精致的、完全符合形式理性的立法条文，通过特留分制度对被继承人通过遗嘱处分遗产之行为加以必要的限制。《中华民国民法》中的特留分制度，规定被继承人通过遗嘱处分身后遗产时，应为直系血亲中的卑亲属、父母、祖父母、兄弟姐妹及配偶预留一定份额的遗产，既彰显了摒除宗法社会遗习、保障女性特留分权利的特别用心，也在一定程度上关照了传统，体现了维系人伦亲情、促进家庭和睦和社会安定这一立法旨趣。正如学者所言："继承的法律，应调和家庭的权利与个人的正当要求，不可忽视继承的权利与家庭有直接的关联，足以影响于公共团体，故与国家有重大的利害关系。"[②]

[①] 范扬指出，遗嘱"为遗嘱人最后之意思表示，依其死亡而发生法律效果。故得为遗嘱之事项，必须有法律上之价值"。传统社会民间所行遗嘱，多属于"单纯之事实行为""如关于死亡葬祭方法之指定、家中事务之整理，乃至就其子女一身向亲友为社交上之托孤者"，此等表示，"自法律上观之，固不有何等之效力"。范扬：《继承法要义》，上海商务印书馆1935年版，第181页。

[②] ［意］密拉格利亚：《比较法律哲学》，朱敏章等译，李秀清勘校，中国政法大学出版社2005年版，第541—542页。

结语

固有民事法在中国近代衍化之诸面相及其现代性反思

在内忧外患的严峻形势下，为挽颓势，清末政府在主动抑或被动的抉择中，不得不宣布"变法修律"。自此，西方近代法典、法律思想得以源源不断输入中国。在帝制终结以后，这种趋势愈发加速。在此背景下，中国近代的民法生成史，事实上是一个以有意识摹写大陆法系民法典为主要表征的民法继受史。清末民初的两部"民律草案"及后来南京国民政府制定颁布的《中华民国民法》，均是以大陆法系德、日、瑞等国民法典为蓝本进行创制。此外，因民国《民律草案》是在《大清民律草案》的基础上损益而就，而《中华民国民法》又是以前两部"民律草案"为基础，并结合当时世界立法潮流及本国之社会情状细加斟改而成。因此，两部"民律草案"和一部民法典之间，存在着一种内在的一脉相承的渊源关系。中国近代的民法继受，主要依托于该两部"民律草案"和一部民法典。尤其是随着《中华民国民法》的正式施行，一个主要来自于域外、迥异于传统的民事法律体系，不再停留在纸面上，而成为在现实生活中发生实际法律效力的法律规则。

在中国近代民法继受过程中，随着一系列与本土法律资源并无多少密切关联的外来规则的楔入，固有民事法被迫对其产生回应，甚或与其出现冲突与碰撞。这种异质性和不谐音，及其在当时丰富多彩的立体社会生活和法律实践中所展示出来的种种征候，是一个从法律社会史视角考察中国民法近代化的极佳切入点。民法的现代化，是一个长期而持续的发展过程，如果从中国法制现代化的宏观视野来看，我们甚至完全可以断言，这个过程，一直延续至今，并且将继续延续下去。

一 固有民事法在中国近代衍化之诸面相

法律的继受，"其实际上是一种高度纠结复杂、持续演变的文化内化过程："一种发生在历史中之多面的，社会、智识及心理集体过程的整体脉络"①。通过对中国近代民法继受过程中固有民事法若干典型切面衍化进程的考察，我们可以从一整体层面管窥西方式民法制度与固有民事法相互作用的实态。大致归纳，清末以降，随着外来民法规范在中国作用空间的拓展，本土固有民事法主要呈现出以下多元衍化路径：

其一，部分固有民事法的核心理念和规范要素被近代新式民法所涵纳。

清末民初思想家刘师培曾谓："法律基于天性之自然，故云自然法。无论何国，其不相谋而各遵奉之者，皆原于人性之初者也。"② 凡法皆由自然而生，无论东西方法律形式表现出何等差异，均在一定程度上体现了人类社会共同的自然规律和价值追求。中国固有法中的水相邻关系，其所蕴含之尊重水流自然规律、维护良好的农业生产秩序、敦交睦邻和便利生产生活等核心理念，与欧陆民法典中的水相邻关系之立法旨趣实际上互为暗合，故中国近代继受自大陆法系的水相邻关系法律规范，将上述理念涵摄于新的立法文本之中，则显得水到渠成。再者，就遗嘱处分财产限制而言，固有的遗嘱继承制度，其对遗嘱处分遗产之限制，亦体现了维系血缘亲情、保障遗属生存需要、维护社会公益等理念，实际上与中国近代从欧陆继承法中继受而来的特留分制度，在价值取向上存在某种契合，故亦极易为后者所吸收。此外，固有法在国家法和习惯法层面均将"婚约"成立后所形成的种种社会关系纳入其调整范围，并凸显了高度重视家庭伦理的价值取向，中国近代亲属立法中的"婚约制度"，一方面将其部分规范性要素加以吸收，另一方面亦在借鉴欧陆婚姻法制的基础上，将其有悖时代潮流之陈腐内容加以剔除。尤值一提的是，典权制度在该方面表现得最为突出。典权制度在我国源远流长，是我国固有法特有的一项财产法律制度。《大清民律草案》因过度摹仿域外法典，导致典权在该草案中处于"失语"状态。民国《民律草案》则重拾此制度，《中华民国民法》因之，从而使得固有法中的典权制度，经过一番成文法改造之后被纳入民法典之中。

当然，必须加以强调的是，上述情形，多数情况下（典权等制度除外）并非立法者刻意追求的结果。索其缘由，乃因中西方法律文化传统，虽有冲突的扞格，然基于共通的自然法则或人性，亦存在某种程度的耦合，

---

① ［德］弗朗茨·维亚克尔：《近代私法史》上册，陈爱娥、黄建辉译，生活·读书·新知三联书店2006年版，第107页。

② 刘师培：《中国民约精义》，岳麓书社2013年版，第65页。

两者在某些方面皆体现了人类生活共同的规律和价值追求。

其二，部分固有民事法通过司法机关之斡旋，作为一种自洽或非自洽的规范性要素，成为民事纠纷解决的重要准据。

法律继受是一个涉及方方面面的事业，法律移植的成功，固然是各种"合力"交互作用的结果，但在各种交错契合的"合力"因素中，司法实践，尤其是法律继受国最高司法机关的司法裁判和司法解释，仍起着相当重要的指引作用。中国亲属继承领域的固有法，受历史文化滋养甚深，且有着自己内在的理论逻辑。中国近代由于域外民法规则及个人主义的侵入，外来的亲属和继承规则与固有民事法之间的紧张和对峙，不仅让立法者倍感棘手，也在一定程度上导致了司法实践中的困惑。

前已述及，民国初年，因为民法典尚未公布施行，作为全国最高审判机关的大理院"于此种情形之下谋偏求弊，期与国情不相背驰，事理不相鉴枘，厥维民法规定取撷要义，其繁琐细节委法官按情裁判，或以解释而为补充"①。该时期的大理院推事们，充分发挥"法官造法"（judge made law）② 之功能，通过系列判决例和解释例，将部分固有民事法的规范性要素，引申为司法裁判的重要准据。至南京国民政府时期，虽然其时《中华民国民法》已经颁布施行，但最高法院和司法院仍然通过大量的判列和解释令，通过扩大解释和补充解释等方式，对未纳入民法典的部分民事习惯采取包容和顺应的姿态，使其在司法实践中依旧具有某种规范效力。

以本书研究中所涉坟产习惯权利为例，部分坟产习惯权利，尤其是其内蕴之精神性权益被新创设的物权法剥离之后，当时无论是最高司法机关还是地方司法机构，均能够在审判实践中对其酌加关照。再如收养制度，虽然国家法完全摒弃了宗祧继承制度，但立嗣旧制中的部分因子，仍被最高司法机关通过判例和解释例（令）的形式加以包容甚至放任，使得其在民间生活中仍具有某种规范功能。中国近代最高司法机关调适固有民事法与继受法的努力，表面观之是在两种冲突的规范间作出权衡，实质则是基于一种对固有传统和朴素生活逻辑的关照。

其三，相当部分固有民事法虽然因继受法的侵蚀而被旁置，但仍以一种

---

① 杨鹏：《中华民国修订民法应取之方针（续）》，《北京朝阳大学旬刊》1925年第3年第19期。

② 杨日然：《清末民初中国法制现代化之研究——国民政府改革法制之背景及经过》，《法理学论文集》，（台北）月旦出版股份有限公司1997年版，第284页。

"习俗"的形式继续规范着人们的民事生活。

我国固有财产法主要着眼于社会公益和安全秩序的保护,并平衡已被破坏的社会关系;固有身份法则以维护家族利益和人伦秩序为归依。其与欧陆以私权至上、意思自治、人格平等、责任自负等为主要原则的民法制度形成一种鲜明的反差。由于社会文化心理的支持,加之社会结构中传统性元素的顽强存续,许多固有民事法虽然被剥离于新的民法典之外,但却被积淀为"习俗",并对人们的民事行为发挥着超越法律的支配功能。就本书所涉诸论域而言,破产债务清偿责任和失火民事赔偿责任的衍化路径均深刻地体现了此点。自清末至民国,立法者通过持续的法律改造,最终确立了"破产免责"制度,但固有法"负债应偿"之债务清偿理念,仍然以一种惯行和"大众意识"的形式支配着民间的债务清偿关系;失火毋需赔偿之固有法规范虽被《中华民国民法》中的侵权行为规则所旁置,然一般百姓,受到这种新法律的影响甚微。这个衍化路径的法理逻辑可归结为:法律制度可以划分出技术规范性内容和社会文化性内容两个层次,固有法的技术规范性内容虽极易从国家法的规范体系中被剥离,但其内嵌的社会文化性内容则极有可能被积淀下来,并以一种"地方性知识"或"活法"的形式潜移默化地支配着人们的思维模式和行为方式。

二 固有民事法变迁的现代性反思

近代中国的法律继受与法律变革,无论是采取欧陆模式抑或日本模式,或多或少有其各自的历史意义。我们无法进入历史,但作为"符号"存在的历史叙事,留给我们的思考却似乎远未终结。霍姆斯(O. W. Holmes)曾言:"理性地研究法律,很大程度上,就是研究历史。因为没有历史,我们即无以知晓规则的精确范围,而对此了然于心,乃吾人职责之所在,因而,历史必得成为法律研究的一部分。"而我们之所以"对于历史之深怀兴味,原旨在接引历史之光以烛照当下现实"[①]。

现实是历史发展过程中的延续,也是历史发展的必然结果。法律为纵向历史脉络中发展着的一种社会现象,因此现实中的法律有时难以和历史上的法律截然析裂。正如德国学者弗朗茨·维亚克尔所言:在私法这样大的领域,人们还是可以持续性地,比较不依附于当时此时之社会结构的问题,虽然这些问题被安置在特定的传统脉络里。法律史就像用缩放仪一样来放大问

---

① [美] O. W. 霍姆斯:《法律之道》,许章润译,《环球法律评论》2001 年第 3 期。

题及其解答,并且在时间的深度里对其加以分析。即法律史可以获得在历史素材里发现重大法律问题的能力。① 前贤关于中国近代民事继受史的研究,已经为深入思考近代以来民事立法的意义提供了基础,这使得新的研究不能再满足于对民事立法做现象上的描述,而必须在传统、近代与现代的关联语境中探寻民事法律变迁的意义。抚今追昔,今日重温这些历史叙事,可以发现其对中国当下的民法立法、民法解释以及民事司法,仍可提供以下启示:

第一,今日中国之民事立法和民法解释,须努力回应以下两个传统:一是固有民事法传统中的积极元素,二是中国近代以来在继受大陆法系民法典基础上所形成的立法先例。

以固有法中的亲子关系法为例,其主要集中于家长权及其所体现的系列原则和理念。家长权基于一种特殊的身份关系而产生,它将亲情与权利(力)和义务融为一体,"家本位"和"礼法合一"是其主基调,人伦秩序是其最重要的关切。传统家长权虽然具有浓厚的尊男卑女、专制支配等封建色彩,但亦内蕴着丰富的伦理价值,具有维护家庭和谐的重要功能。

新中国成立后,在继承此前共产党人领导的革命根据地时期婚姻家庭立法成果的基础上,于 1950 年颁布首部《婚姻法》。该法亦设专章规定了亲子关系。其第 13 条规定:"父母对于子女有抚养教育的义务;子女对于父母有赡养扶助的义务;双方均不得虐待或遗弃。"第 16 条规定了夫妻对继子女有抚养教育的义务;第 20 条至第 22 条则对离婚后子女的抚养和教育义务进行了细致规定。② 其后,1980 年《婚姻法》进一步扩大了父母对未成年子女的权利和义务范围,将子女的姓氏、管教、保护等规定添入其中。2001 年修正后的《婚姻法》将原婚姻法第 17 条修改为"父母有保护和教育未成年子女的权利和义务",将"管教"改为"教育",并将"保护"置于"教育"之前,强化了父母保护和教育未成年子女的责任。但是,2020 年 5 月 28 日第十三届全国人民代表大会第三次会议通过的《中华人民共和国民法典》(以下简称"民法典"),其第一编"总则"第二章第二节"监护"部分,则将亲权纳入未成年人监护范畴,明显有违民事基本理论。其第五编"婚姻家庭"第三章"家庭关系"中亦设第二节"父母子女关系和其他近亲属关系",该节关于亲子关系之规定,大多移用 2001 年《婚姻法》的相关

---

① 参见 [德] 弗朗茨·维亚克尔《近代私法史》下册,陈爱娥等译,生活·读书·新知三联书店 2006 年版,第 412 页。

② 民政部基层政权和社区建设司编:《婚姻登记管理资料汇编》,中国社会出版社 2003 年版,第 1—3 页。

条文。从立法技术上看，其虽有不少涉及亲权的实质性内容，但毋庸讳言，相关规定仍显得过于原则，权利和义务的具体内容不甚周延。离一个在体系和内容上均较为完整的亲权制度仍相去甚远。因此今日中国的亲子关系立法及其法解释活动，在摒弃家长权制度的陈腐性内容同时，亦应萃取其优良因子，或可考虑增加父母对子女不良行为之矫正、弘扬孝道、强化家庭责任等相关内容。此外，法国、德国、瑞士、日本等大陆法系诸国，均在民法典中设置了亲权制度，并且将其与监护制度加以明确区分。中国近代的两部"民律草案"和一部民法典，亦专设相对丰富的法律条文就父母对子女之权利和义务进行详细列举。当下中国亦应对这些立法遗产在细加甄别后予以适当继承。就父母对未成年子女之权利和义务，在内容上可考虑将居所指定权、子女身份行为的代理权、一定范围内的惩戒权、亲权的丧失与监督等以妥切方式予以明示。

另外，关于遗嘱处分财产限制的法律意义追问，亦绝非只停留于过去的那部分中国。今日重温这些历史叙事，对于当下中国遗嘱处分个人财产法律规则之完善，仍具有一定的启示意义。我国新近颁布施行的民法典，其"继承编"在承袭原继承法的基础上，就遗嘱处分个人财产作出如下立法安排：第1133条规定："自然人可以依照本法规定立遗嘱处分个人财产，并可以指定遗嘱执行人。自然人可以立遗嘱将个人财产指定由法定继承人中的一人或者数人继承。自然人可以立遗嘱将个人财产赠与国家、集体或者法定继承人以外的组织、个人。"该条旨在充分保障自然人的遗嘱处分自由。然为防止被继承人滥用遗嘱自由，第1141条和第1155条又分别规定："遗嘱应当为缺乏劳动能力又没有生活来源的继承人保留必要的遗产份额""遗产分割时，应当保留胎儿的继承份额"。以上条文系我国继承法中的必留份制度，其立法目的在于限制被继承人借遗嘱规避其抚养义务。反观中国固有传统及近代的特留分制度，其对遗嘱处分遗产之限制，除着意于被继承人对亲属的抚养义务外，尚有维系血缘亲情、促进家庭和谐与社会安定等价值考量。而我国现行民法典中的必留份制度，其价值取向显得过于单一，忽略了家庭关系中与继承利益发生密切关联的除抚养义务以外的其他因素。正如学者所言："继承的法律，应调和家庭的权利与个人的正当要求，不可忽视继承的权利与家庭有直接的关联。"① 历史和现代并非截然绝缘，我们在为过去做历史性思考的同时，更应为现在的情况而理解历史的意义。人伦亲情和

---

① ［意］密拉格利亚：《比较法律哲学》，朱敏章等译，李秀清勘校，中国政法大学出版社2005年版，第541—542页。

家庭和谐的价值回归，应成为我国必留份制度未来完善的一个方向。对于我国当前的遗嘱处分个人财产法律规则，未来可考虑在与现有的必留份制度进行有效续接的基础上，借鉴我国遗嘱处分财产限制的历史经验，通过司法解释或特别立法的方式予以进一步完善。具体思路如下：

其一，适当拓展必留份权利人的范围。目前我国民法典规定的必留份权利人仅限于缺乏劳动能力且无生活来源的继承人和胎儿，其范围偏窄。在现实生活中，既缺乏劳动能力又无生活来源的继承人毕竟极少，而其他继承人基于血缘情感也可能对被继承人的遗产心存期待，完全忽略其继承利益，既不符合人伦常情，亦有害家庭情感。我国无论是固有传统还是近代的特留分制度，均将血缘关系至为密切之亲属，纳入遗嘱处分财产的受益人范围，而不将尽抚养义务作为唯一前提。因此可考虑进一步扩大现有的必留份权利人范围，将法定第一继承人和第二继承人纳入其中，以更好地维系血缘亲情和家庭内部关系。

其二，明确必留份的份额及其计算方法。我国民法典对于必留份的份额及其计算方法未作明确规定，在实践中不易操作。清末民初"民律草案"中的"特留财产"，以及南京国民政府时期的"特留分"，无论其采取全体特留主义还是各别特留主义，均规定了明确的份额，并设计了可操作的计算方法。这些立法先例即便在今日仍不无借鉴价值，可作为完善必留份份额和计算方法之参考。

其三，补充必留份制度的救济措施。我国民法典中的必留份制度缺少救济性规定，导致其难以落到实处。近代以来的特留分立法，为保障特留权利人的合法权益，均设置了特留财产提减之规定，清末民初的"民律草案"和第三次继承法草案还明确了具体的诉讼时效，此亦可为完善必留份救济措施提供镜鉴。

第二，民事立法应对固有之民事习惯多一份同情式包容，并保持某种"立法克制"姿态。

《中华民国民法》第 1 条和第 2 条分别规定："民事法律所未规定者，依习惯，无习惯者，依法理""民事所适用之习惯，以不背于公共秩序或善良风俗者为限"。[①] 其与《大清民律草案》第 1 条之规定一脉相承，实际上肯定了民事习惯在民事审判中的法源地位，亦为司法实践更好地应对民事纠纷拓展了空间。值得注意的是，我国新颁布的民法典第一编"总则"第 10

---

① 吴经熊主编：《中华民国六法理由判解汇编》第 2 册，上海会文堂新记书局 1948 年版，第 1 页。

条亦规定:"处理民事纠纷,应当依照法律;法律没有规定的,可以适用习惯,但是不得违背公序良俗。"该条文就其内容而言,与《中华民国民法》第 1 条和第 2 条之规定有异曲同工之妙。此法律条文在民法典中确立之后,习惯亦成为我国成文法之外的补充法源。那么,其成立要件应如何把握?此之所谓习惯,究指习惯法而言,或为普通之习惯?指全国普遍性的习惯,或是还包括地方性习惯和特殊性习惯?现代社会关系日趋复杂,一方面固有习惯之统一性难以维持,另一方面新的习惯又逐渐形成,司法实践中究竟应如何甄别适用?上述诸问题,在后续的法律解释和司法适用中,均应作充分的考量。

此外,未来在对民法典进行解释适用的过程中,对于部分具有浓厚民族文化传统之习惯,不宜贸然以违背公序良俗而否定其适用效力,若不方便予以明文规定,可交由民众在社会生活中自由择采,或者利用补充解释和扩大解释等方法,让其在民间,尤其是乡土社会发挥秩序维持之功能。中国近代最高司法机关的判例和解释例(令),在此方面为我们留下了诸多可资借鉴的经验。

最后,在中国近代民事法的变迁过程中,在与民众日常生产和生活联系比较密切,且已经存在强固"内生秩序"的一些领域,国家通过移植域外民法规范的立法努力,事实上并未取得显著成效。申言之,国家立法权对普罗大众之民事活动的强势介入,其边界应如何把握?今日中国之民事立法和民事司法解释,亦同样需要回应这一现实问题。

第三,在民事司法实践过程中,应充分发挥最高审判机关的裁判指引和释法功能,并借此调和各类不同的利益冲突。

"法律是一种规则体系,同时亦为一种意义体系。任何规则必涵蕴有一定的法理,载述着一定的道德关切,寄托着深切的信仰。凡此种种,一言以蔽之,曰法意,它们构成了规则的意义世界,而为法制之内在基础。"[①] 而最高审判机关则可通过对实际案件的裁判,运用逻辑推理方法,将涵蕴于文本之中的法意予以挖掘和推展。此外,就立法本身而言,其不可能完美无缺,法律规范也不可能事无巨细,将所有社会关系全部纳入其调整范围。在以制定法为特色的大陆法系诸国,制定法是民法裁判的出发点。但是制定法

[①] 许章润主编:《法律的中国经验与西方样本》,广西师范大学出版社 2004 年版,"主编者言"。

并没有包含全部的评判标准,因此,其作为法律规范是不完整的。① 由于"法律选择最一般性的规定,法律虽然可以十分简略,但是抽象的概念却会遮蔽所规定的现实情况的多样性,忽略其独有的特性和问题"②。质言之,法律必然"有漏洞"和存在瑕疵。而最高司法机关的司法解释,则可适时地填补这种法律阙漏,甚至可以对立法中的偏差进行合理矫正。德国学者拉伦茨曾言:"无论如何审慎从事的法律,其仍然不能对所有——属于该法调整范围,并且需要规整的——事件提供答案。""长久以来,大家也承认法院有填补法律漏洞的权限。但是,法官的法的续造,有时不仅在填补法律漏洞,毋宁采纳乃至发展一些——在法律中至多只是隐约提及的——新的法律思想,于是,司法裁判已超越法律原本的计划,而对之作或多或少的修正。"③ 在德国法制史上,德国的联邦最高法院就在这方面扮演了重要的角色。④

就中国近代的民法继受实践来看,民初大理院的判决例和解释例,南京国民政府时期最高法院的判例和司法院的解释令,一方面将继受法与社会实际法律生活相勾连,使其得以规范现实社会生活;另一方面,也即更为重要的是,其借助判例要旨和解释例(令)要旨这种以司法解释为目的的特别的规则体系,巧妙调和继受法与固有民事法之关系,平衡新旧法律冲突所折射出的各种复杂的利益诉求。这种司法智慧,亦为今人不容忽略的遗产。

---

① 这主要是因为,"法律需要一定程度的开放性及弹性。因为法律要处理不断变更的事实。法律应该规范,或者说应该控制实际生活世界。"[德]Christian Starck:《法学、宪法法院审判权与基本权利》,杨子慧等译,(台北)元照出版有限公司2006年版,第92页。
② [德]霍尔斯特·海因里希·雅科布斯:《十九世纪德国民法科学与立法》,王娜译,法律出版社2003年版,第39页。
③ [德]卡尔·拉伦茨:《法学方法论》,陈爱娥译,商务印书馆2003年版,第246页。
④ 参见[美]艾伦·沃森《民法法系的演变及形成》,李静冰、姚新华译,中国政法大学出版社1992年版,第10—11页;[德]弗朗茨·维亚克尔《近代私法史》(上),陈爱娥、黄建辉译,生活·读书·新知三联书店2006年版,第159页。

参考文献

一 中文文献

（一）史料及资料汇编

（汉）班固：《汉书》，中华书局1999年版。
（宋）窦仪等：《宋刑统》，吴翊如点校，中华书局1984年版。
（唐）杜佑：《通典》，岳麓书社1995年版。
（清）段玉裁注、许惟贤整理：《说文解字注》，凤凰出版社2007年版。
（南朝宋）范晔：《后汉书》，中华书局1965年版。
（汉）高诱注、（清）毕沅校：《吕氏春秋》，上海古籍出版社2014年版。
（清）顾炎武：《日知录》，甘肃民族出版社1997年版。
（明）黄宗羲：《明夷待访录》，中华书局1981年版。
（商）姬昌著、靳极苍撰：《周易》，山西古籍出版社2003年版。
（宋）李昉等：《太平御览》第4册，中华书局1960年影印版。
（唐）李林甫等：《唐六典》，陈仲夫点校，中华书局1992年版。
（唐）李延寿：《北史》，吉林人民出版社1995年版。
（汉）刘安：《淮南子》，岳麓书社2015年版。
（汉）刘向汇编，贾太宏主编：《管子通释》，西苑出版社2015年版。
（后晋）刘昫等：《旧唐书》，中华书局1956年版。
（清）沈桐生辑：《光绪政要》，（台北）文海出版社1969年版。
（清）沈之奇：《大清律辑注》，怀效锋、李俊点校，法律出版社2000年版。
（汉）司马迁：《史记》，中华书局1959年版。
（汉）司马迁原著，（清）蒋善辑：《史记汇纂》，商务印书馆2017年版。

（清）孙希旦：《礼记集解》，沈啸寰、王星贤点校，中华书局1989年版。
（元）脱脱等：《宋史》第2、3、28册，中华书局1977年版。
（元）吴海编著：《闻过斋集》第1册，文物出版社1982年版。
（清）徐士林：《徐公谳词》，齐鲁书社2001年版。
（清）徐松辑：《宋会要辑稿》第6册，中华书局1957年影印版。
（汉）许慎：《说文解字》，九州出版社2006年版。
（清）薛允升著，胡星桥、邓又天主编：《读例存疑点注》，中国人民公安大学出版社1994年版。
（清）杨景仁辑：《筹济编》，清光绪四年刻本。
（宋）袁采：《袁氏世范》，中华书局1985年版。
（唐）长孙无忌等：《唐律疏议》，刘俊文点校，中华书局1983年版。
（清）朱寿朋编：《光绪朝东华录》第5册，中华书局1984年版。
《大清法规大全·实业部》正编第1册，北京政学社1909年石印本。
《上海华洋诉讼案（1909—1913）》（钞本），上海图书馆藏。
《世界著名法典汉译丛书》编委会编：《十二铜表法》，法律出版社2000年版。
陈高华等点校：《元典章》，天津古籍出版社2011年版。
陈建华、王鹤鸣主编：《中国家谱资料选编·家规族约卷》下册，上海古籍出版社2013年版。
陈戍国点校：《四书五经》，岳麓书社2014年版。
戴渭清编：《女子继承法令汇解》，上海民治书店1930年版。
东北政委会司法部编译：《苏俄婚姻亲属及监护法》，东北新华书店1949年印行。
段绍禋编：《司法院解释院字、院解字、释字全文类编》，（台北）三民书局1982年版。
法政学社编：《中国民事习惯大全》，（台湾）文星书店1962年影印版。
甘厚慈辑：《北洋公牍类纂续编（二）》，（台北）文海出版社1966年版。
郭卫、周定枚编：《最高法院民事判例汇刊》第3、5、7、12期，上海法学书局1934年版。
郭卫编：《大理院判决例全书》，上海会文堂新记书局1931年版。
郭卫编：《大理院解释例全文》，上海会文堂新记书局1932年版。
郭卫编辑：《司法院解释例全文》，上海法学社1946年版。
郭卫编：《大理院判决例全书》，吴宏耀等点校，中国政法大学出版社2013

年版。

郭卫编著：《民国大理院解释例全文》，吴宏耀等点校，中国政法大学出版社2014年版。

洪永宏、严昌编：《世界经典文献》，北京燕山出版社1997年版。

怀效锋点校：《大明律》，法律出版社1999年版。

怀效锋主编：《清末法制变革史料》下册，中国政法大学出版社2010年版。

黄时鉴点校：《通制条格》，浙江古籍出版社1986年版。

黄源盛纂辑：《大理院民事判例辑存·物权编》，（台北）犁斋社2012年版。

黄源盛纂辑：《大理院民事判例辑存·承继编》，（台北）犁斋社2012年版。

黄源盛纂辑：《大理院民事判例辑存·亲属编》，（台北）犁斋社2012年版。

李浩培、吴传颐、孙鸣岗译：《拿破仑法典（法国民法典）》，商务印书馆1997年版。

李文海主编：《民国时期社会调查丛编·乡村社会卷》，福建教育出版社2005年版。

梁嘉彬：《广东十三行考》，国立编译馆1937年版。

刘笃编纂：《最高法院判例要诠》，成都亚光书局1944年版。

马建石、杨育棠主编：《大清律例通考校注》，中国政法大学出版社1992年版。

民国最高法院判例编辑委员会编：《最高法院判例要旨（1927—1940）》，上海大东书局1946年版。

民政部基层政权和社区建设司编：《婚姻登记管理资料汇编》，中国社会出版社2003年版。

潘维和：《中国历次民律草案校释》，（台北）汉林出版社1982年版。

彭浩、陈伟、[日] 工藤元男主编：《二年律令与奏谳书：张家山二四七号汉墓出土法律文献释读》，上海古籍出版社2007年版。

前南京国民政府司法行政部编：《民事习惯调查报告录》，胡旭晟等点校，中国政法大学出版社2000年版。

邱汉平：《历代刑法志》，商务印书馆2017年版。

商务印书馆编译所编：《中华六法（三）民律》，上海商务印书馆1922年版。

上海法学编译社：《破产法》，上海会文堂新记书局1935年版。

施沛生编：《中国民事习惯大全》，上海书店出版社2002年影印版。

睡虎地秦墓竹简整理小组编：《睡虎地秦墓竹简》，文物出版社1990年版。

司法院参事处编:《增订国民政府司法例规》中册,南京国民政府司法院参事处 1931 年印行。

天虚我生编:《大理院民事判决例》辛编,上海中华图书馆 1918 年版。

天虚我生编:《大理院民事判决例》子编,上海中华图书馆 1920 年版。

田涛、郑秦点校:《大清律例》,法律出版社 1999 年版。

宛华主编:《四库全书精华》,汕头大学出版社 2016 年版。

汪庆祺编:《各级审判厅判牍》,李启成校,北京大学出版社 2007 年版。

王铁崖编:《中外旧约章汇编》第 1 册,三联书店 1957 年版。

吴经熊主编:《中华民国六法理由判解汇编》第 2 册,上海会文堂新记书局 1948 年版。

谢桂华、李均明、朱国超:《居延汉简释文合校》,文物出版社 1987 年版。

谢森、陈士杰、殷吉墀编:《民刑事裁判大全》,卢静仪点校,北京大学出版社 2007 年版。

许文濬:《塔景亭案牍》,俞江点校,北京大学出版社 2007 年版。

杨立新点校:《大清民律草案 民国民律草案》,吉林人民出版社 2002 年版。

杨仁山:《杨仁山大德文汇》,华夏出版社 2012 年版。

杨一凡、徐立志主编:《历代判例判牍》第 4、5、8、10、11 册,中国社会科学出版社 2005 年版。

姚贤镐编:《中国近代对外贸易史资料》,中华书局 1962 年版。

一凡藏书馆文献编委员编:《古代乡约及乡治法律文献十种》,黑龙江人民出版社 2005 年版。

袁梅:《诗经译注》,齐鲁书社 1985 年版。

张传玺主编:《中国历代契约会编考释》上册,北京大学出版社 1995 年版。

张家山二四七号汉墓竹简整理小组编:《张家山汉墓竹简》,文物出版社 2006 年版。

张家镇等编:《中国商事习惯与商事立法理由书》,王志华校,中国政法大学出版社 2003 年版。

张梅编注:《邹容集》,人民文学出版社 2011 年版。

张政烺、日知编:《秦律十八种》,吉林文史出版社 1990 年版。

郑福田等主编:《永乐大典》第 2 卷,内蒙古大学出版社 1998 年版。

郑爱诹、朱鸿达编:《现行法有效大理院解释例全集(破产法)》,上海世界书局 1933 年版。

郑爱诹编:《现行律民事有效部分集解》,上海世界书局 1928 年版。

中国社会科学院历史研究所宋辽金元史研究室点校：《名公书判清明集》，
　　中华书局1987年版。
中国社科院近代史所等编：《孙中山全集》第7卷（1923.1—1923.6），中
　　华书局2011年版。
中国社科院近代史所等编：《孙中山全集》第9卷（1924.1—1924.3），中
　　华书局2011年版。
中华全国妇女联合会、妇女运动历史研究室编：《中国妇女运动历史资料
　　（1937—1945）》，中国妇女出版社1991年版。
朱德明译：《德意志民法》，司法公报发行所1921年版。
朱鸿达主编：《大理院判决例全集——破产法》，上海世界书局1933年版。
［日］仁井田陞：《唐令拾遗》，栗劲等编译，长春出版社1989年版。

（二）档案

《巴县提讯宣化坊李子昌不慎失火成灾卷》，"巴县档案"光绪朝，缩微号
　　17号，第1806卷。
《吕长兴杨元失火延烧被差拿获送案讯究卷》，"巴县档案"咸丰朝，缩微号
　　3号，第358卷。
《木匠王兴顺点火吃烟把楼板烧毁案》，"巴县档案"咸丰朝，缩微号3号，
　　第359卷。
《千厮厢坊长杨锦堂等察明杨长更家失火延烧一案及巴县预防火灾告示》，
　　"巴县档案"道光朝，缩微号3号，第305卷。
故宫博物院明清档案部编：《清末筹备立宪档案史料》，中华书局1979
　　年版。
四川省档案馆、四川大学历史系编：《清代乾嘉道巴县档案选编》，四川大
　　学出版社1989年版。
四川省档案馆编：《清代巴县档案汇编·乾隆卷》，档案出版社1991年版。
田涛、许传玺、王宏治主编：《黄岩诉讼档案及调查报告》，法律出版社
　　2004年版。

（三）近代报纸与期刊

《安徽高等法院公报》
《茸报》
《法令月刊》

《法学丛刊》
《法学季刊》
《国民政府公报》
《河南司法公报》
《民报》
《申报》
《圣心报》
《时事新报（上海）》
《司法公报》
《云南省政府公报》
《浙江公报》
《最高法院公报》

（四）著作

阿风：《明清时代妇女的地位与权利——以明清契约文书、诉讼档案为中心》，社会科学文献出版社 2009 年版。

蔡企文：《民法继承详解》，上海会文堂新记书局 1937 年版。

蔡天锡麟：《民法债编总则新论》，上海法政学社 1932 年版。

蔡晓荣：《中国近代侵权行为法研究——文本、判解及学说》，社会科学文献出版社 2013 年版。

曹杰：《中国民法亲属论》，上海会文堂新记书局 1946 年版。

曹杰：《中国民法物权论》，上海商务印书馆 1937 年版。

陈顾远：《中国文化与中华法系》，（台北）三民书局 1977 年第 3 版。

陈顾远编著：《民法亲属实用》，上海大东书局 1946 年版。

陈惠馨：《传统个人、家庭、婚姻与国家——中国法制史的研究与方法》，（台北）五南图书出版股份有限公司 2006 年版。

陈惠馨：《德国法制史——从日耳曼到近代》，（台北）元照出版有限公司 2007 年版。

陈计男：《破产法论》，（台北）三民书局 1988 年版。

陈滋镐编：《民律继承编》（朝阳大学法律科讲义），朝阳大学 1920 年版。

陈滋镐编：《民律亲属编》（朝阳大学法律科讲义），朝阳大学 1920 年版。

陈宗蕃：《亲属法通论》，上海世界书局 1947 年版。

戴建国：《宋代法制初探》，黑龙江人民出版社 2000 年版。

戴炎辉:《中国法制史》,(台北)三民书局 1979 年第 3 版。
董史生:《民事法律行为》,中国人民大学出版社 1994 年版。
范扬:《继承法要义》,上海商务印书馆 1935 年版。
方乐:《民国时期法律解释的理论与实践》,北京大学出版社 2016 年版。
费孝通:《江村经济——中国农民的生活》,商务印书馆 2001 年版。
费孝通:《乡土中国 生育制度》,北京大学出版社 2008 年版。
冯卓慧:《汉代民事经济法律制度研究》,商务印书馆 2014 年版。
葛克昌:《国家学与国家法:社会国、租税国与法治国之理念》,(台北)月旦出版有限公司 1996 年版。
耿云卿:《破产法释义》,(台北)五南图书出版股份有限公司 1980 年版。
郭道晖:《法理学精义》,湖南人民出版社 2005 年版。
郭建:《中国财产法史》,复旦大学出版社 2018 年版。
郭建:《中国财产法史稿》,中国政法大学出版社 2005 年版。
何勤华、李秀清:《外国法与中国法——20 世纪中国移植外国法反思》,中国政法大学出版社 2003 年版。
何勤华主编:《法的移植与法的本土化》,法律出版社 2001 年版。
胡留元、冯卓慧:《夏商西周法制史》,商务印书馆 2009 年版。
胡元义:《民法物权》,国立武汉大学讲义,1933 年印行。
胡长清:《民法物权》,上海商务印书馆 1934 年版。
胡长清:《中国民法继承论》,上海商务印书馆 1936 年版。
胡长清:《中国民法亲属论》,上海商务印书馆 1936 年版。
胡长清:《中国民法总论》,中国政法大学出版社 1997 年版。
华懋杰:《民法物权释义》,上海会文堂新记书局 1936 年版。
黄右昌:《民法亲属释义》,上海会文堂新记书局 1933 年版。
黄右昌:《民法诠解——物权编》上册,上海商务印书馆 1947 年版。
黄右昌编:《民法第三编物权法》(北大法律丛书),出版信息不详。
黄右昌编:《民法第四编亲属法》(北大法律丛书),出版信息不详。
黄源盛:《法律继受与近代中国法》,(台北)元照出版有限公司 2007 年版。
黄源盛:《民初大理院与裁判》,(台北)元照出版有限公司 2011 年版。
黄宗智:《法典、习俗与司法实践:清代与民国的比较》,上海书店出版社 2007 年版。
金耀基:《从传统到现代》,中国人民大学出版社 1999 年版。
孔庆明等:《中国民法史》,吉林人民出版社 1996 年版。

李贵连：《近代中国法制与法学》，北京大学出版社 2002 年版。
李金铮：《民国乡村借贷关系研究——以长江中下游地区为中心》，人民出版社 2003 年版。
李谟：《民法第五编继承新论》，上海大东书局 1932 年版。
李谟编著：《民法亲属新论》，上海大东书局 1932 年版。
李启成：《外来规则与固有习惯：祭田法制的近代转型》，北京大学出版社 2014 年版。
李润强：《李润强集》，甘肃人民出版社 2014 年版。
李宜琛：《日耳曼法概说》，中国政法大学出版社 2003 年版。
李宜琛：《现行继承法论》，上海商务印书馆 1947 年版。
李宜琛：《现行亲属法论》，上海商务印书馆 1946 年版。
李志敏：《中国古代民法》，法律出版社 1988 年版。
李祖荫：《比较民法——债编通则》，中国方正出版社 2006 年版。
刘鸿渐：《物权法论》，上海会文堂新记书局 1937 年版。
刘师培：《中国民约精义》，岳麓书社 2013 年版。
刘云生：《物权法》，华中科技大学出版社 2014 年版。
刘志敭：《民法物权》，上海大东书局 1936 年版。
柳立言：《宋代的家庭和法律》，上海古籍出版社 2008 年版。
卢静仪：《民初立嗣问题的法律与裁判》，北京大学出版社 2002 年版。
罗鼎：《继承法要论》，上海大东书局 1947 年版。
罗鼎：《亲属法纲要》，上海大东书局 1946 年版。
吕志兴：《宋代法制特点研究》，四川大学出版社 2001 年版。
梅仲协：《民法要义》，中国政法大学出版社 2004 年版。
宁柏清：《破产法论》，上海商务印书馆 1935 年版。
潘维和：《中国近代民法史》，（台北）汉林出版社 1982 年版。
潘维和：《中国民事法史》，（台北）汉林出版社 1982 年版。
瞿同祖：《中国法律与中国社会》，中华书局 2003 年版。
施沛生编：《最新编辑女子继承权详解》，上海中央书店 1929 年版。
史尚宽：《继承法论》，中国政法大学出版社 2000 年版。
史尚宽：《亲属法论》，中国政法大学出版社 2000 年版。
苏亦工：《明清律典与条例》，中国政法大学出版社 2000 年版。
孙家红：《关于"子孙违犯教令"的历史考察：一个微观法史学的尝试》，社会科学文献出版社 2013 年版。

陶汇曾:《民法亲属论》,上海会文堂新记书局 1933 年版。
滕骥、毕厚、张天宋:《民法(亲族)》(政法述义第十种之四),上海政法学社 1913 年版。
童光政:《明代民事判牍研究》,广西师范大学出版社 1999 年版。
屠景山编:《亲属法原论》,世界书局 1934 年版。
汪澄之编:《女子继承权诠释》,上海民治书店 1929 年版。
王伯琦:《近代法律思潮与中国固有文化》,清华大学出版社 2005 年版。
王健编:《西法东渐:外国人与中国法的近代变革》,中国政法大学出版社 2001 年版。
王文杰:《嬗变中之中国大陆法律》,(台湾)新竹市交通大学出版社 2004 年版。
王欣新主编:《破产法》,中国人民大学出版社 2002 年版。
王泽鉴:《民法概要》,中国政法大学出版社 2003 年版。
温慧辉:《传承与嬗变:中国近代女性财产继承权的变迁》,法律出版社 2015 年版。
文秀峰:《个人破产法律制度研究》,中国人民大学出版社 2006 年版。
吴歧:《中国亲属法原理》,中国文化服务社 1947 年版。
吴之屏编:《民法亲属编论》,上海法政学社 1933 年版。
谢鸿飞:《法律与历史:体系化法史学与法律历史社会学》,北京大学出版社 2012 年版。
谢振民编著:《中华民国立法史》,张知本校,中国政法大学出版社 2000 年版。
邢铁:《家产继承史论》,云南大学出版社 2012 年版。
熊元楷、熊元襄编辑:《民法债权》(京师法律学堂笔记),北京华盛印书局 1914 年版。
徐朝阳:《中国亲属法溯源》,上海商务印书馆 1930 年版。
徐静莉:《民初女性权利变化研究——以大理院婚姻、继承司法判解为中心》,法律出版社 2010 年版。
徐佩章编:《民法亲属编》(北平法律函授学校讲义),1935 年印行。
许章润主编:《法律的中国经验与西方样本》,广西师范大学出版社 2004 年版。
杨鸿烈:《中国法律思想史》,中国政法大学出版社 2004 年版。
杨日然:《法理学论文集》,(台北)月旦出版股份有限公司 1997 年版。

杨幼炯：《近代中国立法史》，范忠信等校勘，中国政法大学出版社 2012 年版。

叶孝信主编：《中国民法史》，上海人民出版社 1993 年版。

佚名：《民法物权》，北平华北大学讲义，1936 年印行。

余棨昌：《民法要论继承》，北平朝阳学院 1933 年版。

俞江：《近代中国民法学中的私权理论》，北京大学出版社 2003 年版。

宇培峰：《"家长权"研究：中、西法文化视野中的"家长权"》，中国政法大学出版社 2013 年版。

郁嶷：《继承法要论》，北平朝阳大学出版部 1934 年版。

郁嶷：《亲属法原论》，朝阳大学出版部 1934 年版。

张晋藩：《清代民法综论》，中国政法大学出版社 1998 年版。

张晋藩主编：《中国民法通史》，福建人民出版社 2003 年版。

张生：《民国初期民法的近代化——以固有法与继受法的整合为中心》，中国政法大学出版社 2002 年版。

张生：《中国近代民法法典化研究》，中国政法大学出版社 2004 年版。

张小也：《官、民与法：明清国家与基层社会》，中华书局 2007 年版。

张政仁编：《民法亲属编》（司法官养成所讲义），1942 年印行。

张中秋：《中西法律文化比较研究》，南京大学出版社 1999 年第 2 版。

招汉明：《民法继承论》，上海万公法律事务所 1939 年版。

赵凤喈：《民法亲属编》，国立编译馆、正中书局 1947 年版。

赵凤喈：《中国妇女在法律上之地位（附补编）》，（台北）稻乡出版社 1993 年版。

郑国楠：《中国民法继承论》，上海中华书局 1945 年版。

郑全红：《民国时期女子财产继承权变迁研究》，法律出版社 2013 年版。

郑曦原、李方惠：《通向未来之路：与吉登斯对话》，四川人民出版社 2002 年版。

周枏：《罗马法原论》，上海商务印书馆 1994 年版。

周子良：《近代中国所有权制度的形成：以民初大理院的民事判例为中心（1912—1927 年）》，法律出版社 2012 年版。

朱采真：《宪法新论》，上海世界书局 1929 年版。

朱勇：《中国法律的艰辛历程》，黑龙江人民出版社 2002 年版。

朱勇主编：《中国民法近代化研究》，中国政法大学出版社 2006 年版。

宗惟恭：《民法继承浅释》，上海法学编译社 1932 年版。

[德] Christian Starck：《法学、宪法法院审判权与基本权利》，杨子慧等译，（台北）元照出版有限公司2006年版。
[美] 艾伦·沃森：《民法法系的演变及形成》，李静冰、姚新华译，中国政法大学出版社1992年版。
[美] 安·沃特纳：《烟火接续：明清的收继与亲族关系》，曹南来译，浙江人民出版社1999年版。
[以] 巴拉克：《民主国家的法官》，毕洪海译，法律出版社2011年版。
[美] 白凯：《中国的妇女与财产：960—1949》，刘昶译，上海书店出版社2003年版。
[意] 布鲁诺·莱奥尼等：《自由与法律》，秋风译，吉林人民出版社2011年版。
[罗马] 查士丁尼：《法学总论——法学阶梯》，张企泰译，商务印书馆1984年版。
[德] 弗朗茨·维亚克尔：《近代私法史》，陈爱娥等译，生活·读书·新知三联书店2006年版。
[英] 格林堡：《鸦片战争前中英通商史》，康成译，商务印书馆1961年版。
[美] 郝延平：《中国近代商业革命》，陈潮等译，上海人民出版社1991年版。
[德] 黑格尔：《法哲学原理》，范扬、张企泰译，商务印书馆1979年版。
[德] 霍尔斯特·海因里希·雅科布斯：《十九世纪德国民法科学与立法》，王娜译，法律出版社2003年版。
[德] 卡尔·拉伦茨：《法学方法论》，陈爱娥译，商务印书馆2003年版。
[美] 络德睦：《法律东方主义》，魏磊杰译，中国政法大学出版社2016年版。
[德] 马克斯·韦伯：《法律社会学》，康乐、简美惠译，广西师范大学出版社2005年版。
[美] 马士：《中华帝国对外关系史》第1卷，张汇文等译，上海书店出版社2000年版。
[英] 麦高温：《中国人生活的明与暗》，朱涛、倪静译，时事出版社1998年版。
[日] 梅谦次郎：《日本民法要义·亲族编》，陈与荣译述，上海商务印书馆1913年版。
[日] 梅谦次郎：《日本民法要义·物权编》，陈承泽、陈时夏译述，上海商务印书馆1913年版。

［日］梅谦次郎：《日本民法要义·相续编》，全泯澜译述，上海商务印书馆1913年版。

［英］梅因：《古代法》，沈景一译，商务印书馆1996年版。

［意］密拉格利亚：《比较法律哲学》，朱敏章等译，李秀清勘校，中国政法大学出版社2005年版。

［美］摩尔根：《古代社会》，杨东莼等译，中央编译出版社2007年版。

［德］帕普克主编：《知识、自由与秩序：哈耶克思想论集》，黄冰源译，中国社会科学出版社2001年版。

［日］千叶正士：《法律多元——从日本法律文化迈向一般理论》，强世功等译，中国政法大学出版社1997年版。

［日］滋贺秀三：《中国家族法原理》，张建国、李力译，法律出版社2003年版。

（五）论文

蔡养军：《对我国相邻关系法的历史解读》，《北方法学》2013年第1期。

陈进国：《风水信仰与乡族秩序的议约化——以契约为证》，载詹石窗总主编《百年道学精华集成》第8辑，上海科学技术文献出版社2018年版。

陈夏红：《近代中国的破产法制及其命运》，《政法论坛》2010年第2期。

丁长清：《关于中国近代农村商品经济发展的几个问题》，《南开经济研究》1985年第3期。

董磊明等：《结构混乱与迎法下乡——河南宋村法律实践的解读》，《中国社会科学》2008年第5期。

方潇：《"弃灰法"定位的再思考》，《法商研究》2008年第5期。

冯尔康：《清代宗族祖坟述略》，《安徽史学》2009年第1期。

付春杨：《司法实践中确认的权利——从清代相邻权的实例考析》，《社会科学家》2008年第2期。

高楠、宋燕鹏：《墓田上诉——一项南宋民间诉讼类型的考察》，《安徽师范大学学报》（人文社会科学版）2009年第1期。

郭闵畴：《女子继承财产》，《燕大月刊》1929年第4卷第1期。

韩榕桑整理校点：《唐〈水部式〉（敦煌残卷）》，《中国水利》1993年第7期。

韩秀桃：《明清徽州民间坟山纠纷的初步分析》，载曾宪义主编《法律文化研究》，中国人民大学出版社2008年版。

胡长清：《新民法债编释名》，《法律评论（北京）》1930年第7卷第13期。

江苏省立民众教育馆：《八里屯农村经济调查报告》，《教育新路》1932年第12期。

金石音：《女子继承权之认识》，《妇女共鸣》1930年第22期。

李长莉：《五四的社会后果：妇女财产权的确立》，《史学月刊》2010年第1期。

李哲、陈瑛：《风水观念、坟山纠纷与清代法律实践》，《山东理工大学学报》（社会科学版）2019年第4期。

廖熙：《男女平等声中的我国女子财产继承权》，《西风》1935年第2期。

刘德莉：《民国时期坟茔争讼及其侧影——以伪造文书讼案为中心》，《江西师范大学学报》（哲学社会科学版）2013年第6期。

刘耀荃：《鹭江村的权力结构》，载程焕文、吴滔主编《民国时期社会调查丛编》第三编中册，福建教育出版社2014年版。

刘郎泉：《我国女子取得财产继承权的经过》，《妇女杂志》1931年第17卷第3号。

刘陆民：《评破产法草案初稿》，《法学丛刊》1935年第3卷第5、6期合刊。

刘陆民：《债务轻减制度与一般社会经济》，《法学丛刊》1935年第3卷第5、6期合刊。

刘晓：《元代收养制度研究》，《中国史研究》2000年第3期。

刘昕杰、毛春雨：《传统权利的去精神化境遇：民国坟产纠纷的法律规范与司法实践》，《法治现代化研究》2019年第5期。

刘雪冰：《清代风水争讼研究》，《政法论坛》2012年第4期。

刘再兴：《对于破产法草案初稿之我见》，《法学丛刊》1935年第3卷第5、6期合刊。

栾成显：《明清徽州宗族的异姓承继》，《历史研究》2005年第3期。

梅汝璈：《破产法草案各问题之检讨》，《国立武汉大学社会科学季刊》1935年第5卷第4期。

丘志彪：《中国女子继承权论》，《民钟季刊》1936年第2卷第1期。

邱澎生：《18世纪中国商业法律中的债负与过失论述》，载复旦大学历史系编《古代中国：传统与变革》，复旦大学出版社2005年版。

任志强：《明清时期坟茔的纷争》，《安徽大学法律评论》2009年第1辑。

任志强：《明清时期田宅相邻关系研究》，《北方法学》2012年第2期。

寿胡祥：《女子继承权在农村实施的困难》，《现代农民》1948年第11卷第2期。

宋家怀：《债权人为一人时债务人能否宣告破产》，《震旦法律经济杂志》1946年第2卷第5期。

陶履曾：《失火人之责任如何》，《法学会杂志》1922年第6期。

汪庆元：《明代徽州"义男"考论》，《中国社会经济史研究》2004年第1期。

王凤瀛：《失火之责任如何》，《法学会杂志》1922年第6期。

王家驹：《对于现行破产法应否改进之商榷》，《法学专刊》1937年4月第7期。

王沛：《论中国传统社会中的遗嘱继承制度》，载何勤华、王立民主编《法律史研究》第2辑，中国方正出版社2005年版。

王素：《长沙东牌楼东汉简牍选释》，《文物》2005年第12期。

王新宇：《近代女子财产继承权的解读与反思》，《政法论坛》2011年第6期。

王雪梅：《从商人对〈破产律〉的批评看清末的社会法律环境》，《四川大学学报》（哲学社会科学版）2006年第2期。

王志龙：《近代安庆地区的坟地纠纷研究》，《中国农史》2014年第2期。

王仲桓：《论我国破产法上之免责规定》，《法学杂志》1939年第11卷第1期。

王自新：《从新法之施行难说到旧习之革除不易》，《中华法学杂志》1945年第4卷第8期。

王缵绪：《中国坟地问题之史的发展及其解决》，《文化建设》1936年第3卷第1期。

魏顺光：《从清代坟山风水争讼透视中国法律文化之殊相》，《江西社会科学》2013年第3期。

夏吟兰：《特留份制度之伦理价值分析》，载陈苇主编《中国继承法修改热点难点问题研究》，群众出版社2013年版。

肖泽晟：《坟主后代对祖坟的权益》，《法学》2009年第7期。

邢铁：《宋代的墓田》，《河北师范大学学报》（哲学社会科学版）2009年第5期。

许德风：《论个人破产免责制度》，《中外法学》2011年第4期。

许藻镕：《关于侵权行为之立法》，《法学会杂志》1922年第6期。

杨剑虹:《从〈先令券书〉看汉代有关遗产继承问题》,《武汉大学学报》(社会科学版) 1988 年第 3 期。

杨鹏:《中华民国修订民法应取之方针(续)》,《北京朝阳大学旬刊》1925 年第 3 年第 19 期。

姚澍:《民事习惯在民国司法实践中的运用及其启示——以风水习惯为例》,《北京理工大学学报》2018 年第 3 期。

姚秀兰:《近代中国破产立法探析》,《现代法学》2003 年第 5 期。

一心:《商店自动宣告清理之非法及其与清算破产之关系》,《法律评论(北京)》1930 年第 7 卷第 49 期。

俞江:《关于"古代中国有无民法"问题的再思考》,《现代法学》2001 年第 6 期。

俞江:《清代的立继规则与州县审理——以宝坻县刑房档为线索》,《政法论坛》2007 年第 5 期。

郁嶷:《女子继承权问题》,《法律评论(北京)》1929 年第 6 卷第 27 期。

郁嶷:《特留分制度之根据》,《法律评论(北京)》1929 年第 6 卷第 51 期。

臧健:《收养:一个不可忽略的人口与社会问题——宋元民间收养习俗异同初探》,载张希清主编《10—13 世纪中国文化的碰撞与融合》,上海人民出版社 2006 年版。

张小也:《从"自理"到"宪律":对清代"民法"与"民事诉讼"的考察——以〈刑案汇览〉中的坟山争讼为中心》,《学术月刊》2006 年第 8 期。

张小也:《清代的坟山争讼——以徐士林〈守皖谳词〉为中心》,《清华大学学报》(哲学社会科学版) 2006 年第 4 期。

张亚飞:《立法与司法的断裂与融合:晚清民国时期收养制度之变迁》,《历史教学》2012 年第 14 期。

张亚飞:《南京国民政府时期异姓养子权利之变迁》,《河南科技大学学报》(社会科学版) 2015 年第 1 期。

张远谋:《论判决例之效力》,《法律评论(北京)》1934 年第 11 卷第 11 期。

赵凤喈:《女子财产继承权之过去与将来》,《东方杂志》1947 年第 43 卷第 6 号。

郑永福、陈可猛:《近代中国"相邻关系"中的民事习惯》,载吴宏亮、谢晓鹏主编《河南与近现代中国研究》,郑州大学出版社 2010 年版。

周立胜：《中国古代相邻关系民间调整机制研究》，载谢晖、陈金钊主编《民间法》第 12 卷，厦门大学出版社 2013 年版。

周子敦：《生前赠与应否受特留分限制之商榷》，《法律评论（北京）》1933 年第 10 卷第 29 期。

朱洪启：《华北农村饮水井的社会文化分析》，载杨舰、刘兵主编《科学技术的社会运行》，清华大学出版社 2010 年版。

庄永芳：《异姓不得乱宗之我见》，《法律评论（北京）》1925 年第 101 期。

［美］O. W. 霍姆斯：《法律之道》，许章润译，《环球法律评论》2001 年第 3 期。

［法］宝道：《对于破产法草案之意见》，骆允协译，《中华法学杂志》1934 年第 5 卷第 10—12 期合刊。

［日］中岛玉吉：《读中华民国法制局亲属法及继承法草案》，惠予译，《法学季刊》1936 年第 1 卷第 1 号。

二　英文文献

Arthur P. Wolf and Chiehshan Huang, *Marriage and Adoption in China*, 1845-1945, Stanford: Stanford University Press, 1980.

Everett E. Hagan, *On the Theory of Social Change: How Economic Growth Begins*, Homewood, Illinois: The Dorsey Press, 1962.

G. Jamieson, *Chinese Family and Commercial Law*, Shanghai: Kelly and Walsh Limited, 1921.

Robert T. Bryan, *An Outline of Chinese Civil Law*, Shanghai: the Commercial Press Limited, 1925.

Thomas R. Jernigan, *China's Business Methods and Policy*, London: T. F. Unwin, 1904.

Werner Levi, "The Family in Modern Chinese Law", *The Far Eastern Quarterly*, Vol. 4, No. 3 (May, 1945).